현장에서 사용할 수 있는

앙케트 분석 입문

데이터 분석을 실시하는 부서에 소속된 실무자를 대상으로
앙케트 조사 현장에서 사용할 수 있는 실무 입문서!!!

칸 다미오 지음 | 권기태 옮김

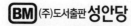
BM (주)도서출판 성안당

日本 옴사 · 성안당 공동 출간

현장에서 사용할 수 있는 앙케트 분석 입문

Original Japanese Language edition

ENQUETE BUNSEKI NYUMON － EXCEL NI YORU SHUKEI · HYOKA · BUNSEKI －

by Tamio Kan

Copyright ⓒ Tamio Kan 2018

Published by Ohmsha, Ltd.

Korean translation rights arranged with Ohmsha, Ltd.

through Japan UNI Agency, Inc., Tokyo

Korean language edition published by Sung An Dang, Inc., copyright ⓒ 2020

머리말

앙케트 데이터는 매우 많은 것을 분석가에게 말해줍니다. 그리고 분석가는 앙케트 데이터 속에서 '보물'을 찾는 사람이라고 할 수 있습니다.

앙케트에서 '보물'이란, 분석가가 알고 싶은 것(목적)에 대한 '답'입니다. 따라서 앙케트 조사는 알고 싶은 것(목적)을 명확히 하고, 그 목적을 규명하기 위해서 조사기획, 조사표 작성, 집계, 추정 및 검정, 다변량분석을 수행합니다. 목적을 규명하기 위해서는 모든 과정이 매우 중요하고, 각 과정에 대해 분석가가 알아두어야 할 것이 많습니다. 따라서 이 책은 각 과정에 대한 실무 지식을 이해할 수 있도록 일반적인 니즈를 감안하면서 많은 사례를 이용하여, 가능하면 알기 쉽도록 설명합니다. 아래에 이 책의 주요 특징을 나열했습니다.

우선 인터넷 보급에 따라 최근에는 웹에서 앙케트 조사가 쉽게 이루어질 수 있게 되었습니다. 이렇게 편리해졌지만, 앙케트 질문문을 스스로 작성해야 하므로 조사표 작성 방법을 몰라 곤란을 겪는 사람들이 많아졌습니다. 따라서 2장에서는 **조사표 작성 방법**을 자세하게 설명했습니다.

'앙케트는 크로스 집계에서 시작하여 크로스 집계로 끝난다.'라고 말하듯이 '크로스 집계'가 매우 중요합니다. 저도 이러한 사고방식의 신봉자이기 때문에 4장에서는 **크로스 집계**에 대해 보다 자세하게 해설했습니다.

마지막으로 현장에서 이용할 수 있도록 실용적인 내용이 되기 위해 7~12장에서는 **CS 조사, 쌍대비교법 조사, 컨조인트 조사, 인과관계규명 조사, 소비자 세분화 조사** 등의 조사 방식과 해석 방법에 대해 해설했습니다.

이상이 이 책의 주요 특징입니다. 앙케트 조사의 입문자와 실무자에게는 소중한 교과서가 될 것으로 믿고 집필하였기 때문에 애독하시기를 바랍니다.

이 책의 발행에 여러 측면에서 도움을 주신 주식회사 아이스탯트의 히메노 나오코 님께 진심으로 감사드립니다. 또한 집필 기회를 주신 주식회사 옴사의 여러분들께도 감사의 말씀을 드립니다.

저자 칸 다미오(菅 民郎)

역자의 말

위키백과에 의하면 신라가 3년에 한 번씩 인구조사를 시행했다는 것을 민정문서 기록으로 알 수 있다고 합니다. 이처럼 오래 전부터 사회문제를 이해하기 위해 체계적으로 측정해 온 역사를 가진 우리들이지만, 요즘 여론조사의 신뢰성에 대해서는 많은 논란이 있습니다. 정치적인 입장에 따라 보는 관점이 다를 수도 있지만, 이 책의 저자는 이 문제에 대한 해답을 제시하고 있습니다. 특정 정치 집단에 유리하도록 응답을 유도하는 질문은 앙케트 목석에 영향을 주므로 피해야 한다는 것입니다.

최근 앙케트 분석은 인터넷을 이용한 데이터 수집 환경으로 바뀌면서, 빅데이터 분석 및 머신러닝과 관련된 통계적 분석 기법에 대한 관심이 뜨거워지고 있습니다. 이 책은 앙케트 분석 및 빅데이터 분석을 뒷받침하는 다변량분석에 대한 전반적인 사항을 일상생활에서 쉽게 접할 수 있는 예를 이용하여 친절하고 알기 쉽게 설명하고 있습니다. 이 책은 대학교재뿐만 아니라 앙케트 분석 실무에 종사하는 일반인들에게도 좋은 지침서가 될 것으로 확신합니다. 양서를 번역할 수 있는 기회를 주신 성안당 관계자분들께 깊은 감사를 드립니다.

역자 권기태

차례
CONTENTS

제7장 ◆ CS 조사와 분석 방법   163

제8장 ◆ 쌍대비교법의 조사와 분석 방법   175

제9장 ◆ 컨조인트 분석과 분석 방법   199

제10장 ◆ 인과관계를 규명하기 위한 조사와 인자분석   223

제11장 ◆ 인과관계 규명 조사와 공분산구조분석   241

제12장 ◆ 소비자 세분화 조사와 수량화 3류 및 클러스터 분석   263

권말부록 ◆   279

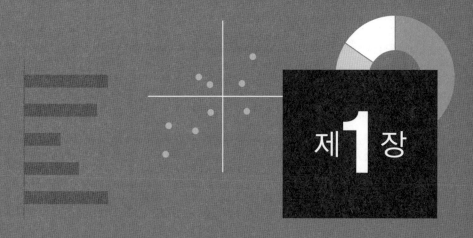

제 1 장

앙케트 조사의 기본과 준비

앙케트 조사의 목적, 절차, 조사 설계에 대해 이해하고,
조사 설계 방법에 대해 배웁니다.

KEYWORDS

- 조사 목적
- 파악 내용
- 조사 설계
- 조사 대상
- 조사 지역
- 표본추출법
- 표본 크기
- 표본 대장
- 조사 방법
- 항목 관련도
- 질문 항목

조사 목적과 조사 절차에 대해 알아본다.

앙케트 조사의 목적과 절차

앙케트 조사는 무엇인가에 대해 배우고, 앙케트 조사에서 조사 목적과 조사 절차의 내용에 대해 배웁니다.

◆ 앙케트 조사란?

앙케트 조사란, 조사 목적을 달성하기 위해 질문 항목이 기재된 '앙케트 용지'라고 부르는 조사표(질문지)를 이용하여 여러 명의 사람들로부터 응답을 받아 데이터를 수집하는 방법입니다.

◆ 조사 목적과 파악 내용

앙케트 조사는 알고 싶은 일이나 해결하고 싶은 문제가 있기 때문에 실시합니다. 무작정 조사를 하는 것이 아니라 **조사 목적**이나 **파악할 내용**을 명확하게 정하고 나서 조사해야 합니다. 따라서 우선 처음으로 해야 할 일은 조사 목적과 파악할 내용을 명확하게 정하는 것입니다.

앙케트 조사의 기획 단계부터 보고서 작성까지의 과정에서 당황스러운 문제가 발생하면 원점으로 돌아갑니다. 앙케트 조사에서 '원점'이라는 것은 조사 목적, 파악할 내용이 기록되어 있는 것입니다. 따라서 앙케트 조사가 모두 끝날 때까지 '조사 목적, 파악 내용'은 잘 보이는 곳에 두고, 언제라도 확인할 수 있도록 합시다.

조사 목적의 내용은 다양하지만, 대표적인 조사 목적은 다음과 같이 네 가지가 있습니다.

① 문제의 발견
예 : 경쟁 제품으로 바꾸어 구입하는 사람이 어떤 사람인지, 그 이유는 무엇인지 밝히고 싶다.

② 문제의 해결
예 : 호텔의 만족도를 높이기 위해 개선해야 하는 요소를 밝히고 싶다.

③ 실태를 나타내는 지표의 정량화
예 : 제품의 시장 점유율이나 소비자 인지도를 정량화하고 싶다.

④ 인과관계의 규명
예 : 성별, 연령, 소득 수준과 구입 의향률의 관계를 규명하고 싶다.

◆ 구체적인 예

호텔의 만족도 조사에서 조사 목적과 파악 내용을 나타내 봅시다.

【조사 목적】

숙박객 감소 원인을 고객 만족도 관점에서 조사하여 다음 재방문 숙박객 수의 증가에 도움이 되는 것을 목적으로 한다.

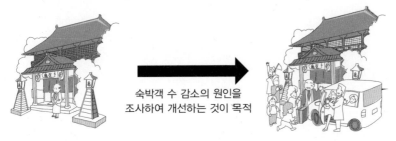

숙박객 수 감소의 원인을
조사하여 개선하는 것이 목적

【파악 내용】

• 어떤 숙박객(성별, 연령대, 이용 형태 등)이 어떤 이유로 호텔을 선택하는가?
• 어떤 숙박객이 어떤 시설이나 서비스에 대해 만족도가 낮은가?
• 종합적 평가(재숙박 의사, 타인에게 소개하고 싶은 의사 등)를 높이기 위해 어떤 요소를 개선하면 좋은가?

◆ 앙케트 조사의 절차

데이터 수집부터 시작하여 데이터를 정보로 바꾸기까지는 다양한 절차가 있습니다. 모든 과정이 조사 목적이나 파악할 내용을 규명하기 위한 것이어야 합니다. 다음의 그림은 앙케트 조사의 절차와 개요를 나타냅니다.

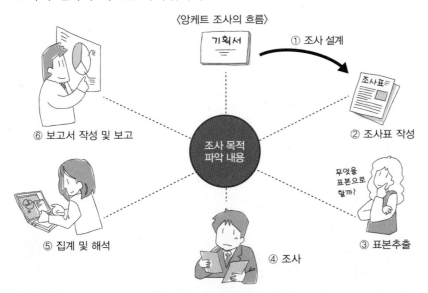

〈앙케트 조사의 흐름〉

기획서   ① 조사 설계

조사표

조사 목적
파악 내용

⑥ 보고서 작성 및 보고

② 조사표 작성

무엇을
표본으로
할까?

⑤ 집계 및 해석

④ 조사

③ 표본추출

◆ 앙케트 조사 절차의 개요

① 조사 설계(Survey design)

조사 설계는 조사 목적이나 파악할 내용을 명확히 하는 것으로, 문제 해결을 위해 '어떤 사람들에게, 어느 지역에서, 어떤 조사 방법으로, 어떤 질문 내용으로 조사할 것인가'를 구체적으로 결정합니다.

② 조사표 작성(Questionnaire)

조사표 작성은 조사 목적을 해결하기 위한 질문 내용을 질문하기 쉬운 순서로 정렬하고, 질문문을 만드는 작업입니다. 질문에서 용어의 표현이 서툰 경우 신뢰할 수 있는 응답 결과가 얻어지지 않습니다. 따라서 질문문은 바르고 신중하게 작성되어야 합니다.

③ 표본추출(Sampling)

표본추출은 '모집단'이라고 하는 조사하고 싶은 집단에 대한 모든 데이터의 수집이 불가능할 때 그 일부를 표본으로 추출하는 것을 말합니다. 표본을 통해 모집단 전체의 모양을 정확히 파악하려면 표본은 모집단을 대표할 필요가 있습니다. 이를 위해서 추출 방법은 무작위 추출(랜덤 추출)이어야 합니다.

④ 조사(실사)(Fieldwork)

데이터를 수집하는 방법을 '조사' 또는 '실사'라고 합니다. 조사 방법에는 개인 면접법, 우편법, 전화법, Web법이 있고, 특수한 조사 방법에는 가두 조사, 관찰법, 그룹 인터뷰 등이 있습니다.

⑤ 집계(Tabulation) 및 해석(Analysis)

집계 및 해석은 조사표 하나하나의 응답을 문제 해결에 도움이 되는 정보로 만드는 작업입니다. 집계 및 해석은 데이터를 정보로 변환하는 수단이라고 할 수 있습니다.

⑥ 보고서 작성(Reporting) 및 보고(Presentation)

집계와 해석한 결과를 요약해서 리포트로 보고합니다.

앙케트 조사의 개략적인 흐름을 알아둡시다.

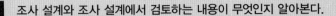

조사 설계와 조사 설계에서 검토하는 내용이 무엇인지 알아본다.

조사 설계

조사 목적이나 파악 내용을 명확하게 정하고, 구체적으로 어떻게 조사할 것인가를 검토하는 것이 조사 설계입니다.

◆ 조사 설계란?

누구나 해결하고 싶은 것을 가지고 있습니다. 예를 들어 호텔 경영자의 입장에서 생각해 봅시다. 이 호텔은 숙박객 수가 감소하고 있습니다. 이 고민을 해결하기 위한 방법은 광고를 강화하고, 시설이나 서비스를 개선하는 등 다양하다고 생각하지만, 숙박객의 만족도를 높이기 위한 것에 중점을 두기로 합니다. 따라서 숙박객의 만족도를 알아보기 위해 앙케트 조사를 실시합니다.

앙케트 조사는 조사표를 만들어 시설이나 서비스에 관한 만족도를 숙박객에게 들으면 해결할 수 있다고 생각하지 않나요? 앙케트 조사를 무턱대고 실시해서는 안 되고 고려해야 할 일이 많이 있습니다. 예를 들어 숙박객 누구에게 질문을 할 것인가, 몇 개 정도의 조사표를 모으면 해석할 수 있을까, 설문 작성은 호텔 숙박 중 혹은 귀가 후 어느 쪽이 좋을까, 기념품 등을 증정하여 응답에 협력할 수 있게 하는 방법은 없을까, 좋은 조사표를 만드는 방법은 무엇일까 등을 생각하는데, 이것이 바로 조사 설계입니다.

조사 설계에서 검토하는 내용

```
• 조사 목적
• 파악 내용
  ※ 3페이지 참조
```

```
• 조사 실시 계획      ① 조사 대상
                    ② 조사 지역
                    ③ 표본추출법
                    ④ 표본 크기
                    ⑤ 표본 대장
                    ⑥ 조사 방법
                    ※ 6페이지 참조
```

```
• 항목 관련도, 질문 항목
  ※ 10페이지 참조
```

앙케트 조사는 준비가 중요합니다.

◆ 조사 대상

'어떤 집단에 대한 정보를 얻고 싶은가'를 명확하게 정하고, 대상자를 결정합니다. '멋진 청년'이나 '성격이 밝은 사람'이라고 말하듯이 집단의 정의가 애매하면, 조사하는 대상자를 추출하는 것이 불가능합니다.

〈예〉 개인   소비자, 주부, 의사, 20~29세의 독신남성, 방문객, 20△△년 1~12월에 승용차를 구입한 고객

　　　 세대   근로 세대, 농가 세대, 자영업 세대, 세대주가 60세 이상인 부부 및 세대, 과거 1년 사이에 결혼한 세대주가 20대인 세대

　　　 기업   종업원이 10~99명인 사업장, 병원, 편의점

◆ 조사 지역

어느 지역을 조사하는가를 명확하게 정합니다. 조사 지역의 예를 나타냅니다.

〈예〉 부산, 대구(인구 150만 명 이상)

　　　 수도권(서울역을 기점으로 반경 50km 이내 지역), 서울시 25개 구 이내

◆ 표본추출법(또는 샘플 추출법)

조사는 크게 '표본 조사'와 '전수 조사'로 구분합니다.

• 표본 조사

조사 대상의 일부를 절차에 따라 추출한 표본에 대해 조사하고, 그 결과로부터 전체인 모집단을 추측합니다. 표본 조사에서 표본추출은 크게 '무작위 추출'과 '유의 추출'로 구별됩니다.

• 전수 조사

조사 대상 전체에 대해 조사합니다.

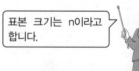

표본 크기는 n이라고 합니다.

→ 표본추출의 상세한 내용은 제6장 161페이지 참조

◆ 표본 크기

표본 조사는 추출한 샘플로부터 모집단을 추측하기 때문에 예산이나 일정이 허락하는 범위 안에서 **표본 크기**(조사 응답자 수)는 가능하면 크게 합니다. 표본 크기가 작으면 모집단을 추측할 때 오차가 발생합니다. 오차를 고려하여 표본 크기를 정하는 통계학적 방법이 있습니다. → 통계학적 표본 크기의 결정 방법은 제6장 158페이지 참조

◆ 표본 대장(또는 샘플 대장)

조사 대상자를 어느 대장(리스트, 명부)으로부터 추출할 것인가를 정합니다. 자주 이용하는 대장을 소개합니다.

〈예〉 주민등록부여대장, 선거인 명부, 전화번호부, 판매점 명부, 정보 서비스 기업이 보유한 데이터베이스

◆ 조사 방법

조사 방법에는 개인 면접법, 우편법, 전화법, Web법이 있고, 특수한 조사 방법에는 가두 조사, 관찰법, 그룹 인터뷰 등이 있습니다.

최근에는 웹(Web) 기술의 발전에 따라 웹페이지에서의 조사가 주류가 되고 있습니다.

다음은 자주 사용하는 조사 방법의 종류 및 장점, 단점을 정리한 표입니다.

〈조사 방법의 종류와 특징〉

개인 면접법	
조사 방법의 개요	조사원이 면접
응답 기입자	조사원
조사 지역	좁음
질문 내용의 양	30문항
조사 기간	약간 짧음
조사 비용	비쌈
회수율	높음
응답 신뢰성	높음

우편법	
조사 방법의 개요	우편으로 조사
응답 기입자	응답자
조사 지역	넓음
질문 내용의 양	40문항
조사 기간	김
조사 비용	약간 비쌈
회수율	약간 높음
응답 신뢰성	약간 높음

전화법	
조사 방법의 개요	전화로 조사
응답 기입자	조사원
조사 지역	약간 넓음
질문 내용의 양	10문항
조사 기간	짧음
조사 비용	저렴함
회수율	낮음
응답 신뢰성	낮음

Web법	
조사 방법의 개요	인터넷으로 조사
응답 기입자	응답자
조사 지역	넓음
질문 내용의 양	40문항
조사 기간	짧음
조사 비용	저렴함
회수율	높음
응답 신뢰성	높음

인터넷 조사는 입력 작업이 발생하고, 잘못된 입력은 입력 비용이 발생하지 않아 조사 기간이 짧기 때문에 현재 주류가 되었습니다.

※ Web법은 정보 서비스 기법이 제공하는 데이터베이스를 이용한 경우

◆ 조사 설계의 개요 작성 방법

앙케트 조사에서 전체 과정 중 마지막 과정은 보고서의 작성입니다. 보고서는 조사 설계의 개요, 요약, 조사 결과로 구성됩니다. 여기에서는 보고서에 기술하는 '조사 설계의 개요' 작성 방법을 제시합니다.

조사 설계의 개요에서 기술하는 주요 내용은 다음과 같습니다.

1. 배경
2. 조사 목적
3. 파악 내용
4. 조사 대상
5. 조사 지역
6. 조사 시기
7. 조사 대상자 명부
8. 조사 방법
9. 표본추출 방법
10. 표본 크기
11. 질문 항목
12. 기타 특기 사항

> 조사 설계의 개요는 간결하게, 그리고 핵심을 파악하여 기록하는 것이 중요합니다.

두 가지 예를 제시합니다.

<호텔 만족도 조사의 경우 – 조사 설계의 개요>

1. 배경
   호텔 숙박객 수가 감소하고 있으므로 재방문 고객 수를 늘리고 싶다.
2. 조사 목적　생략　→ 3페이지 참조
3. 파악 내용　생략　→ 3페이지 참조
4. 조사 대상
   숙박한 고객(복수의 숙박객들은 2명까지 응답하게 한다. 응답자의 선발은 숙박객에게 위임한다.)
5. 조사 방법
   조사표, 의뢰장, 반신용 봉투를 동봉한 봉투를 체크인할 때 전달한다. 회수는 체크아웃할 때 시간상 기입할 수 없는 경우에는 귀가 후에 우편으로 우송하는 것도 가능하다.
6. 표본 크기
   반년간 합산한 집계. 반년 간의 회수 예상수는 350명
7. 사례품
   5,000원 도서상품권(A)과 5,000원 상당의 기념품(B) 중에서 응답자가 선택하도록 전달한다.
   귀가 후에 우송하는 경우는 도서상품권을 다음에 우송한다.

<의약품 평가 조사의 경우 – 조사 설계의 개요>

1. 배경

   우리 회사의 Y 약품은 고혈압 치료제 시장에서 점유율 1위를 기록하고 있지만, 1년 전에 발매된 점유율 2위인 A 약품에 맹렬하게 추격을 당해 점유율 1위를 빼앗길 위기에 처해 있다. A 약품의 급성장이 어떤 요인 때문인지 밝히고 싶고, 이 위기를 해결하기 위한 Y 약품의 전략을 찾고 싶어서 이 조사를 실시한다.

2. 조사 목적

   고혈압 치료제 약품의 사용 상황, 사용 만족도, 처방을 늘릴 의향, 사용 이유 등을 조사하고, Y 약품이 A 약품에 비해 부족한 점을 파악하고, 의사에 대한 메시지 항목을 재검토하는 것이 목적이다.

3. 파악 내용

   생략

4. 조사 대상

   고혈압 증상의 환자에게 혈압강하제를 처방하는 의사

5. 조사 지역

   전국

6. 조사 시기

   20△△년 △△월 △△일~5일간

7. 조사 대상자 명부

   데이터베이스를 보유하고 있는 회사 명부

8. 조사 방법

   인터넷 조사

9. 표본추출 방법

   무작위 추출법

10. 표본 크기

	모집단 의사 수(명)	등록 의사 수(명)	발신 수(건)	표본 크기	회수율(%)
봉직의	168,000	43,800	1,100	200	18.2
개업의	110,000	35,200	1,400	200	14.3

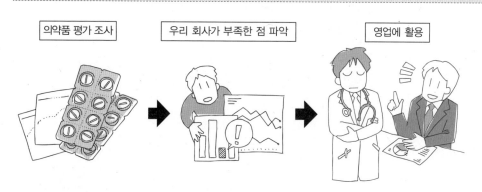

| 의약품 평가 조사 | 우리 회사가 부족한 점 파악 | 영업에 활용 |

앙케트 질문 항목을 검토해 본다.

항목 관련도와 질문 항목

질문할 속성, 실태, 의식 등의 항목을 정하고, 이러한 항목의 관련성을 그린 순서도를 '항목 관련도'라고 부릅니다.

◆ 항목 관련도란?

앞에서 제시한 '호텔 만족도 조사'의 파악 내용을 요약하면 '어떤 숙박객이 어떤 이유로 호텔을 선택하고, 어떻게 평가했는가'입니다. 이 파악 내용에 따라서 숙박객의 속성과 선정 이유, 평가의 관계를 구체적으로 기록합니다. 기록은 다음에 제시한 순서도를 따르는 것이 좋은데, 이 순서도를 **항목 관련도**라고 부릅니다.

항목 관련도를 작성해 두면, 조사할 질문 항목을 쉽게 찾을 수도 있고, 질문해야 하는 항목을 빠트리는 것도 막을 수 있습니다.

◆ 호텔 만족도 조사의 항목 관련도

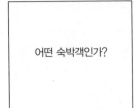

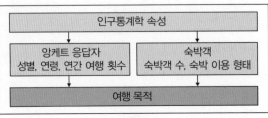

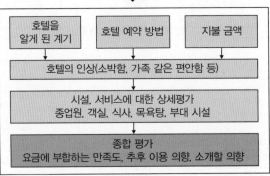

인구통계학은 조사 대상의 성별, 연령, 수입, 거주지, 직업 등의 속성을 측정하고 연구하는 학문입니다!

◆ 승용차 구입 실태 및 평가 조사의 항목 관련도

다른 항목 관련도를 제시합니다.

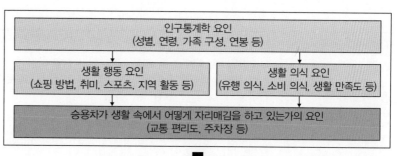

어떤 사용자인가?	인구통계학 요인 (성별, 연령, 가족 구성, 연봉 등)
	생활 행동 요인 (쇼핑 방법, 취미, 스포츠, 지역 활동 등)　생활 의식 요인 (유행 의식, 소비 의식, 생활 만족도 등)
	승용차가 생활 속에서 어떻게 자리매김을 하고 있는가의 요인 (교통 편리도, 주차장 등)

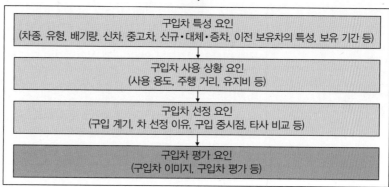

어떤 차를 구입하고, 어떻게 사용하며, 어떻게 평가하고 있는가?	구입차 특성 요인 (차종, 유형, 배기량, 신차, 중고차, 신규·대체·증차, 이전 보유차의 특성, 보유 기간 등)
	구입차 사용 상황 요인 (사용 용도, 주행 거리, 유지비 등)
	구입차 선정 요인 (구입 계기, 차 선정 이유, 구입 중시점, 타사 비교 등)
	구입차 평가 요인 (구입차 이미지, 구입차 평가 등)

　두 개의 항목 관련도를 제시했지만, 작성 방식이 정해진 형식은 없습니다. 여러분이 조사표 작성에 대해 질문 항목을 검토하는 경우 여러분 독자적인 작성 방식으로 항목 관련도를 작성하기 바랍니다. 파악하는 내용을 이해하고, 질문 항목을 나열하기 쉬운 것이면 좋습니다.

질문 항목에 대응하는 선택지도 검토해두면 조사표를 쉽게 작성할 수 있어요.

◆ 호텔 만족도 조사의 질문 항목

호텔 만족도 조사의 항목 관련도에서 검토한 질문 항목과 선택지의 구체적인 예를 소개해 봅시다.

앙케트 응답자 속성	성별, 연령, 결혼 여부, 가족 수, 거주지, 최근 1년간 여행 횟수
숙박객의 속성	숙박일 수, 숙박객 수, 지불 금액, 최근 호텔 이용 횟수, 식사(아침식사만, 저녁식사만, 아침 및 저녁식사 모두 제공, 제공하지 않음)
이용 형태	가족·친척, 친구, 직장, 1인, 부부, 비즈니스
예약 방법	호텔에서 직접, 대리점을 통한 투어
알게 된 계기	대리점, 지인·친구, TV, 카달로그, 잡지, 신문, 인터넷
여행 목적	관광, 온천, 식사, 골프·스키 등의 스포츠, 해수욕·유원지 등 방문, 하이킹·등산
호텔의 인상	호화로움, 소박함, 일류, 가족적, 고급, 전통적, 세련됨, 안정됨, 시대를 앞서는 새로움
상세평가	객실 담당 직원, 프론트, 객실, 식사의 맛과 양, 목욕탕, 부대 시설
요금에 부합하는 만족도	금액 이상의 만족도를 얻음, 금액 상당의 만족도를 얻음, 금액에 부합하는 만족도를 얻지 못함
추후 이용 의향	또 이용하겠다고 생각함, 다음에는 다른 시설에서 숙박하고 싶음, 알 수 없음
재숙박 희망 여부	식사 및 객실의 수준을 낮추어 저렴하게 숙박하고 싶음, 다소 비싸도 식사 및 객실의 수준을 높이고 싶음, 이번과 동일해도 좋음
지인, 친구에게 추천 의향	반드시 추천하고 싶음, 추천할 수도 있음, 추천하지 않음

조사표 작성 방식과 질문 내용

조사 목적과 파악 내용에 따른 조사표 작성 방식에
대해 배웁니다.

조사표 작성의 순서와 응답을 얻는 방법을 알아본다.

조사표의 기본

앙케트 조사에서 조사표는 '조사 목적을 해결하기 위한 질문으로 대상자에게 응답을 얻기 위한 형식'입니다.

◆ 조사표란?

조사표 작성은 항목 관련도에 따라서 검토한 질문 항목을 응답하기 쉬운 순서로 고쳐 나열하여 질문지를 작성하는 작업입니다.

좋은 조사표는 조사 목적이나 파악 내용을 규명하기 위한 데이터를 바르게 얻는 형식이 됩니다. 반면 나쁜 조사표는 다음과 같은 일이 발생하고, 조사 목적이나 파악 내용을 규명하는 것이 불가능합니다.

- 조사 거부, 응답 중에 기입을 중지한다.
- 무응답이 많아진다.
- 기입 실수, 잘못되거나 거짓 응답이 많아진다.

◆ 조사표의 작성 순서

조사표의 작성 순서는 다음과 같습니다.

① 질문 항목에 따라 질문 방식을 결정합니다.

〈질문 방식에서 결정하는 주요 내용〉
- 응답 유형　　　　　→ 상세한 내용은 다음 페이지 참조
- 부모 질문, 한정 질문 → 상세한 내용은 다음 페이지 참조
- 질문문　　　　　　→ 상세한 내용은 22~37페이지 참조
- 선택지　　　　　　→ 상세한 내용은 22~37페이지 참조

② 질문 순서를 결정합니다.
　　→ 상세한 내용은 17페이지 참조

③ 조사표의 구성 양식을 결정합니다.
　　→ 상세한 내용은 18페이지 참조

좋은 조사표를 만들기 위해서 질문 방식은 물론, 질문 순서나 구성도 잘 검토합시다.

◆ 응답 유형

질문에 대한 응답을 얻는 방식을 **응답 유형**이라고 합니다.

응답 유형에는 '자유응답법'과 '프리코드법'의 두 가지가 있습니다.

〈자유응답법〉

자유응답법은 문자 그대로 질문에 대해서 문장이나 수치로 자유롭게 대답하는 방식으로, **FA응답법**(Free Answer), 또는 **OA응답법**(Open Answer)이라고도 부릅니다. 수치로 답을 하게 하는 방법은 '수량응답법'이라고 부릅니다.

〈프리코드법〉

프리코드법의 '프리코드'는 예상되는 응답 내용을 선택지로 사전에 준비해 두고, 각각의 응답 내용에 코드 번호를 붙여둔다는 의미입니다. 프리코드 응답에서는 해당하는 코드 번호를 선택하게 됩니다.

프리코드 응답법에서는 다음 세 가지 응답 형식이 있습니다.

① 단순응답법/SA응답법('Single Answer'의 약어)

선택지 중에서 하나를 고르는 방법

② 복수응답법/MA응답법('Multiple Answer'의 약어)

선택지 중에서 해당하는 것을 몇 개씩 고르는 방법

③ 순위응답법

전부 혹은 일부의 선택지를 순위에 따라 고르는 방법

◆ 부모 항목, 한정 항목

조사 대상자의 일부 사람들이 응답하는 질문 항목을 **한정 항목**이라고 하고, 아래의 질문 1과 질문 2의 관계에서 질문 1을 **부모 항목**이라고 부릅니다.

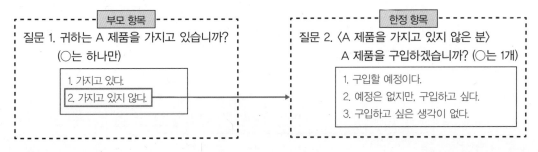

응답이 쉽고 회수율이 높은 조사표를 만들어 본다.

질문 순서와 조사표의 구성

조사표의 좋고 나쁨은 회수율이나 응답의 신뢰도에 큰 영향을 줍니다. 질문 순서나 구성을 연구하여 읽기 쉽고 응답하기 쉬운 조사표를 작성해 봅시다.

◆ 실태 질문·의식 질문, 직접 질문·간접 질문

항목 관련도에서 제시한 승용차 구입 실태 및 평가 조사를 예로 들어 조사표를 작성할 때의 질문 순서를 생각해 봅시다.

질문 항목을 다음 관점에서 두 가지로 나누어 봅시다.

① 실태에 대해 묻는 **실태 질문**과 의식에 대해 묻는 **의식 질문**으로 나눕니다.

　※ 실선 사각형은 실태 질문, 점선 사각형은 의식 질문

② 구입차에 대해 묻는 **직접 질문**과 구입차 이외의 것에 대해 묻는 **간접 질문**으로 나눕니다.

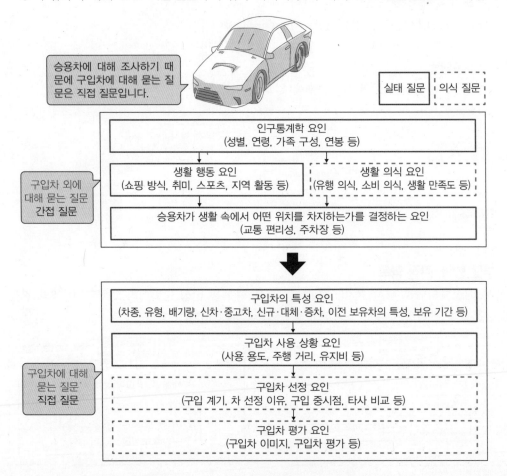

◆ 실태 질문과 의식 질문의 순서

　응답이 어려운 질문을 처음에 접하면 응답을 거부하거나, 응답 거부가 아니더라도 거부감이 생기고, 뒤의 질문에 대해 바르게 응답하지 않습니다. 질문 방식은 응답이 쉬운 질문으로 묻는 것이 원칙입니다.

　'구입한 차는 신차, 중고차 중 어느 것입니까?'라는 실태에 대해 물으면, 응답자는 '신차인가, 중고차인가?'에 대한 사실을 응답하면 편하므로 간단하게 답할 수 있습니다. 그러나 '구입한 차의 선정 이유는?'이라는 의식에 대해 물으면 응답자는 그 이유를 생각하여 응답하기 때문에 실태 질문보다는 응답하기 어려운 질문이라고 말할 수 있습니다. 따라서 의식 질문보다는 실태 질문을 앞에 둡니다.

◆ 직접 질문과 간접 질문의 순서

　직접 질문을 앞에, 간접 질문을 뒤에 둡니다.

> 질문은 응답이 쉬운 질문부터 묻는 것이 원칙입니다.

◆ 질문의 순서

질문 항목 중에서 실태 질문과 의식 질문이 있는 경우는 다음 순서로 진행합니다.

① 직접·실태　② 직접·의식　③ 간접·실태　④ 간접·의식

다음 표는 항목 관련도에 기재되어 있는 요인을 묻는 순서에 따라 새로 정렬한 것입니다.

묻는 순서	요인명	실태 질문인가, 의식 질문인가?	직접 질문인가, 간접 질문인가?
1	구입 특성 요인	실태	직접
2	구입차 사용 상황 요인	실태	직접
3	구입차 선정 요인	의식	직접
4	구입차 평가 요인	의식	직접
5	승용차 생활 위치 부여 요인	실태	간접
6	생활 행동 요인	실태	간접
7	생활 의식 요인	의식	간접
8	인구통계학 요인	실태	간접

◆ 인구통계학 요인의 위치

　연령이나 연봉 등의 인구통계학 요인은 응답자가 답하기 어려운 질문입니다. 왜 이렇게 무례한 것을 묻느냐고 응답자가 불쾌하게 생각할 가능성이 있습니다. 인구통계학 요인을 맨 처음에 두면 뒤의 질문에 영향을 주기 때문에 일반적으로 조사표의 마지막에 둡니다.

◆ 조사표의 구성

다음에 나타낸 것에 주의하여 응답하기 쉽게 구성된 조사표를 작성해 봅시다.

- 선택지를 사각형 테두리로 둘러싸면, 선택지와 질문문의 차이가 명확해집니다.
  선택지의 코드 번호는 데이터 입력 및 집계를 생각하면, 영문자와 한글 등의 문자보다
  숫자로 표현하는 것이 적당합니다.
- 한정된 질문이 있는 경우 누가 어떤 질문에 답하는가는 화살표와 보충 설명을 덧붙여
  안내합니다.

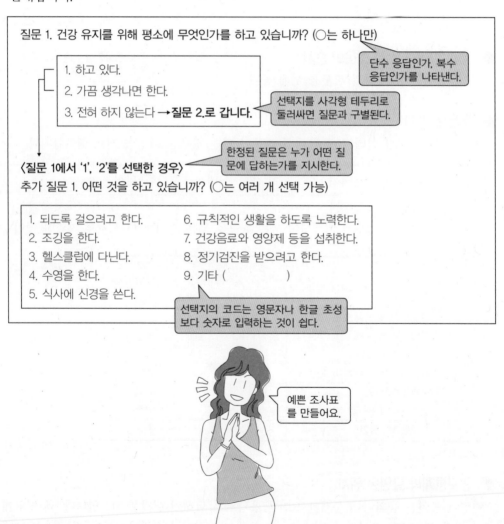

- 질문문의 끝에 (○는 하나만), (○는 여러 개 선택 가능)을 붙입니다.
- 숫자로 응답하는 질문은 사각형 테두리를 두른 후 한 칸에 숫자 하나씩 기입합니다.
- 5단계 평가는 1열(1행)에 역순으로 나열하지 않는 편이 좋습니다.
- 선택지의 코드 번호는 1, 2, 3, 4, …의 오름차순으로 하고, …, 4, 3, 2, 1의 내림차순으로 하지 않습니다.
- 5단계 평가에서 만족은 5점, 불만족은 1점으로 하고 싶기 때문에, '5. 만족, 4. 약간 만족, 3. 어느 쪽이라고 할 수 없음, 2. 약간 불만, 1. 불만'이라고 하는 조사표를 자주 볼 수 있습니다.

'1. 만족, 2. 약간 만족, 3. 어느 쪽이라고 할 수 없음, 4. 약간 불만, 5. 불만'으로 질문하고, 집계 시에 만족을 5점, 불만족을 1점으로 합니다.
반드시 만족의 코드 번호를 5로 하고 싶은 경우에는 '1. 불만, 2. 약간 불만, 3. 어느 쪽이라고 할 수 없음, 4. 약간 만족, 5. 만족'의 순으로 합니다.

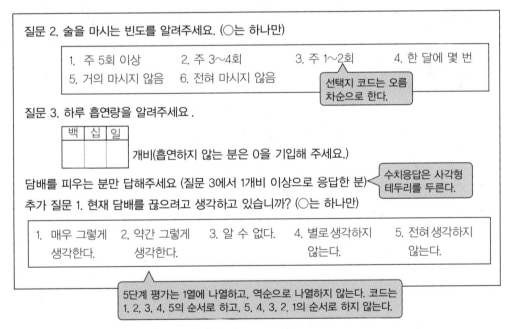

질문 2. 술을 마시는 빈도를 알려주세요. (○는 하나만)

1. 주 5회 이상   2. 주 3~4회   3. 주 1~2회   4. 한 달에 몇 번
5. 거의 마시지 않음   6. 전혀 마시지 않음

> 선택지 코드는 오름차순으로 한다.

질문 3. 하루 흡연량을 알려주세요.

백	십	일

개비(흡연하지 않는 분은 0을 기입해 주세요.)

담배를 피우는 분만 답해주세요 (질문 3에서 1개비 이상으로 응답한 분)

> 수치응답은 사각형 테두리를 두른다.

추가 질문 1. 현재 담배를 끊으려고 생각하고 있습니까? (○는 하나만)

1. 매우 그렇게 생각한다.   2. 약간 그렇게 생각한다.   3. 알 수 없다.   4. 별로 생각하지 않는다.   5. 전혀 생각하지 않는다.

> 5단계 평가는 1열에 나열하고, 역순으로 나열하지 않는다. 코드는 1, 2, 3, 4, 5의 순서로 하고, 5, 4, 3, 2, 1의 순서로 하지 않는다.

※ 인터넷 조사의 질문지는 라디오 버튼이나 체크박스를 사용하기 때문에 앞에서 소개한 구성과 다릅니다. 그러나 기획 단계에서는 앞에서 소개한 구성대로 작성하는 것이 좋습니다.

◆ 사용해서는 안 되는 질문문

- 하나의 질문에 두 가지 정보가 있으면 안 됩니다.

  〈예〉 '○○당은 소비세를 인상하지 않도록 노력하고 있는데, 귀하는 이 정당을 지지합니까?'

  '○○당을 지지합니까?', '소비세를 인상하지 않는 것에 찬성합니까?'라는 두 개의 질문을 겸하고 있다.

  > '○○당을 지지합니까?', '소비세를 인상하지 않는 것에 찬성합니까?'
  > 라는 두 개의 질문을 겸하고 있기 때문에 하나의 질문으로 부적절
  > 합니다.

- 질문에서 유도하면 안 됩니다.

  〈예〉 '가장 최근의 조사 결과에서 ○○당은 △△당보다 높은 지지율을 보이고 있는데, 이번 선거에서 어느 정당에 투표할 생각입니까?'

  > 응답을 유도하려는 질문은 앙케트 목적에 영향
  > 을 미치기 때문에 피하도록 합시다.

- 범죄 경험의 유무 등은 직접 질문하면 안 됩니다.

  범죄 경험 유무 등을 묻는 질문은 세심하게 고려해야 한다.

  〈예〉

  목적　회사에서의 성희롱 실태를 알고 싶다.

  > 묻기 불편한 질문은 직접적
  > 인 표현을 피한다.

  ☒ 질문. 귀하는 직장에서 성희롱을 한 적이 있습니까?

  > 1. 있다.　　2. 없다.

  ◯ 질문. 귀하의 직장에서 성희롱을 하는 사람이 있습니까?

  > 1. 직장에서 성희롱을 하는 사람을 본 적이 있다.
  > 2. 직장에서 성희롱을 하는 사람을 본 적은 없지만, 성희롱을 하는 사람이 있다고 생각한다.
  > 3. 직장에서 성희롱을 하는 사람이 없다고 생각한다.

  > 회사에서 성희롱을 하는 사람의 비율을 알면 됩니다.
  > 앞에 기술한 바른 질문 방식으로 얻은 데이터를 집계하
  > 면 회사에서의 성희롱 비율을 알 수 있어요.

조사표 작성 방법의 12항목

- 질문하는 순서를 고려한다.
- 보기 쉽고 응답하기 쉬운 구성에 유의한다.
- 부모 질문, 한정 질문의 관계를 명확히 한다.
- 선택지 코드의 번호는 오름차순으로 지정한다.
- '○는 하나만', '○는 여러 개 선택 가능'을 질문 마지막에 표기한다.
- 묻기 어려운 질문은 하지 않는다.
- 어려운 용어를 사용하지 않는다.
- 질문량이 많으면 안 된다.
- 조사 목적과 관계 없는 질문은 하지 않는다.
- 하나의 질문에 두 가지 정보가 있으면 안 된다.
- 질문으로 유도해서는 안 된다.
- 범죄 경험의 유무 등은 직접 질문하지 않는다.

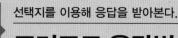

선택지를 이용해 응답을 받아본다.

프리코드 응답법

　프리코드 응답법은 응답 내용을 선택지로 사전에 준비하여 해당하는 선택지를 고르는 질문으로, SA응답법, MA응답법, 순위응답법이 있습니다.

◆ SA응답법

　SA응답법은 선택지 중에서 하나만 고르는 방법으로, '이항선택법'과 '다항선택법'이 있습니다.

◆ 이항선택법

　이항선택법은 두 개의 응답 선택지에서 하나를 고르는 방법입니다.

〈예〉

질문. 귀하는 PC를 가지고 있습니까? (○는 하나만)
1. 가지고 있다.　　2. 가지고 있지 않다.

◆ 다항선택법

　다항선택법은 세 개 이상의 응답 선택지에서 하나를 고르는 방법입니다.

〈예〉

질문. 다양한 차 중에서 해당 차를 선택한 이유는 무엇입니까? 가장 중시한 이유를 하나만 알려주세요. (○는 하나만)
1. 스타일과 외관이 좋음　　2. 적당한 차체의 크기 3. 실내의 넓이　　4. 성능이 좋음 5. 연비가 좋음　　6. 메이커 신뢰

이항선택법과 다항선택법 모두 질문문 마지막에 '○는 하나만'이라고 추가하는 것을 잊지 마세요.

◆ MA응답법

MA응답법은 선택지 중에서 해당하는 것을 몇 개 고르는 방법으로, '무제한법'과 '제한법'이 있습니다.

◆ 무제한법

무제한법은 선택지의 개수에 제한을 두지 않고 고르는 방법입니다.

〈예〉

질문. 귀하는 화장품을 구입할 때 어떤 점을 중시합니까?

다음에 제시한 내용 중에서 중시하는 점을 몇 가지 알려주세요. (○는 여러 개 선택 가능)

1. 가능하면 저렴한 것을 구입한다.

2. 다소 비싸더라도 품질이나 디자인이 뛰어난 것을 구입한다.

3. 많이 광고하는 것을 구입한다.

4. 유명한 메이커 제품을 구입한다.

5. 늘 사용하던 것을 구입한다.

6. 매장의 점원이 추천하는 것을 구입한다.

7. 인터넷, 카탈로그 등으로 다양하게 검토한 후 구입한다.

8. 주변의 사람들이 사용하고 있는 것이나 평판이 좋은 것을 구입한다.

9. 기타 (구체적으로   )

10. 화장품을 구입하지 않는다.

위의 예에서 선택지 1~8 이외의 응답이 예상되는 경우 '기타' 선택지를 준비하여 그 내용이 무엇인지 구체적으로 기입하도록 합니다. 화장품을 구입하지 않는 사람은 이 질문에 응답하지 않기 때문에 10개의 선택지를 만듭니다.

무제한법의 경우는 응답자가 몇 개라도 선택지를 고르도록 질문문의 마지막에 '○는 여러 개 선택 가능'이라고 추가합니다.

◆ 제한법

제한법은 선택지의 개수에 제한을 두고 고르게 하는 방법입니다. 선택하는 개수가 많을 것으로 예상되는 경우에는 선택 개수를 제한합니다. 선택 개수를 몇 개로 하는가의 통계학적 기준은 없지만, 일반적으로는 3개로 합니다.

〈예〉

질문. 귀하가 지금까지 승용차를 소유하지 않았던 이유는 무엇입니까? 다음 중에서 가장 중요한 이유를 3개 이내로 알려주세요. (○는 여러 개 선택 가능)

    1. 가격 및 유지비 등의 경제적 이유
    2. 교통난 및 주차난 때문에
    3. 차고 등의 보관 장소가 없음
    4. 면허증이 없음
    5. 사치스러워서 내 신분에 맞지 않음
    6. 교통사고가 두려움
    7. 다른 교통수단을 이용하는 편이 편리함
    8. 다른 사람의 차를 쉽게 이용할 수 있음
    9. 사용할 여유가 없음
    10. 자동차가 싫음
    11. 기타 (구체적으로   )
    12. 특별한 이유가 없음

위의 예에서 승용차를 보유하지 않은 이유가 특별히 없는 사람도 있기 때문에 그 점을 고려해서 선택지를 만드는 것이 좋겠지요.

◆ SA응답법의 이항선택법을 MA응답법으로 질문

SA응답법의 이항선택법으로 여러 개의 질문을 하는 경우 MA응답법으로 질문할 수 있습니다.

> 어떤 질문 방법이라도 응답 결과가 같습니다.

SA응답법의 이항선택법 질문 1
SA응답법의 이항선택법 질문 2   =   하나의 MA응답법으로 질문 가능
SA응답법의 이항선택법 질문 3

◆ SA응답법(이항선택법)을 MA응답법으로 질문

응답 유형이 SA응답법의 이항선택법으로 묻는 여러 개의 질문은 MA응답법으로 질문할 수 있습니다.

〈예〉

---

① SA응답법(이항선택법)으로 질문하는 경우

질문. 차를 구입하는 경우 사람에 따라 생각이 다양해서 선택 방식이 다르다고 생각하지만, 아래에 있는 각 의견에 따라 귀하의 생각을 '그렇게 생각한다.', '그렇게 생각하지 않는다.'로 알려주세요.
(○는 각각 하나만)

	그렇게 생각한다.	그렇게 생각하지 않는다.
a. 가능하면 내부가 호화로운 차를 구입하고 싶다.	1	2
b. 통근보다는 레저용 차를 구입하고 싶다.	1	2
c. 뒷좌석에서 아이가 놀 수 있는 차를 구입하고 싶다.	1	2
d. 차는 필요한 최소한의 장치만 있으면 된다.	1	2

② MA응답법으로 질문하는 경우

질문. 차를 구입하는 경우 사람에 따라 다양한 생각을 하여 선택 방식이 다르다고 생각하지만, 아래에 나열한 의견에 대해 귀하는 어떻게 생각하는지 모두 알려주세요. (○는 여러 개 선택 가능)

> 1. 가능하면 내부가 호화로운 차를 구입하고 싶다.
> 2. 통근보다는 레저용 차를 구입하고 싶다.
> 3. 뒷좌석에서 아이가 놀 수 있는 차를 구입하고 싶다.
> 4. 차는 필요한 최소한의 장치만 있으면 된다.

---

①은 선택지가 2개인 질문이 4개, ②는 선택지가 4개인 질문이 1개로, 질문 방식은 다르지만 질문에서 얻는 응답 결과는 동일합니다.

①은 질문마다 '그렇게 생각한다' 또는 '그렇게 생각하지 않는다'를 선택하여 응답하고, ②는 해당하는 것만 선택하여 응답하기 때문에, 응답자의 부담이 가벼운 것은 ②의 질문 방식입니다. 매우 중요한 질문으로 4개의 질문문을 신중하게 빠트리지 않고 읽게 하고 싶은 경우에는 ①의 방식으로 질문합니다.

이 경우는 MA응답법으로 조사표를 만들까요?

아니오. 중요한 질문이므로 이항선택법으로 합시다.

◆ MA응답의 질문이 복수 개인 경우의 질문 방식

MA응답의 질문이 복수 개인 경우 표 형식(행렬 형식)으로 조사표를 작성합니다. 표 형식은 질문이 간단해서 보기 쉽고, 응답자의 경우 응답이 쉬운 구성입니다.

아래의 질문문의 코드 번호는 위쪽은 세로 방향, 아래쪽은 가로 방향입니다. 응답자는 코드 번호의 순서에 따라 응답하기 때문에 코드 번호를 붙이는 방식에 주의하세요.

〈예〉

질문. 귀하는 다음에 제시한 편의점에 어떤 인상을 가지고 있습니까? 편의점마다 해당하는 인상 전체를 알려주기 바랍니다. 해당하는 번호를 ○로 골라주고 여러 개 선택도 가능합니다.

	A점	B점	C점	D점	E점
품절된 제품이 없다.	1	1	1	1	1
신선하다.	2	2	2	2	2
맛이 좋다.	3	3	3	3	3
처리 시간이 빠르다.	4	4	4	4	4
깨끗하다.	5	5	5	5	5
종업원 태도가 좋다.	6	6	6	6	6
진열이 잘 되었다.	7	7	7	7	7
상품이 풍부하다.	8	8	8	8	8
고객 응대 서비스가 충실하다.	9	9	9	9	9

질문. 편의점의 인상을 나타내는 아홉 가지 요소를 제시하므로 각 편의점에 해당하는 인상을 모두 알려주세요. 해당하는 번호를 ○로 골라주고 여러 개 선택도 가능합니다.

	A사	B사	C사	D사	E사
품절된 제품이 없다.	1	2	3	4	5
신선하다.	1	2	3	4	5
⋮	⋮	⋮	⋮	⋮	⋮
상품이 풍부하다.	1	2	3	4	5
고객 응대 서비스가 충실하다.	1	2	3	4	5

세로 방향, 가로 방향 어느 쪽으로 응답하는가에 따라 ○로 고르는 방식이 달라져요.

◆ 순위응답법

순위응답법은 선택지에 순위를 매기는 방법입니다.

〈예〉

> 질문. 다양한 차 중에서 해당 차를 선택한 이유는 무엇입니까? 다음 다섯 가지 중에서 중요하다고 생각
> 하는 순서대로, 해당 순위를 [   ] 안에 적어주세요.
> [   ] 스타일·외관이 좋음
> [   ] 적당한 차체의 크기
> [   ] 실내의 넓이
> [   ] 성능이 좋음
> [   ] 연비가 좋음
> [   ] 제조사 신뢰

　순위응답법은 선택지의 수가 많으면 모든 선택지에 순위를 매기는 데 시간이 걸리고, 응답
자에게는 어려운 질문이 됩니다. 각 응답자의 경우 선택지의 순위를 알고 싶으면 순위응답
법을 이용해야 합니다. 집단의 경우 어느 선택지를 중시하는지 알고 싶으면 각 선택지에 대
한 응답률을 이해하면 되므로 순위응답법이 아닌 MA응답법 혹은 SA응답법을 이용하는 것
을 추천합니다.

〈순위응답법의 사용 방식〉

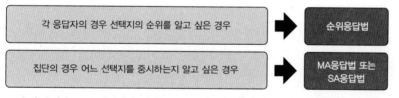

| 각 응답자의 경우 선택지의 순위를 알고 싶은 경우 | ➡ | 순위응답법 |
| 집단의 경우 어느 선택지를 중시하는지 알고 싶은 경우 | ➡ | MA응답법 또는 SA응답법 |

※ 순위 응답은 모든 선택지에 순위를 매기는 '완전순위법'과 일부 선택지에 순위를 매기는 '일부순위법'이 있습니다.

> 중요한 요소가 무엇인지 알고 싶은
> 경우 순위응답법이 아닌 MA응답법
> 혹은 SA응답법으로 물어보고, 이것
> 을 집계하면 알 수 있어요.

문자나 수치로 응답을 받아본다.

자유응답법

자유응답법은 질문에 대해서 응답자가 문자나 수치로 자유롭게 답을 하는 방법입니다.

◆ 문자 응답

〈예〉

질문. 귀하가 올해 가장 활약이 뛰어났다고 생각하는 연기자를 3명까지 골라 이름을 적어주세요.		
응답란		

응답자의 경우 프리코드 응답법에 비해 답하기 어려운 질문입니다. 올해 활약했다고 생각되는 연기자를 선택지로 고르고, 프리코드 응답법으로 응답하게 하는 것이 좋을 것입니다. 다만 사전에 연기자 이름을 표기한 자유코드법은 응답을 도와줍니다. 아무런 힌트도 없이 순수하게 생각하게 하고 싶은 경우에는 자유응답법을 이용해야 합니다.

브랜드 이름(연기자 이름 등)을 생각하게 할 때 문자로 기록하는 방법은 '비보조 상기(unaided recall)', 선택지를 고르게 하는 방법은 '보조 상기(aided recall)'라고 부릅니다. 비보조 상기로 생각한 브랜드는 브랜드 파워가 강하다고 할 수 있습니다.

비보조 상기, 보조 상기, 이렇게 두 가지 모두 질문하는 것이 좋습니다. 이 경우 비보조 상기를 먼저 묻습니다.

◆ 수치응답

수치응답은 사각형 열을 이용하여 하나의 사각형에 하나의 수치를 기입하게 합니다.

연봉, 연령 등의 질문은 자유응답법, SA응답법 중 어느 방식이든 묻는 것이 가능합니다. 자유응답법은 응답 거부 비율이 높기 때문에 SA응답법으로 묻는 것을 추천합니다.

〈예〉

• **수치응답법으로 질문하는 경우**

질문. 최근 1년간 귀하의 가족 전체의 세전 수입은 어느 정도입니까?

천 백 십 일

만 원

• **SA응답법으로 질문하는 경우**

질문. 최근 1년간 귀하의 가족 전체의 세전 수입은 어느 정도입니까? 다음 중에서 알려주세요.

(○는 하나만)

1. 2,000만 원 미만
2. 2,000~4,000만 원 미만
3. 4,000~6,000만 원 미만
4. 6,000~9,000만 원 미만
5. 9,000만 원 이상

연 수입을 묻는 목적은 다음 두 가지로 생각됩니다.

---

① 연 수입 실태를 수치(평균값, 인상률)로 파악한다.

② 연 수입으로 소비자를 분류(저소득층, 중간 소득층, 고소득층)하여 분류별 구매 행동, 상품 선택 이유 등을 파악한다.

각각의 목적에 대한 응답을 생각한 경우 ①은 자유응답법의 수치로 응답할 수밖에 없지만, ②는 SA응답법으로 충분히 답변할 수 있습니다.

연 수입의 경우 수치응답법은 응답 거부도 있기 때문에 특별한 이유가 아니면 SA응답법으로 묻는 편이 좋아요.

만족 정도를 응답으로 받아본다.
단계 평가

단계 평가의 질문은 '만족, 약간 만족, 어느 쪽이라고도 할 수 없음, 약간 불만, 불만 중에서 적절한 것'이라는 형식으로 평가하는 질문입니다.

◆ 단계 평가의 종류

단계 평가에는 다음과 같은 것이 있습니다.

단계 평가 방법에 대한 집계 방법이 다르기 때문에 어떤 단계 평가 방법을 이용하는가는 집계 방법과 관련하여 판단합니다.

→ 단계 평가의 집계법은 제3장 63페이지 참조

【일반적인 단계 평가(대칭형 단계 평가)】	【목적에 따라 이용하는 단계 평가】
• 7단계 평가 • 5단계 평가 • 3단계 평가 '어느 쪽이라고도 할 수 없음'이라는 선택지를 중심으로 긍정적인 선택지와 부정적인 선택지가 대칭된다.	• 비대칭형 단계 평가='어느 쪽이라고도 할 수 없음'이라는 선택지를 중심으로 하지 않는다. • 중간 의견을 두지 않는 단계 평가 • 10단계 평가

◆ 대칭형 단계 평가

〈예〉 1. 만족   2. 약간 만족   3. 어느 쪽이라고도 할 수 없음   4. 약간 불만   5. 불만

'어느 쪽이라고도 할 수 없음'을 '보통'이라고 묻는 방식도 있습니다.

선두선택지(혹은 후미선택지)에 강한 수식어인 '매우', '충분', '전부' 등을 사용하면, 해당 선택지의 응답률은 사용하지 않은 경우보다 낮아집니다.

◆ 비대칭형 단계 평가

〈예〉 1. 매우 만족   2. 만족   3. 약간 만족   4. 어느 쪽이라고도 할 수 없음   5. 불만

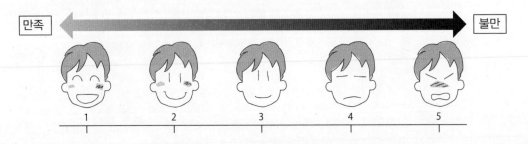

◆ 중간 의견을 두지 않는 단계 평가

〈예〉 | 1. 만족　 2. 대체로 만족　 3. 대체로 불만　 4. 불만 |

'어느 쪽이라고도 할 수 없음'이라는 중간 의견을 제외한 경우에는 가운데 두 개의 선택지에 '대체로'를 붙입니다.

◆ 10단계 평가

10단계 평가의 선택지는 0점부터 10점의 11단계로 하고, 한가운데를 5점으로 합니다.

◆ 단계 평가의 질문이 복수 개인 경우 묻는 방법

5단계 평가의 질문이 복수 개인 경우 표 형식(행렬 형식)으로 작성합니다. 표 형식은 질문이 간단해서 보기 쉽고, 응답자의 경우에도 응답이 쉬운 구성입니다.

〈예〉

질문.　다음에 나열한 세탁기의 각 기능에 대해 어떻게 생각합니까?
　　　　각 질문에 답해주세요. (○는 각각 하나씩만)

	매우 좋음	약간 좋음	보통	약간 나쁨	매우 나쁨
a. 세탁 상태	1	2	3	4	5
b. 취급 설명서	1	2	3	4	5
c. 기준 세제량 표시	1	2	3	4	5
d. 외관 및 디자인	1	2	3	4	5
e. 절수 및 세척제	1	2	3	4	5
f. 세탁기 높이	1	2	3	4	5
g. 실 보푸라기 제거 기능	1	2	3	4	5
h. 동작음	1	2	3	4	5
i. 검은 곰팡이 방지 장치	1	2	3	4	5

항목 이름의 맨 앞에 있는 a, b, c, …를 수치로 표현하면 선택지로 착각할 수 있기 때문에 위의 예와 같이 영문자로 합시다.

> 이 형식으로 묻는 방식을 '행렬 질문'이라고 합니다.

◆ 7단계 평가

자주 이용하는 7단계 평가의 선택지를 제시합니다.

대단히 만족
만족
약간 만족
어느 쪽이라고도 할 수 없음
약간 불만
불만
대단히 불만

매우 만족
상당히 만족
약간 만족
어느 쪽이라고도 할 수 없음
약간 불만
상당히 불만
매우 불만

몹시 그렇게 생각함
그렇게 생각함
약간 그렇게 생각함
어느 쪽이라고도 할 수 없음
별로 그렇게 생각하지 않음
그렇게 생각하지 않음
전혀 그렇게 생각하지 않음

대단히 만족하고 있음
만족하고 있음
약간 만족하고 있음
어느 쪽이라고도 할 수 없음
약간 불만임
불만임
대단히 불만임

충분히 만족
상당히 만족
그럭저럭 만족
어느 쪽이라고도 할 수 없음
약간 불만
상당히 불만
매우 불만

완전히 동일함
상당히 동일함
약간 동일함
어느 쪽이라고도 할 수 없음
약간 다름
상당히 다름
전혀 다름

대단히 만족
상당히 만족
약간 만족
어느 쪽이라고도 할 수 없음
약간 불만
상당히 불만
대단히 불만

매우 중요함
상당히 중요함
약간 중요함
어느 쪽이라고도 할 수 없음
그렇게 중요하지 않음
거의 중요하지 않음
전혀 중요하지 않음

7단계는 5단계에 비해 꼼꼼한 평가가 가능하지만, 응답자에 따라서는 약간 귀찮은 질문입니다.

◆ 5단계 평가

자주 이용하는 5단계 평가의 선택지를 제시합니다.

만족
약간 만족
어느 쪽이라고도 할 수 없음
약간 불만
불만

매우 만족
조금 만족
어느 쪽이라고도 할 수 없음
조금 불만
매우 불만

중요함
약간 중요함
어느 쪽이라고도 할 수 없음
별로 중요하지 않음
중요하지 않음

대단히 만족
약간 만족
어느 쪽이라고도 할 수 없음
약간 불만
대단히 불만

충분히 만족됨
상당히 만족됨
어느 쪽이라고도 할 수 없음
별로 만족되지 않음
전혀 만족되지 않음

매우 그렇게 생각함
그렇게 생각함
어느 쪽이라고도 할 수 없음
그렇게 생각하지 않음
전혀 그렇게 생각하지 않음

충분히 만족하고 있음
어느 정도 만족하고 있음
어느 쪽이라고도 할 수 없음
다소 불만임
지극히 불만임

어느 쪽이든 7단계 평가보다 5단계 평가 쪽을 더 자주 사용합니다.

◆ 비대칭형 단계 평가

대단히 만족
상당히 만족
만족
약간 만족
어느 쪽이라고도 할 수 없음
불만

반드시 이용하고 싶음
꽤 이용하고 싶음
이용하고 싶음
조금 이용하고 싶음
아주 조금 이용하고 싶음
어느 쪽이라고도 할 수 없음
이용하고 싶은 생각이 들지 않음

매우 좋음
좋음
약간 좋음
어느 쪽이라고도 할 수 없음
나쁨

강력하게 그렇게 생각함
그렇게 생각함
조금 그렇게 생각함
어느 쪽이라고도 할 수 없음
그렇게 생각하지 않음

비대칭형의 경우는 긍정적 선택지가 많아지거나 부정적 선택지가 많아집니다.

비교하는 기법의 질문으로 응답을 받아본다.

쌍대비교법과 SD법

쌍대비교법과 SD법은 서로 상반되는 선택지를 비교하여 묻는 질문에 대해 통계 처리를 하는 방법으로, 미각 조사, 관능 조사에서 자주 이용합니다.

◆ 쌍대비교법

몇 가지 식품을 시식하고 맛 테스트를 할 때 한 명의 대상자가 여러 개의 식품을 동시에 시식하는 것은 곤란합니다. 가령 동시에 시식해도 얻어진 데이터의 신뢰성은 희박할 것입니다.

지금 세 개의 식품 A, B, C가 있다고 합시다. 이 중에서 두 개, 예를 들어 A와 B를 대상으로 어느 쪽의 맛이 좋은가를 평가합니다. 조금 시간을 두고 B와 C, 더 나아가 C와 A와 같이 전체 조합에 대해 평가합니다.

이러한 방법이라면, 동시에 수행하는 것이 곤란한 평가 테스트의 데이터를 수집할 수 있는데, 이 방법을 **쌍대비교법**이라고 부릅니다.

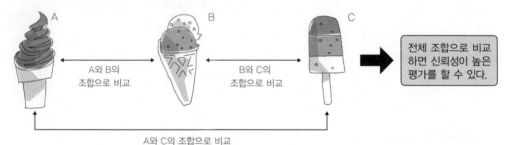

평가 방법에는 다음의 두 가지가 있습니다.

① 전체 조합에 대해 이항선택법(22페이지 참조)으로 어느 것이 맛있는지 판정합니다.

질문 1. A와 B 중 어느 아이스크림이 더 맛있습니까? (○는 하나만)

> 1. A   2. B

질문 2. A와 C 중 어느 아이스크림이 더 맛있습니까? (○는 하나만)

> 1. A   2. C

질문 3. B와 C 중 어느 아이스크림이 더 맛있습니까? (○는 하나만)

> 1. B   2. C

② 전체 조합에 대해 단계 평가(30페이지 참조)로 어느 정도 맛있는지 판정합니다.

질문. 두 번째 시식한 아이스크림에 비해 첫 번째 시식한 아이스크림의 맛은 어느 정도인가요? (○는 각각 하나씩만)						
첫 번째 시식한 아이스크림	매우 맛이 없다.	조금 맛이 없다.	차이를 느끼지 못했다.	조금 맛있다.	매우 맛있다.	두 번째 시식한 아이스크림
A	1	2	3	4	5	B
A	1	2	3	4	5	C
B	1	2	3	4	5	C

평가 방법에 따라 해석 방법이 다르고, ①은 **써스턴(Thurston)의 쌍대비교법**, ②는 **쉐페(Scheffe)의 쌍대비교법**으로 분석합니다.

※ 쌍대비교법의 해석 방법 → 제8장 177페이지 이후 참조

◆ SD법

SD법(Semantic Differential method)은 세먼틱 디퍼런셜법, 줄여서 '에스디법'이라고 부릅니다. '예리한 : 둔한' '명랑한 : 침울한' '세련된 : 촌스런' 등의 대립하는 형용사의 쌍을 이용하여 상품, 브랜드 등에 주어진 감정적인 이미지를 단계평가법을 이용하여 질문하는 방법입니다.

다음은 대립어의 예입니다.

예리한	둔한	명랑한	침울한
세련된	촌스런	밝은	어두운
느긋한	민첩한	세련된	촌스런
순수한	불순한	활동적인	침착한
고집이 센	배려심이 있는	신선한	낡은
청초한	화려한	고상한	천박한
맑은	탁한	산뜻한	칙칙한
믿을 만한	미덥지 않은	개방적	폐쇄적
온화한	박력 있는	따뜻한	차가운
차분한	들뜬	딱딱한	부드러운
생소한	친숙한	소극적	적극적
성숙한	유치한	화려한	수수한
두드러진	평범한	동적	정적
익살스러운	진지한	온화한	격렬한
정열적인	이지적인	단정한	시원시원한

가치관, 생활태도, 응답자 속성을 질문해 본다.

간접 질문이나 응답자의 속성을 묻는 방법

제품의 실태 조사나 평가 조사에서 조사 결과에 영향을 미친다고 생각되는 생활 행동, 소비 의식, 가치관 등의 간접 질문을 하는 경우가 많습니다.

◆ 생활태도 및 가치관을 묻는 방법

제품의 선정이나 구매 행동은 그 사람의 생활태도나 가치관에 영향을 받는다고 생각하여 조사표에 생활태도나 가치관에 관련된 질문을 넣는 경우가 있습니다. 조사표에서 자주 사용하는 생활태도나 가치관에 대해 선택지의 몇 가지 표현을 소개하겠습니다.

상세한 내용은 권말자료를 참조하세요.

삶, 생활 방식, 가치관	• 마음이 풍요롭고 여유 있는 생활을 하고 싶다. • 평범하면서도 평온한 인생을 보내고 싶다. • 확실한 자신의 인생 목표를 가지고 있다. • 지금 사회에서는 지위나 명성을 얻는 것이 가장 중요하다.
생활태도, 커뮤니티	• 휴일은 가족과 보내는 경우가 많다. • 일상생활 속에서 조바심이나 스트레스를 느낀다. • 자원봉사나 지역 활동에 적극적으로 참여하고 있다. • 세상에 대한 체면을 신경 쓰는 편이다.
가족이나 일, 취미에 대한 생각	• 다소 싫은 일이라도 수입이 많으면 참는다. • 가정을 중요시하여 일 때문에 가정을 희생하는 일은 하고 싶지 않다. • 취미나 스포츠는 삶의 보람 중 하나이다. • 뭔가 유행하면, 곧 자신도 따라하는 편이다.
쇼핑 방식, 유행 의식, 소비 의식	• 카탈로그나 사람들의 이야기 등으로 다양하게 검토한 후에 구입하는 경우가 많다. • 좋아하는 브랜드에 집착한다. • 세상의 유행이나 주변의 움직임에 민감하다. • 구입하고 나서 후회하고 실패했다고 느끼는 경우가 자주 있다.
성격 유형	• 사람의 불행을 잠자코 보고 있을 수 없는 편이다. • 다른 사람에게서 부탁을 받으면 거절할 수 없는 편이다. • 상대의 기분에 대해 민감한 편이다. • 새로운 그룹이나 모임에 들어가도 곧 익숙해질 수 있다.

◆ 응답자의 속성을 묻는 방법

응답자의 속성을 질문할 때에는 다음 사항에 유의합시다.

● 연령이나 연봉을 질문하는 경우

연령이나 연봉 등의 응답자 속성은 응답자가 답하고 싶지 않은 질문입니다. 왜 이렇게 실례가 되는 것을 묻는지 화를 내기 때문에 일반적으로 조사표의 마지막에 묻습니다. 마지막에 묻는다고 응답 거부를 막을 수 있는 것은 아니고, 연령이나 연봉을 묻기 전에 다음 문장을 기록하여 무응답이 최대한 없도록 고려해야 합니다.

> '결과는 통계로 정리될 뿐 귀하의 개인 정보는 사용되지 않기 때문에 다음 질문에 반드시 응답해 주기 바랍니다.'

● 제품 구입 실태 조사에 대한 질문의 경우

제품 구입 실태 조사에서는 제품 사용자, 앙케트 응답자, 누구의 속성에 대해 묻는가를 명확히 합니다.

● 자녀의 수를 질문하는 경우

'가족 중 자녀는 몇 명입니까?'와 같이 묻는 방식은 부적절합니다. '12세 이하'나 '18세 이하'라고 명확하게 묻습니다.

● 직업을 질문하는 경우

직업을 묻는 방법은 조사 대상자에 따라 다르므로 대상자를 고려하여 작성해야 합니다. 다음은 하나의 예입니다.

〈예〉

질문. 귀하의 직업을 알려주기 바랍니다. (○는 하나만)

〈자유업, 자영업, 기업경영자〉
1. 자유업이나 9인 이하의 종업원을 가진 자영업 및 경영자
2. 10인 이상의 종업원을 가진 자영업 및 경영자

〈기업의 직장인 혹은 공무원〉
3. 관리직 4. 사무직 5. 기술직, 기능직, 공장노동자
6. 전문직(변호사, 회계사, 의사) 7. 판매원
8. 공무원 9. 기타 직장인

〈기타〉
10. 전업주부 11. 학생 12. 연금생활자 및 퇴직자
13. 기타

좋은 질문과 선택지를 작성해 본다.

조사표의 견본

8페이지의 조사 설계, 12페이지의 질문 항목에 따라서 조사표를 작성해 봅시다. 질문문과 선택지를 작성할 때 참고하기 바랍니다.

호텔 만족도 조사

질문 1. 앙케트 응답의 답례로 증정할 물건은 어떤 것이 좋을까요? (○는 하나만)

> 1. A(5,000원 도서상품권)   2. B(기념품)

> 귀가 후에 반송하는 분은 도서상품권을 나중에 발송해드리겠습니다.

질문 2. 이 호텔에서 숙박한 숙박일 수를 알려주세요.

> [   ] 박

질문 3. 이번에 이 호텔을 이용한 사람은 몇 명입니까?

> [   ] 명

질문 4. 이번 이용 형태는 다음 중 어디에 해당합니까? (○는 하나만)

1. 가족, 친척과의 여행	4. 혼자서 하는 여행
2. 친구와의 여행	5. 부부만의 여행
3. 직장 동료와의 여행	6. 비즈니스, 접대 여행
	7. 기타 ( )

〈질문 4에서 1, 2, 3을 선택한 분〉

추가 질문. 숙박한 분 중에 12세 이하의 어린이가   〈질문 5로〉
        있습니까? (○는 하나만)

> 1. 있음 (   )명   2. 없음

질문 5. 다음 중 어떤 방법으로 호텔을 예약했습니까? (○는 하나만)

1. 호텔에서 직접 예약	2. 여행 대리점을 통해 예약	3. 단체여행이므로 직접 예약하지 않음

〈질문 5에서 1, 2를 선택한 분〉

추가 질문. 이 호텔을 알게 된 계기를 다음 중에서 알려주세요.   〈질문 6으로〉
        (○는 여러 개 선택 가능)

1. 여행 대리점의 권유	2. 다른 사람에게 들어서	3. TV를 보고
4. 인터넷을 보고	5. 카탈로그를 보고	6. 여행 정보를 보고
7. 이전에 숙박했을 때 좋았기 때문에		8. 기타 ( )

질문 6. 이번 여행의 목적은 무엇인지, 특히 중요하게 고려한 것을 하나만 알려주세요. (○는 하나만)

1. 명소를 둘러보는 관광　　　　2. 스포츠(낚시, 골프, 스키, 테니스 등)
3. 유흥(유원지, 야외 장애물 코스, 해수욕 등)　　　　4. 하이킹, 등산
5. 온천　　　　6. 호텔에서의 식사　　　　7. 기타 (　　　　　　　　)

질문 7. 이번에 숙박한 호텔에서 특히 만족한 것을 하나만 알려주세요. (○는 하나만)

1. 직원의 서비스　　2. 객실　　　　3. 식사　　　　4. 목욕탕　　　　5. 부대 시설
6. 기타 (　　　　　　　　　)

질문 8. 이번에 이용한 호텔의 인상을 다음 중에서 모두 알려주세요. (○는 여러 개 선택 가능)

1. 호화스러움　　2. 촌스러움　　　3. 젊음　　　4. 화려함　　　5. 일류
6. 가족적　　　7. 시대를 앞서가는 새로움　　　8. 고급스러움　　　9. 전통적
10. 세련됨　　11. 안정됨　　　12. 기타 (　　　　　　　　)

질문 9. 서비스 및 시설 등에 대해 만족도를 알려주세요. (○는 각각 하나씩만)

		불만	약간 불만	어느 쪽이라고도 할 수 없음	약간 만족	만족
A. 도착 시의 서비스	첫 번째 인상	1	2	3	4	5
	체크인의 순조로움	1	2	3	4	5
	체크인 순서의 공평함	1	2	3	4	5
	프런트 직원의 말투나 태도	1	2	3	4	5
	프런트 직원의 응대	1	2	3	4	5
	안내 직원의 태도	1	2	3	4	5
	객실 직원의 대응	1	2	3	4	5
	객실 직원의 태도	1	2	3	4	5
	도착 시의 서비스 종합평가	1	2	3	4	5

어떤 점을 개선할 것인가를 파악하기 위해서는 평가 내용을 상세히 물어볼 것!

		불만	약간 불만	어느 쪽이라고도 할 수 없음	약간 만족	만족
B.	객실의 인상	1	2	3	4	5
	객실의 넓이	1	2	3	4	5
	객실의 전망	1	2	3	4	5
	객실의 청결 상태	1	2	3	4	5
	객실의 냄새	1	2	3	4	5
객실	객실의 온도	1	2	3	4	5
	조명의 밝기	1	2	3	4	5
	비품 갖춤	1	2	3	4	5
	욕실, 화장실, 세면대	1	2	3	4	5
	침구 청결 상태, 잠자리 기분	1	2	3	4	5
	객실의 소음	1	2	3	4	5
	직원의 객실 출입	1	2	3	4	5
	객실에 관한 종합평가	1	2	3	4	5
C.	저녁식사를 나르는 직원의 태도	1	2	3	4	5
	직원의 신속함	1	2	3	4	5
	직원의 클레임에 대한 응대	1	2	3	4	5
저녁식사	저녁식사의 양	1	2	3	4	5
	맛	1	2	3	4	5
	재료의 질	1	2	3	4	5
	지역 특성	1	2	3	4	5
	식기의 청결 상태	1	2	3	4	5
	저녁식사의 종합평가	1	2	3	4	5
D.	목욕탕의 청결 상태 및 느낌	1	2	3	4	5
	세면장의 청결 상태 및 비품 구비	1	2	3	4	5
목욕탕	탈의실 세면대의 비품 구비	1	2	3	4	5
	탈의실 전체의 청결 상태 및 느낌	1	2	3	4	5
	목욕탕의 종합평가	1	2	3	4	5

> 양이 많아(적어) 불만인지, 만족인지 알 수 없어서 질문 16. D와 관련지어 해석

		불만	약간 불만	어느 쪽이라고도 할 수 없음	약간 만족	만족
E. 관내 및 시설 전체	호텔의 안내 표시	1	2	3	4	5
	매점이나 음식시설 직원의 태도	1	2	3	4	5
	매점이나 음식시설 직원의 공평	1	2	3	4	5
	외관이나 시설의 외양	1	2	3	4	5
	호텔의 전반적인 분위기와 감각	1	2	3	4	5
	객실 온도	1	2	3	4	5
	객실에 관한 종합평가	1	2	3	4	5
F. 종업원의 서비스	종업원의 신뢰성	1	2	3	4	5
	종업원의 복장	1	2	3	4	5
	종업원의 서비스	1	2	3	4	5
	종업원에게 느끼는 안정감	1	2	3	4	5
	종업원의 예의바름	1	2	3	4	5
	서비스의 정확도	1	2	3	4	5
	서비스의 신속성	1	2	3	4	5
	각각의 손님에 대한 주의	1	2	3	4	5
	건의사항 수렴	1	2	3	4	5
	종업원과 서비스의 종합평가	1	2	3	4	5

질문 10. 이번에 이용한 호텔에서 가장 만족한 것을 하나만 알려주세요. (○는 하나만)

1. 도착 시의 서비스　　2. 객실　　　　3. 저녁식사　　4. 목욕탕
5. 호텔 내부 및 시설 전체　6. 종업원의 서비스　　7. 없음

질문 11. 이번이 몇 번째 이용인지 알려주세요. (○는 하나만)

이 호텔이 있는 장소를 방문한 것은	1. 첫 번째 2. 두 번째 3. 세 번째 이상
이 호텔에 숙박한 것은	1. 첫 번째 2. 두 번째 3. 세 번째 이상

질문 12. 다음에도 이 호텔을 이용할 의향이 있는지 알려주세요. (○는 하나만)

이 장소를 방문할 의향이	1. 있다 2. 없다 3. 알 수 없다.
이 호텔을 이용할 의향이	1. 있다 2. 없다 3. 알 수 없다.

질문 13. 다음 여행을 계획하고 있는 친척이나 친구가 있다면 이번에 숙박한 호텔을 소개하겠습니까?
(○는 하나만)

1. 반드시 소개하고 싶다.   2. 소개해도 괜찮다.   3. 별로 소개하고 싶지 않다.   4. 소개하지 않는다.

질문 14. 지불한 요금에 충분한 만족을 얻을 수 있었습니까? (○는 하나만)

1. 지불한 금액 이상의 만족을 얻었다. 2. 지불한 금액과 동등한 만족을 얻었다. 3. 지불한 금액에 충분한 만족을 얻지 못했다.

질문 15. 만약 이 호텔에 다시 숙박한다면 다음 어느 것을 선택하겠습니까? (○는 하나만)

1. 식사의 질과 객실의 수준을 낮추더라도 이번에 지불한 금액보다 저렴한 쪽이 좋다. 2. 이번에 지불한 금액보다 조금 비싸더라도 식사의 질과 객실의 수준을 높이고 싶다. 3. 이번과 동일해도 괜찮다.

질문 16. 일반적인 호텔 서비스에 대해 여쭈어보겠습니다. (○는 각각 하나만)

a. 객실 담당에 의한 차 심부름은	1. 있는 편이 좋다.	2. 없어도 된다.
b. 객실에서의 식사 서비스는	1. 있는 편이 좋다.	2. 없어도 된다.
c. 침구 서비스는	1. 있는 편이 좋다.	2. 없어도 된다.
d. 식사의 양은	1. 대체로 적은 편이 좋다.	2. 대체로 많은 편이 좋다.

생략 : 응답자 속성의 질문(성별, 연령, 가족 구성, 거주지 등)
앙케트 응답에 감사드립니다.

제 3 장

앙케트 데이터의 집계

앙케트 조사에서의 집계 방법의 종류를 알아보고, 그 중에서도 대표적인 단순 집계의 계산 방법, 결과의 해석, 활용 방법에 대해 배웁니다.

KEYWORDS

- 조사 집계
- 단순 집계
- 카테고리 데이터
- 수량 데이터
- 질적 데이터
- 양적 데이터
- 연속량 데이터
- 이산량 데이터
- 카테고리 수
- 응답자 수
- 응답 비율
- 응답자 수 기반
- 응답 개수 기반

- %기반
- 무응답
- 무응답 제거
- 무응답 포함
- 비해당 제거
- 비해당 포함
- 대푯값
- 평균값
- 중앙값
- 최빈값
- 0 제외 평균값
- 0 포함 평균값
- 편차

- 편차제곱합
- 분산
- 표준편차
- 불편분산
- 1, 0 데이터의 분산
- 도수
- 도수분포
- 계급폭
- 도수분포표
- 상대도수
- 누적도수
- 상세 집계

조사 집계의 목적과 집계의 종류를 알아본다.

조사 집계란?

조사 집계는 앙케트 조사의 개인 데이터를 집단 정보로 변환하는 수단입니다.
조사 집계에는 '단순 집계'와 '크로스 집계'가 있습니다.

◆ 조사 집계란?

응답이 잔뜩 기록된 조사표가 수백 장 혹은 수천 장 있다고 합시다. 이 한 장 한 장의 응답 결과로부터 문제 해결에 도움이 되는 정보를 가능하면 많이, 더욱이 정확하게 끌어내기 위해서는 어떻게 하면 좋을까요? 한 장 한 장의 조사표를 정성껏 들여다보는 사람도 있을 것입니다. 유감이지만, 이런 작업만으로는 데이터가 무엇을 전하고 있는지 읽어내기가 어렵고, 중요한 정보를 끌어낼 수 없습니다.

이것을 해결해 주는 것이 **조사 집계**입니다. 조사 집계를 통해 집단에 대한 응답 건수나 비율이 계산되고, '누가 어떤 의견을 가지고 있는가'가 아닌, '이러한 의견을 가진 사람이 몇 명 혹은 몇 % 있는가'라는 것이 명확해집니다. 결국 조사 집계는 앙케트 조사의 개인 데이터를 집단 정보로 변환하는 수단이라고 말할 수 있습니다.

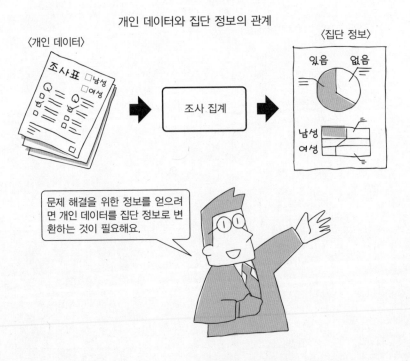

개인 데이터와 집단 정보의 관계

〈개인 데이터〉　　조사 집계　　〈집단 정보〉

문제 해결을 위한 정보를 얻으려면 개인 데이터를 집단 정보로 변환하는 것이 필요해요.

◆ 조사 집계의 종류

어느 책을 저술한 저자가 독자에 대해 알고 싶어 해서 출판사로 우송된 독자엽서 앙케트를 보여주기로 했습니다.

저자가 알고 싶은 것은 다음 두 가지입니다.

> ① 이 책의 독자층이나 평가에 대해 알고 싶다.
>   독자층은 젊은 사람이 많은가 또는 나이든 사람이 많은가, 이 책에 대해 만족한 사람이 많은가 또는 불만을 가진 사람이 많은가 등
> ② 어떤 독자층이 어떤 평가를 하고 있는가를 알고 싶다.
>   젊은 사람의 경우 만족하는 사람이 많은가 또는 불만을 가진 사람이 많은가, 나이든 사람의 경우 만족하는 사람이 많은가 또는 불만을 가진 사람이 많은가 등

①의 의문점을 명확히 하려면 평가에서는 만족이나 불만을 응답한 사람의 수를 세어 연령별 평균값을 구합니다. 이것이 **단순 집계**입니다.

단순 집계는 질문 항목마다 응답자의 수를 세어 평균값을 구해 집단의 특색이나 경향을 파악하는 방법입니다.

②의 의문점을 해결하려면 젊은 사람이나 나이든 사람마다 각각에 대해 만족이나 불만으로 응답한 사람의 수를 셉니다. 이것이 **크로스 집계**입니다.

크로스 집계는 두 개의 질문 데이터를 연계하여 집계해서 두 가지 일의 관계를 파악하는 방법입니다.

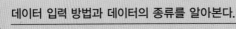
데이터 입력 방법과 데이터의 종류를 알아본다.

조사 데이터의 유형

집계를 위한 데이터는 크게 '카테고리 데이터'와 '수량 데이터' 유형으로 구분됩니다. 데이터의 유형에 따라 어떻게 집계하는지 결정됩니다.

◆ 데이터 입력 방식

집계는 주판이나 전자계산기를 사용하여 수작업으로 실행되지만, 수작업은 시간이 걸리고 틀릴 가능성이 있으므로 엑셀이나 집계 소프트웨이를 이용하여 수행합니다. 소프트웨어를 사용한 집계에서는 가장 먼저 응답 데이터를 입력해야 합니다.

다음 예는 표본 한 사람의 조사표입니다. 조사표의 응답을 그대로 입력하면 집계되지 않을 수 있기 때문에 집계를 고려한 데이터 입력 방식을 알아두어야 합니다. 이 예에서 데이터 입력 방식을 설명합니다.

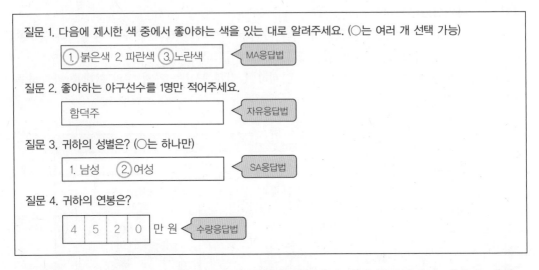

질문 1. 다음에 제시한 색 중에서 좋아하는 색을 있는 대로 알려주세요. (○는 여러 개 선택 가능)
　①.붉은색　2. 파란색　③.노란색　　◁ MA응답법

질문 2. 좋아하는 야구선수를 1명만 적어주세요.
　함덕주　　◁ 자유응답법

질문 3. 귀하의 성별은? (○는 하나만)
　1. 남성　②.여성　　◁ SA응답법

질문 4. 귀하의 연봉은?
　4　5　2　0　만 원　◁ 수량응답법

집계 소프트웨어의 입력 화면에서 응답 데이터를 준비된 셀에 입력합니다. 다음은 엑셀로 데이터를 입력한 화면입니다.

〈엑셀로 데이터를 입력한 화면〉

	A	B	C	D	E
1	응답자 번호	좋아하는 색	좋아하는 야구 선수	성별	연봉
2	1	1,3	함덕주	2	4520
3	2				
4	3				

좋아하는 색의 응답은 [1]과 [3]의 두 가지입니다.

◆ MA응답의 입력 방법

MA응답의 입력 방법은 다음 세 가지가 있습니다

① 각 선택지에 대해 해당하면 '1', 해당하지 않으면 '0'을 입력합니다.

	A	B	C	D	E	F	G
1	응답자 번호	좋아하는 색: 붉은색	좋아하는 색: 파란색	좋아하는 색: 노란색	좋아하는 야구 선수	성별	연봉
2	1	1	0	1	함덕주	2	4520
3	2						
4	3						

엑셀로 집계하는 경우는 이 형식이 좋습니다.

② 모든 선택지의 셀을 준비하여 응답 데이터를 왼쪽 셀부터 입력합니다.

	A	B	C	D	E	F	G
1	응답자 번호	좋아하는 색: seq1	좋아하는 색: seq2	좋아하는 색: seq3	좋아하는 야구 선수	성별	연봉
2	1	1	3		함덕주	2	4520
3	2						
4	3						

집계하기 어렵기 때문에 이 형식은 좋지 않습니다.

③ 하나의 셀에 모든 응답 데이터를 콤마(,)로 구분하여 입력합니다.

	A	B	C	D	E
1	응답자 번호	좋아하는 색	좋아하는 야구 선수	성별	연봉
2	1	1,3	함덕주	2	4520
3	2				
4	3				

PC용 앙케트 전문 소프트웨어는 이 형식이 많습니다.

자유 응답은 문자로 입력합니다. 자유 응답에 대해 집계하는 경우 문자로 입력된 데이터는 집계할 수 없기 때문에 문자의 입력과는 별도로 결정한 앙케트 번호(예를 들면 함덕주는 1, 이영하는 2, …)를 입력합니다.

◆ 카테고리 데이터, 수량 데이터

다음 표는 입력된 응답 데이터의 일부를 제시한 것입니다.

〈응답 데이터〉

응답자	성별	연봉(만 원)
허진호	1	5,800
이준형	1	3,930
김미숙	2	4,240
김영태	1	2,830
박혜자	2	6,230

카테고리 데이터 수량 데이터

이 데이터를 집계하기 위해서는 어떤 점을 알아야 하는지 생각해 봅시다.

　연봉 데이터를 보면, '김영태는 2,830만 원으로, 박혜자의 6,230만 원보다 적다'라고 할 수 있습니다. 또한 전체 응답자의 연봉을 합하여 전체 사람 수로 나누면 평균 연봉을 구할 수 있습니다. 그러면 성별에 대해서도 동일하게 할 수 있을까요? 성별 데이터의 경우 남성은 1, 여성은 2로 코드를 부여하여 코드 번호로 응답하기 때문에 수치로 나타낸 것뿐입니다. '김영태의 1(남성)은 박혜자의 2(여성)보다 작다'라고 하여 성별의 평균값을 산출하는 것은 의미가 없습니다. 입력한 데이터는 연봉과 같은 **수량 데이터**와 성별과 같은 '**카테고리 데이터**'의 **데이터 유형**으로 크게 구분하고, 수량 데이터는 **양적 데이터**, 카테고리 데이터는 **질적 데이터**라고도 부릅니다. 수량 데이터는 데이터 사이의 대소 관계를 비교하여 합계나 평균을 집계할 때 유용한 데이터입니다. 한편 카테고리 데이터는 데이터 사이의 대소 비교나 합계 또는 평균을 구하는 것이 의미가 없고, 단순한 분류 의미밖에 없습니다. 그러나 각 분류가 전체에서 몇 %인지 비율을 계산하는 것은 가능합니다. 성별에서는 5명 중 남성이 3명으로, 비율은 60%입니다.

　평균과 비율 중 어느 것을 구하는가는 데이터 유형에서 결정됩니다.

　응답 유형과 데이터 유형의 관계를 나타내면, SA응답법이나 MA응답법에 대한 데이터는 카테고리 데이터, 수량 응답법에 대한 데이터는 수량 데이터입니다.

　SA응답법이나 MA응답법의 선택지 개수를 **카테고리 개수**라고 부릅니다.

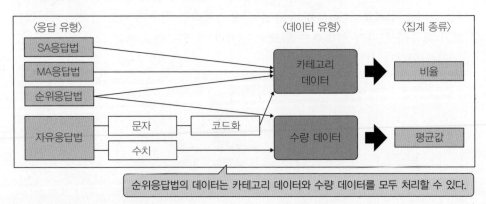

〈응답 유형〉　　〈데이터 유형〉　〈집계 종류〉

SA응답법 　　MA응답법 　　순위응답법 → 카테고리 데이터 → 비율

자유응답법 → 문자 → 코드화 → 카테고리 데이터

자유응답법 → 수치 → 수량 데이터 → 평균값

순위응답법의 데이터는 카테고리 데이터와 수량 데이터를 모두 처리할 수 있다.

단순 집계에 의해 집단의 특색이나 경향을 파악해 본다.

단순 집계

단순 집계는 질문 항목마다 응답자의 수를 세어 평균값을 구하고 집단의 특색이나 경향을 파악하는 방법입니다.

◆ 단순 집계의 종류

단순 집계는 'Grand Total tabulation'의 첫 글자를 따서 **GT**(GT 집계)라고도 부릅니다.

단순 집계의 방법은 카테고리 데이터, 수량 데이터의 데이터 유형에 따라 결정됩니다. 카테고리 데이터의 집계 방법은 **응답자 수**와 **응답 비율**입니다. 수량 데이터의 집계 방법은 **요약 통계량**과 **도수분포**가 있고, 요약 통계량에는 **대푯값**과 **변동**이 있습니다.

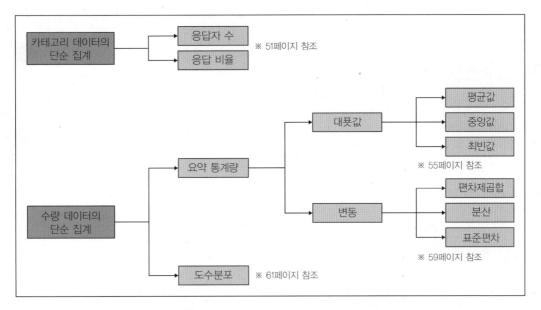

수량 데이터의 단순 집계는 여러 가지가 있군요.

◆ 단순 집계로부터 파악할 수 있는 것

단순 집계의 결과로부터 다양한 것을 밝힐 수 있습니다. 대표적인 예를 나타내 봅시다.

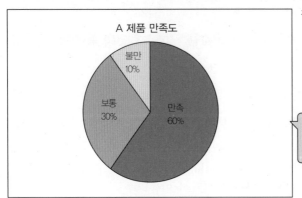

집단의 특징이나 경향이 분명해진다.

A 제품에 대한 만족도는 만족이라고 생각하는 사람이 전체의 60%를 차지하여 불만인 10%보다 훨씬 크다.

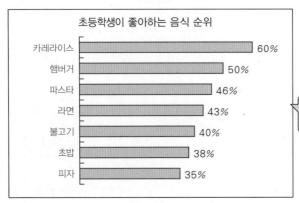

응답률의 크기순으로 범주를 나열하면 순위가 분명해진다.

초등학생이 좋아하는 음식 순위 중 1위는 카레라이스, 다음은 햄버거, 파스타의 순이다.

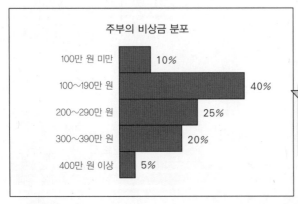

그래프의 형태로부터 집단의 특징이나 경향이 분명해진다.

주부의 비상금은 100만 원대가 가장 많고 전체의 40%를 차지하고 있다. 금액이 100만 원 미만인 주부는 10%, 400만 원 이상은 5%로, 금액이 적은 주부도 있지만, 많은 주부도 있어서 금액의 변동이 크다.

집계 결과를 그래프로 그리면 이해가 잘 됩니다.

카테고리 데이터를 단순 집계해 본다.

응답 비율

응답 비율은 응답자 수가 전체 응답자 수(조사 대상자 전원)에서 차지하는 비율입니다.
응답자 수는 선택지를 고르는 사람의 수를 계산한 값입니다.

◆ 응답자 수

선택지에 대해서 응답한 사람의 수를 **응답자 수**라고 합니다. 통계학에서는 응답자 수를 '빈도'라고 부르지만, 이 책에서는 '응답자 수'라고 부르기로 합니다. 응답자 수를 영문자 'n'으로 나타내기로 합시다.

다음 예에서 각 선택지의 응답자 수를 세어 봅시다.

〈응답 데이터〉

응답자	좋아하는 색	성별
허진호	1, 3	1
이준형	1	1
김미숙	2	2
김영태	1, 2	1
박혜자	1	2

〈항목 이름과 선택지〉

항목 이름	선택 사항
좋아하는 색	1. 붉은색　2. 푸른색　3. 노란색
성별	1. 남성　　2. 여성

좋아하는 색	성별
1 → 4명	1 → 3명
2 → 2명	2 → 2명
3 → 1명	

응답자 수는 코드 번호를 선택한 사람의 수, 예를 들면 붉은색인 '1'을 선택한 사람의 수는 4명입니다.

◆ 응답 비율

응답 비율은 각 선택지에 대해 구할 수 있습니다. 어느 선택지의 응답 비율은 그 선택지의 응답자 수가 전체 응답자 수에서 차지하는 비율입니다.

응답 비율 = 응답자 수 ÷ 진체 응답자 수

위의 예에 대한 응답 비율을 제시합니다.

항목 이름	선택 사항	응답 비율
좋아하는 색	1. 붉은색	4명 ÷ 5명 = 80%
	2. 파란색	2명 ÷ 5명 = 40%
	3. 노란색	1명 ÷ 5명 = 20%

항목 이름	선택 사항	응답 비율
성별	1. 남성	3명 ÷ 5명 = 60%
	2. 여성	2명 ÷ 5명 = 40%

◆ 응답자 수 기반, 응답 개수 기반

응답 비율은 '전체 응답자 수에서 차지하는 비율'로 구했지만, MA응답법의 경우 '전체 응답 개수에서 차지하는 비율'로 구하는 것이 가능합니다. 전자를 '**응답자 수 기반**의 응답 비율', 후자를 '**응답 개수 기반**의 응답 비율'이라고 합니다.

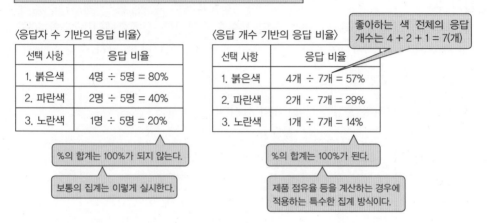

> 응답자 수 기반의 응답 비율 = 응답자 수 ÷ 전체 응답자 수
> 응답 개수 기반의 응답 비율 = 응답 개수 ÷ 전체 응답 개수

〈응답자 수 기반의 응답 비율〉

선택 사항	응답 비율
1. 붉은색	4명 ÷ 5명 = 80%
2. 파란색	2명 ÷ 5명 = 40%
3. 노란색	1명 ÷ 5명 = 20%

%의 합계는 100%가 되지 않는다.

보통의 집계는 이렇게 실시한다.

〈응답 개수 기반의 응답 비율〉

좋아하는 색 전체의 응답 개수는 4 + 2 + 1 = 7(개)

선택 사항	응답 비율
1. 붉은색	4개 ÷ 7개 = 57%
2. 파란색	2개 ÷ 7개 = 29%
3. 노란색	1개 ÷ 7개 = 14%

%의 합계는 100%가 된다.

제품 점유율 등을 계산하는 경우에 적용하는 특수한 집계 방식이다.

◆ 무응답이 있는 경우 응답 비율의 계산 방법

앙케트 조사에서 얻어진 데이터에는 항상 **무응답**입니다.
무응답이란, 프리코드 질문에서는 사전에 만든 코드를 어느 것도 선택하지 않은 것입니다.
응답자가 응답하지 않는 이유는 다양하겠지만, 몇 가지 예를 들어봅시다.

〈SA응답에서의 질문(예를 들면 혈액형)〉
- 자신의 혈액형을 알지 못해서 무응답했다.
- 자신의 혈액형은 알고 있지만, 응답하고 싶지 않아서 무응답했다.

〈MA응답에서의 질문(예를 들면 좋아하는 색)〉
- 자신이 좋아하는 색이 이 중에 없어서 무응답했다.
- 응답하고 싶지 않아서 무응답했다.

응답하고 싶지 않아요.

◆ 무응답에 대한 집계 방법

무응답에 대한 집계 방법은 다음 두 가지를 생각할 수 있습니다.

> ① 무응답은 애매모호한 데이터라고 판단하여 이 응답자를 제외하고 집계한다.
> ② 무응답도 그 사람의 의견이라고 판단하여 무응답을 하나의 선택 사항으로 집계한다.

구체적으로는 응답 비율을 계산할 때 계산 방법이 달라집니다.
① 전체 응답자 수에서 무응답자 수를 뺀 수치를 분모로, 각 선택지의 응답자 수를 분자로 하여 응답 비율을 산출합니다.
② 전체 응답자 수를 분모로, 각 선택지의 응답자 수를 분자로 하여 응답 비율을 산출합니다.

응답 비율을 계산하기 위한 분모를 '%기반'이라고 합니다.
집계할 때 %기반은 다음 중 하나로 결정해야 합니다.

> ① 전체 응답자 수에서 무응답자 수를 제외('무응답 제외'라고 한다.)
> ② 무응답자 수를 포함한 전체 응답자 수('무응답 포함'이라고 한다.)

〈응답자 수 기반의 응답 비율〉

〈SA응답 데이터〉

응답자	성별
허진호	1
이준형	1
김미숙	–
김영태	1
박혜자	2

➡

선택 사항	무응답 제외		무응답 포함	
	응답자 수	응답 비율	응답자 수	응답 비율
1. 남성	3	75%	3	60%
2. 여성	1	25%	1	20%
무응답	–	–	1	20%
합계	4	100%	5	100%
%기반	4		5	

〈응답자 수 기반의 응답 비율〉

〈MA응답 데이터〉

응답자	좋아하는 색
허진호	1, 3
이준형	1
김미숙	–
김영태	1, 2
박혜자	1

➡

선택 사항	무응답 제외		무응답 포함	
	응답자 수	응답 비율	응답자 수	응답 비율
1. 붉은색	4	100%	4	80%
2. 파란색	1	25%	1	20%
3. 노란색	1	25%	1	20%
무응답	–	–	1	20%
합계	6	150%	7	140%
%기반	4		5	

> 합계 7이 아니라 %기반의 5로 나눈다.
> 붉은색 4 ÷ 5 = 80%

◆ 한정 항목의 응답 비율

15페이지에서 해설한 한정 항목이 있는 경우 어떤 응답 비율을 구할 것인지 알아봅시다.

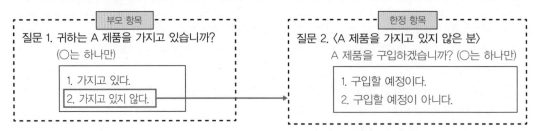

부모 항목

질문 1. 귀하는 A 제품을 가지고 있습니까?
(○는 하나만)

1. 가지고 있다.
2. 가지고 있지 않다.

한정 항목

질문 2. 〈A 제품을 가지고 있지 않은 분〉
A 제품을 구입하겠습니까? (○는 하나만)

1. 구입할 예정이다.
2. 구입할 예정이 아니다.

위 질문의 부모 항목, 한정 항목에 대해 아래에 제시한 응답자 수를 얻었다고 합시다. 한정 항목의 응답 비율을 구하는 방법은 다음에 제시한 A, B의 두 가지 방법이 있습니다.

A : 전체 응답자 수에서 해당하지 않는 사람 수를 뺀 %기반으로 한다.　← 비해당 제외
B : 해당하지 않는 사람 수를 포함한 전체 응답자 수를 %기반으로 한다. ← 비해당 포함

〈한정 항목의 응답 비율〉

	A 제품	응답자 수	응답 비율
부모 항목	1. 가지고 있다.	40	20%
	2. 가지고 있지 않다.	160	80%
	전체	200	100%

	구입 예정 여부	응답자 수	응답 비율	
			A : 비해당 제외	B : 비해당 포함
한정 항목	1. 구입할 예정이다.	48	30%	24%
	2. 구입할 예정이 아니다.	112	70%	56%
	비해당	40	–	20%
	합계	200	100%	100%
	%기반		200−40=160명	200명

A 제품 비보유자 내의 구입 예정 비율은 'A : 비해당 제외'를 적용합니다.

가까운 미래에 A 제품의 보유율은 비해당(보유자) + 구입 예정자 = 20% + 24% = 44% 'B : 비해당 포함'을 적용합니다.

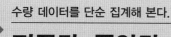

수량 데이터를 단순 집계해 본다.

평균값, 중앙값, 최빈값

평균값, 중앙값, 최빈값은 하나의 지표로 집단의 특색을 나타낼 수 있기 때문에 이러한 값을 '대푯값'이라고 합니다.

◆ 평균값(Mean)

평균값은 데이터를 합하여 전체 응답자 수로 나눈 값입니다.

다음은 하루 흡연량을 조사한 데이터입니다.

〈하루 흡연량〉

응답자	A	B	C	D	E
흡연량(개비)	12	5	18	15	50

전체 응답자 수 = 5(명), 합계 = 12 + 5 + 18 + 15 + 50 = 100(개비), 평균 = 합계 ÷ 전체 응답자 수 = 100 ÷ 5 = 20(개비)

◆ 중앙값(Median)

중앙값은 데이터를 수치의 크기순으로 나열할 때 데이터 개수가 홀수인 경우는 한가운데 수치이고, 짝수의 경우는 중앙에 있는 두 데이터의 평균입니다. 하루의 흡연량에 대해 중앙값을 산출합니다.

〈하루 흡연량을 크기순으로 다시 나열함〉

응답자	B	A	D	C	E
흡연량(개비)	5	12	15	18	50

중앙값 = 15(개비)

◆ 최빈값(Mode)

최빈값은 응답자 수가 가장 큰 데이터입니다. 다음은 1년 간의 여행 횟수를 조사한 것입니다.

〈1년간 여행 횟수〉

응답자	A	B	C	D	E	F	G	H	I	J
여행 횟수	1	3	1	2	2	0	2	3	2	5

0회 → 1명, 1회 → 2명, 2회 → 4명, 3회 → 2명, 5회 → 1명으로, 최빈값은 2회입니다.

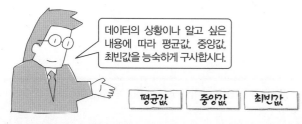

데이터의 상황이나 알고 싶은 내용에 따라 평균값, 중앙값, 최빈값을 능숙하게 구사합시다.

평균값   중앙값   최빈값

◆ 무응답이 있는 경우의 평균값, 중앙값, 최빈값

무응답이 있는 경우는 무응답 데이터를 제외한 평균값, 중앙값, 최빈값을 산출합니다.
앞 페이지의 흡연량 데이터에서 E가 무응답(−로 표기)이었다고 합시다.

◆ 평균값

〈무응답이 있는 경우 하루 흡연량〉

응답자	A	B	C	D	E
흡연량(개비)	12	5	18	15	−

평균값 = 합계 ÷ 무응답 제외 응답자
　　　 = (12개비 + 5개비 + 18개비 + 15개비) ÷ 4(명) = 50 ÷ 4 = 12.5(개비)

◆ 중앙값

〈하루 흡연량을 크기순으로 다시 나열함〉

응답자	B	A	D	C
흡연량(개비)	5	12	15	18

무응답인 E를 제외하고 다시 나열한다.

중앙값 = (12개비 + 15개비) ÷ 2
　　　 = 13.5(개비)

◆ 최빈값

앞 페이지의 여행 횟수 데이터에서 G가 무응답(−로 표기)이라고 합시다.

〈1년간 여행 횟수〉

응답자	A	B	C	D	E	F	G	H	I	J
여행 횟수	1	3	1	2	2	0	−	3	2	5

0회 → 1명, 1회 → 2명, 2회 → 3명, 3회 → 2명, 5회 → 1명으로, 최빈값은 2회입니다.

◆ '0' 데이터가 있는 경우의 평균값

앞 페이지의 예는 담배 흡연자에게 질문한 것입니다. 담배를 피우지 않는 사람에게도 질문한 응답 데이터를 아래에 나타냅니다. 비흡연자의 데이터는 0개비가 됩니다.

	흡연자					비흡연자				
응답자	A	B	C	D	E	F	G	H	I	J
흡연량(개비)	12	5	18	15	50	0	0	0	0	0

데이터에 0이 있는 경우에는 두 가지 계산 방법이 있습니다.

A : 0개비(비해당)를 제외하고 평균값을 산출한다. ← 0 제외 평균값
B : 0개비(비해당)를 포함하여 평균값을 산출한다. ← 0 포함 평균값
A : 0 제외 평균값 = 합계 ÷ 흡연자 수 = 100(개비) ÷ 5(명) = 20(개비)
B : 0 포함 평균값 = 합계 ÷ 전체 응답자 수 = 100(개비) ÷ 10(명) = 10(개비)

◆ '0 데이터가 있는 경우의 평균값'의 구체적인 예

의사를 대상으로 약품 사용 실태 조사 결과를 제시합니다.

〈질문〉

혈압약을 처방받은 환자의 수를 약품별로 알려주세요.

해당하는 환자가 없으면 0명이라고 기입해 주세요.

〈조사 데이터와 결과〉

	의사 번호	A 약품	B 약품	C 약품
환자 수	1	20	5	7
	2	0	3	10
	3	0	2	0
	⋮	⋮	⋮	⋮
	150	10	8	9
	합계	300	900	600
의사 수	환자 1명 이상	15	100	120
	환자 0명	135	50	30
	전체 의사	150	150	150
평균값	0 포함	300 ÷ 150 = 2	900 ÷ 150 = 6	600 ÷ 150 = 4
	0 제외	300 ÷ 15 = 20	900 ÷ 100 = 9	600 ÷ 120 = 5

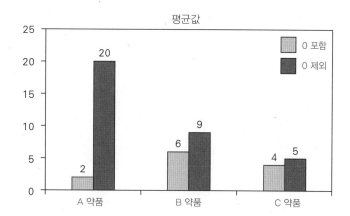

시장 전체에서 약품이 어느 정도 처방되는가를 보는 경우는 '0 포함 평균값'을, 시장을 한정(이 예에서는 약품 처방 의사)하여 보는 경우는 '0 제외 평균값'을 적용합니다. 이 예의 경우 시장 전체에서는 B 약품의 처방 환자 수가 6명으로, 다른 약품의 처방 환자 수보다 많습니다. 약품 처방 의사로 한정하면 A 약품의 처방 환자 수가 20명으로, 다른 약품의 처방 환자 수보다 많습니다.

◆ 평균값과 중앙값의 적절한 사용

평균값과 중앙값 중 어느 것을 사용하면 좋은가가 아니라 목적에 따라 적절하게 사용하는 것이 좋습니다.

하루 흡연량의 경우 E를 50개비에서 100개비로 변경하여 평균값과 중앙값을 다시 계산해봅시다. 평균값은 흡연량이 증가하면 그만큼 평균값은 커집니다.

한편 중앙값은 데이터를 크기순으로 나열할 때 한가운데 값이므로, 흡연량이 증가해도 중앙값은 15개비로 변하지 않습니다.

응답자	B	A	D	C	E
흡연량(개비)	5	12	15	18	50
흡연량(개비)	5	12	15	18	100

평균값	중앙값
20개비	15개비
30개비	15개비

집단 중에서 특이하게 큰 데이터가 있는 경우 평균값은 이상 데이터의 영향을 받지만, 중앙값은 영향을 받지 않습니다. 이상 데이터가 있는 경우 집단의 대표적 특색을 나타내는 값으로는 평균값보다 중앙값을 사용하는 편이 좋습니다. 그러나 어릴 때부터 익숙한 평균값을 적용하고 싶을 수도 있다고 생각합니다.

평균값과 중앙값 어느 쪽을 사용하는가는 분석가가 결정하지만, 혹시 곤란할 때는 다음에 제시한 방식을 참고하여 결정하기 바랍니다.

※ 이상값을 통계학에서는 '특잇값'이라고도 합니다.

수량 데이터는 평균값이 아닌 중앙값도 계산합니다.
- 평균값과 중앙값을 비교한다.
- 평균값과 중앙값이 거의 동일한 경우에는 이상 데이터가 없기 때문에 이전부터 친숙한 평균값을 적용한다.
- 평균값과 중앙값이 다른 경우에는 중앙값을 적용한다.
- 중앙값을 적용하는 것이 불편하면 이상값을 제외하고 나서 평균값을 적용한다.

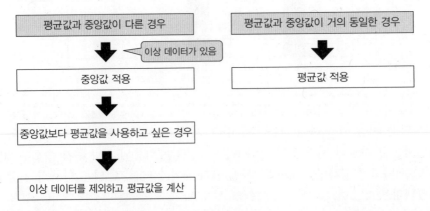

단순 집계로 데이터의 변동 상태를 파악해 본다.

편차제곱합, 분산, 표준편차

집단의 데이터에 변동(산포도)이 있으면 변동을 파악하는 해석 기법을 소개합니다.

◆ 데이터의 '변동'을 알고 싶은 이유

예를 들면 골프에서는 매회 안정된 스코어를 기록하는 사람도 있지만, 매회 불안정하고 들쑥날쑥한 스코어를 내는 사람도 있습니다. 따라서 골프 실력을 조사하는 경우 평균 스코어가 아닌 스코어의 변동을 조사해야 합니다.

앙케트 조사에서 취미에 소요되는 금액이 어느 정도인가를 물었습니다. 취미에 소요되는 금액은 남성과 여성이 다른가를 알고 싶은 경우 평균 금액뿐만 아니라 금액의 변동을 조사하면, 양쪽의 차이가 명확해집니다.

◆ 편차제곱합(Sum of squares)

집단 중에 각 데이터에서 평균값을 뺀 값을 **편차**라고 합니다.
각각의 편차를 제곱한 값을 **편차제곱**이라고 합니다.
각각의 편차제곱의 합을 **편차제곱합**이라고 합니다.
편차제곱합은 집단 데이터의 변동을 하나의 값으로 나타낸 것입니다.

> 편차 = 개인 데이터의 값 − 전체 데이터의 평균
> 편차제곱 = (개인 데이터의 값 − 전체 데이터의 평균)^2
> 편차제곱합 = 편차제곱 전체의 합계

하루 흡연량의 편차제곱합을 구해봅시다.

〈하루 흡연량〉

응답자	A	B	C	D	E
흡연량(개비)	12	5	18	15	50

〈흡연량의 편차제곱합〉

응답자	데이터	편차	편차제곱
A	12	12 − 20 = −8	64
B	5	5 − 20 = −15	225
C	18	18 − 20 = −2	4
D	15	15 − 20 = −5	25
E	50	50 − 20 = 30	900
합계	100	0	1218
평균값	20		

편차제곱합

어떠한 경우도 편차의 합계는 0 입니다.

◆ 분산(Variance)

분산은 편차제곱합을 전체 응답자 수로 나눈 값입니다. 편차제곱합은 전체 응답자 수가 커질수록 값이 커집니다. 전체 응답자 수가 다른 집단의 변동을 비교하는 경우는 분산을 이용합니다.

분산 = 편차제곱합 ÷ 전체 응답자 수

= 1218(개비²) ÷ 5(명) = 243.6(개비²)

> 분산의 단위는 계산 과정에서 제곱하기 때문에 개비²입니다.

◆ 표준편차(Standard deviation)

분산의 제곱근을 **표준편차**라고 합니다.

분산은 계산 과정에서 데이터를 제곱하기 때문에 분산의 단위는 원래 데이터 단위의 제곱이 됩니다. 원래 데이터의 단위는 '개비'이기 때문에 산출된 분산의 단위는 '개비²'입니다. 집단의 변동을 보기만 한다면 이대로도 상관이 없지만, 원래 데이터의 단위로 돌아가서 취급하려면 분산의 제곱근을 이용하는데, 이 값을 '표준편차'라고 합니다.

표준편차 $=\sqrt{분산} = \sqrt{243.6} = 15.6$(개비)

> 값이 클수록 데이터의 변동이 크다.

◆ 불편분산(Unbiased estimate of variance)

6페이지에 제시했지만, 조사는 '표본 조사'와 '전수 조사'로 크게 구분됩니다. 표본 조사는 조사 대상의 일부를 일정한 절차에 의해 추출한 표본에 대해 조사하고, 그 결과로부터 전체(모집단이라고 하는)를 추측합니다. 표본 조사에 있어서 분산은 편차제곱합을 전체 응답자에서 1을 뺀 값으로 나누어 구하고, 이 분산을 **불편분산**이라고 합니다.

불편분산 = 편차제곱합 ÷ (n − 1) 단 n은 전체 응답자 수

◆ 1, 0 데이터의 분산

아래는 22페이지에 제시한 SA응답법/이항선택법의 질문에 대한 응답 데이터입니다. PC를 가지고 있다고 응답한 사람은 1점, 가지고 있지 않다고 응답한 사람은 0점으로 하여 분산을 구해보겠습니다.

> 카테고리 데이터에서도 선택지의 개수가 2개인 경우는 '1, 0' 데이터로 변환하여 응답 비율뿐만 아니라 평균값과 분산을 계산할 수 있습니다.

응답자	A	B	C	D	E
PC 보유 여부	1	0	1	1	0

합계 = 3 평균값 = 3 ÷ 5명 = 0.6(점)

편차제곱합 $= (1 − 0.6)^2 + (0 − 0.6)^2 + (1 − 0.6)^2 + (1−0.6)^2 + (0 − 0.6)^2 = 1.2$

분산 = 1.2 ÷ 5 = 0.24

1, 0 데이터의 평균값은 응답 비율(P로 하는)과 일치합니다.

응답 비율(P) = 가지지 않은 사람인 응답자 수 ÷ 전체 응답자 수 = 3 ÷ 5 = 0.6 (60%)

1, 0 데이터의 분산은 P × (1 − P)로 구할 수 있습니다.

P × (1 − P) = 0.6 × (1 − 0.6) = 0.6 × 0.4 = 0.24

단순 집계로 응답자 수의 분포를 파악해 본다.

도수분포

도수분포는 수량 데이터를 계급으로 나누어 각 계급별 응답자 수를 표 형식으로 나타낸 것입니다.

◆ 도수분포(Frequency Distribution)란?

수량 데이터를 몇 개의 계급으로 나누고, 응답자가 어느 **계급**에 속하는가를 조사하여 계급별 응답자 수를 셉니다. 계급에 속하는 응답자 수를 그 계급의 **도수**, 각 계급의 도수를 표 형식으로 만든 것을 **도수분포표**라고 하고, 도수가 전체 도수에서 차지하는 비율을 그 계급의 **상대도수**라고 합니다. 각 계급의 도수를 차례대로 모두 더해 각 계급까지의 합을 구해두면 편리합니다. 이 합을 그 계급까지의 **누적도수**라고 하고, 각 계급의 누적도수 전체에서 차지하는 비율을 그 계급의 **누적상대도수**라고 합니다.

자유 응답으로 질문한 연봉에 대한 200명의 응답이 있습니다. 200명의 수량 데이터에 따라 계급폭은 2,000만 원, 계급 수는 7개인 도수분포표를 작성합시다.

〈연봉의 도수분포표〉

계급 (단위 : 만 원)	도수	상대도수	누적도수	누적상대도수
2,000 미만	10	5%	10	5%
2,000 이상 4,000 미만	20	10%	30	15%
4,000 이상 6,000 미만	34	17%	64	32%
6,000 이상 8,000 미만	66	33%	130	65%
8,000 이상 1억 미만	50	25%	180	90%
1억 이상 1억 2,000 미만	14	7%	194	97%
1억 2,000 이상	6	3%	200	100%
합계	200	100%		

도수분포표로부터 다음과 같이 말할 수 있습니다.

연봉은 '6,000만 원 이상 8,000만 원 미만'이 가장 많고 전체의 1/3을 차지하고 있습니다. 연봉이 4,000만 원 미만인 사람은 15%, 1억 원 이상은 10%로, 연봉이 적은 사람도 있지만 많은 사람도 있어서 연봉의 변동은 큰 편입니다.

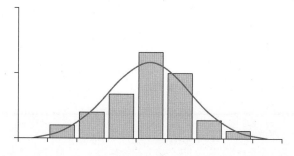

◆ 도수분포의 계급폭을 결정하는 방법

도수분포의 작성은 다음 두 가지 목적이 있습니다.

> ① 분포의 모양으로부터 집단의 특색이나 경향을 밝힌다.
> ② 응답자를 그룹으로 나누어 그룹별 구매 행동이나 상품의 선정 이유를 조사한다.

각 목적에 따라 도수분포의 **계급폭**을 정하는 방식이 다릅니다.

①의 경우

도수분포표의 계급 수가 너무 많으면(너무 적으면) 각 계급에 속한 사람 수의 비율이 적어져서(커져서) 분포의 특징을 알기 어려워집니다. 전체 응답자 수(전체 도수)를 고려하여 계급 수를 정하지만, 보통은 5~9 정도 사이로 설정합니다. 계급폭은 첫 번째 계급과 마지막 계급을 제외하고 모든 계급을 동일한 값으로 합니다. 우리들은 10진법에 익숙하기 때문에 계급폭의 수치를 10이나 100의 배수로 하는 것이 좋겠지요.

수량 데이터는 연봉이나 신장 등의 '양'으로 계산하여 구한 **연속형 데이터**와 연령이나 시험 점수를 계산하여 구한 **이산형 데이터**가 있습니다. 연속형 데이터와 이산형 데이터로 계급폭을 정하는 방식은 다릅니다.

연속형 데이터 계급값의 예	이산형 데이터 계급폭의 예
2,000만 원 이상 4,000만 원 미만	20세 이상 29세 미만
수치는 동일	수치가 다름
4,000만 원 이상 6,000만 원 미만	30세 이상 39세 미만

②의 경우

계급 수는 3~5로 합니다. 계급폭은 계급마다 달라도 상관없지만, 각 계급에 속한 응답자 수는 가능하면 동일하게 합니다.

〈예 소득 계층에 의한 그룹 구분〉

계급		계급폭	도수
2,000만 원 미만		2,000만 원	75
2,000만 원 이상	5,000만 원 미만	3,000만 원	74
5,000만 원 이상	1억 원 미만	5,000만 원	76
1억 원 이상			75
전체 도수			300

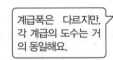

계급폭은 다르지만, 각 계급의 도수는 거의 동일해요.

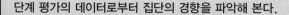

단계 평가의 데이터로부터 집단의 경향을 파악해 본다.

단계 평가의 집계 방법

단계 평가에서 얻은 데이터는 카테고리 데이터와 수량 데이터에서 모두 취급할 수 있습니다. 카테고리 데이터에는 응답 비율을, 수량 데이터에는 평균값을 적용합니다.

◆ 카테고리 데이터로 취급하는 경우/응답 비율

각 선택지에 대한 응답자 수를 전체 응답자 수로 나누어 응답 비율을 구합니다. 5단계 평가에서의 제일 위에 있는 두 개의 값을 합한 응답 비율을 **2top 비율**이라고 부릅니다.

다음은 A 제품과 B 제품의 만족도를 조사한 것입니다.

〈응답 비율에 의한 제품 만족도 비교〉

	A 제품		B 제품	
	응답자 수	응답 비율	응답자 수	응답 비율
대단히 만족	10	5%	10	5%
만족	30	15%	40	20%
어느 쪽이라 할 수 없음	110	55%	70	35%
불만	40	20%	50	25%
대단히 불만	10	5%	30	15%
합계	200	100%	200	100%

만족률 2top 비율	
A 제품	B 제품
20%	25%

위의 결과로부터 다음과 같이 말할 수 있습니다.

A 제품의 만족도를 보면 대단히 만족은 5%, 만족은 15%로, 양쪽을 모두 더한 만족률은 20% 이다. 반면 대단히 불만은 5%, 불만은 20%로, 양쪽을 모두 더한 불만률은 25%이다. 불만률이 만족률보다 5% 높다.	B 제품의 만족도를 보면 대단히 만족은 5%, 만족은 20%로, 양쪽을 모두 더한 만족률은 25% 이다. 반면 대단히 불만은 15%, 불만은 25%로, 양쪽을 모두 더한 불만률은 40%이다. 불만률이 만족률보다 15% 높다.

A 제품과 B 제품의 비교
만족률은 B 제품(25%)이 A 제품(20%)보다 높다.

◆ 수량 데이터로 취급하는 경우/평균값

각 선택지의 응답자 수에 각 분석가가 정한 가중치를 곱하여 구한 값의 합계를 전체 응답자 수로 나누어 평균값을 구합니다. 일반적으로 이용되는 5단계 평가의 가중치는 큰 쪽부터 5점, 4점, 3점, 2점, 1점(혹은 2점, 1점, 0점, -1점, -2점)으로 합니다. 31페이지에 제시한 중간 의견을 두지 않는 단계 평가에서는 가중치를 부여한 평균값을 산출하는 것이 바람직하지 않습니다. 이 경우는 카테고리 데이터를 다루는 응답 비율을 이용하여 분석합시다.

앞 페이지의 제품 평가에 관한 평균값을 산출합니다.

〈평균값에 의한 제품 만족도 비교〉

	가중치	A 제품	B 제품	
대단히 만족	5점	5 × 10 = 50	5 × 10 = 50	
만족	4점	4 × 30 = 120	4 × 40 = 160	◁ 가중치 도수
어느 쪽이라고도 할 수 없음	3점	3 × 110 = 330	3 × 70 = 210	
불만	2점	2 × 40 = 80	2 × 50 = 100	
대단히 불만	1점	1 × 10 = 10	1 × 30 = 30	
a. 합계		590	550	
b. 전체 응답자 수		200	200	
a÷b 평균값		2.95	2.75	

위의 결과로부터 다음과 같이 말할 수 있습니다.

> A 제품의 평균값은 2.95점, B 제품의 평균값은 2.75점으로, A 제품은 B 제품에 비해 0.2% 높다.

◆ 단계 평가의 응답 비율과 평균값의 적절한 사용

응답 비율로는 B 제품쪽이, 평균값으로는 A 제품쪽이 평가가 좋습니다. 사용하는 해석 방법에 따라 결과가 다른 원인을 알아봅시다.

응답 비율은 5개의 선택지 중에서 '한 쪽의 만족도를 선택한 응답자 수'를 전체 응답자 수로 나누어 구했습니다. 한편 평균값은 모든 사람의 데이터를 합계하여 전체 응답자 수로 나누어 구했습니다. 즉 응답 비율은 집단의 한 쪽을 나타내는 대푯값이고, 평균값은 집단의 한가운데를 나타내는 대푯값입니다. 이러한 차이 때문에 예제와 같이 결론이 달라지는 것입니다. 만족률을 높이기(혹은 불만률을 낮추기) 위해서 어떻게 하면 좋은지 분석하는 경우는 응답 비율을 이용하는 것이 좋겠지요.

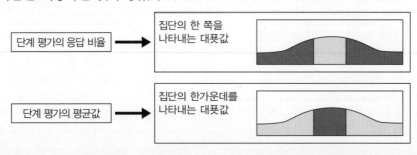

단계 평가의 응답 비율 → 집단의 한 쪽을 나타내는 대푯값

단계 평가의 평균값 → 집단의 한가운데를 나타내는 대푯값

집단의 특색이나 경향을 그래프로 나타내 본다.

단순 집계의 그래프

　단순 집계의 그래프는 종류나 내용 등 미리 정해진 것은 없지만, 집단의 특색이나 경향을 쉽게 파악할 수 있어야 합니다.

◆ 단순 집계의 그래프 작성 방법

　단순 집계의 그래프는 종류나 내용 등 미리 정해진 것은 없지만, 다음에 제시한 방법으로 작성하는 것을 추천합니다. 이 방식으로 작성하는 그래프는 집단의 특색이나 경향을 파악하기 쉬울 것입니다.

　선택지에 대해 생각해 봅시다. '구입 의향은?'에 대한 선택지 '있다, 약간 있다, 없다'는 의향의 정도를 묻기 위한 것이므로 선택지의 배열은 **순서가 있다**고 할 수 있습니다. '좋아하는 색은?'에 관한 선택지 '붉은색, 파란색, 노란색'은 순서를 바꾸어 물어도 차이가 없어서 선택지의 배열은 **순서가 없다**고 할 수 있습니다.

　'제품의 만족도는?'에 관한 선택지 '만족, 약간 만족, 보통, 약간 불만, 불만'은 순서가 있는 선택지입니다. 이 선택지는 좌우대칭으로 등 간격이라고 말할 수 있지만, 구입 의향의 선택지는 좌우대칭이 아니고 **등 간격성이 있다**고 말할 수 없으므로 **등 간격이 아니다**라고 할 수 있습니다. 단순 집계의 그래프 종류는 선택지의 순서 유무, 등 간격 유무와 카테고리 수에 따라 결정하는 것이 좋습니다.

◆ 단순 집계의 그래프 견본 ①

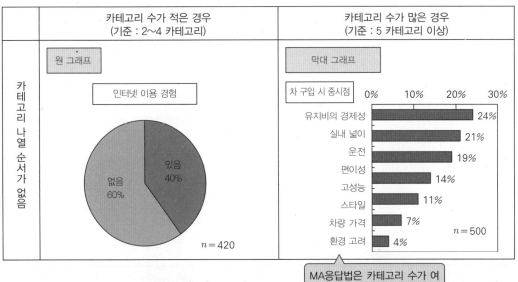

◆ 단순 집계의 그래프 견본 ②

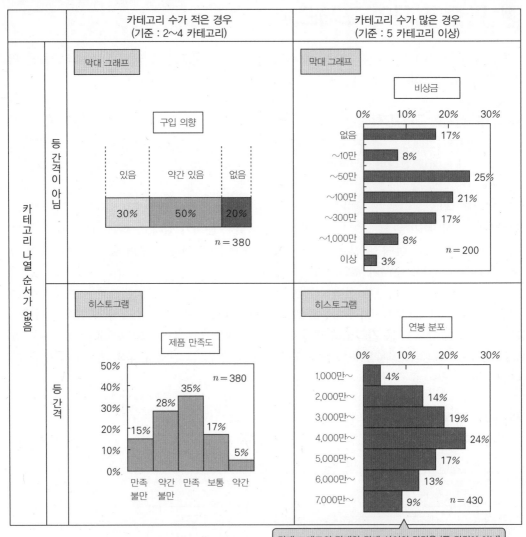

		카테고리 수가 적은 경우 (기준 : 2~4 카테고리)	카테고리 수가 많은 경우 (기준 : 5 카테고리 이상)
카테고리 나열 순서가 없음	등 간격이 아님	**막대 그래프** **구입 의향** 있음 / 약간 있음 / 없음 30% / 50% / 20% n = 380	**막대 그래프** **비상금** 없음 17% ~10만 8% ~50만 25% ~100만 21% ~300만 17% ~1,000만 8% 이상 3% n = 200
	등 간격	**히스토그램** **제품 만족도** 만족 15% / 약간 불만 28% / 만족 35% / 보통 17% / 약간 5% n = 380	**히스토그램** **연봉 분포** 1,000만~ 4% 2,000만~ 14% 3,000만~ 19% 4,000만~ 24% 5,000만~ 17% 6,000만~ 13% 7,000만~ 9% n = 430

막대 그래프의 막대와 막대 사이의 간격은 '등 간격이 아님'
은 간격 사이에 공백을 두고, '등 간격'은 공백을 두지 않는다.

히스토그램은 분포 상태의 변동을
막대 그래프로 표현한 것이에요.

◆ 단순 집계의 그래프 견본 ③

5단계 평가는 복수의 질문으로 묻는 경우가 많습니다. 복수 개의 5단계 평가의 그래프는 앞 페이지에서 제시한 히스토그램이 아닌 띠 그래프로 합니다.

선택지는 2top 비율(혹은 1top 비율)의 내림차순으로 고쳐서 나열합니다.

〈복수 개의 5단계 평가 그래프의 예〉

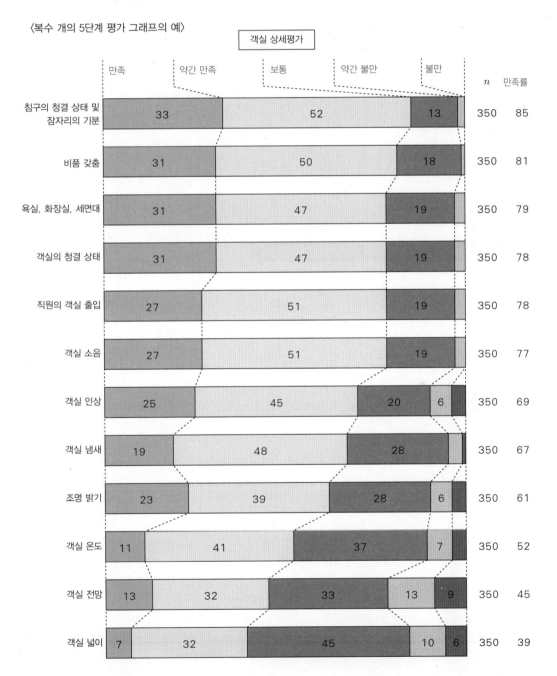

	만족	약간 만족	보통	약간 불만	불만	n	만족률
침구의 청결 상태 및 잠자리의 기분	33	52	13			350	85
비품 갖춤	31	50	18			350	81
욕실, 화장실, 세면대	31	47	19			350	79
객실의 청결 상태	31	47	19			350	78
직원의 객실 출입	27	51	19			350	78
객실 소음	27	51	19			350	77
객실 인상	25	45	20	6		350	69
객실 냄새	19	48	28			350	67
조명 밝기	23	39	28	6		350	61
객실 온도	11	41	37	7		350	52
객실 전망	13	32	33	13	9	350	45
객실 넓이	7	32	45	10	6	350	39

◆ 단순 집계의 그래프 견본 ④

복수 점포의 복수 항목 평가는 꺾은선 그래프로 작성하는 것이 좋습니다. 기준 점포(이 예에서는 A점) 응답 비율의 내림차순으로 선택지를 배열하여 A점의 응답률을 표기합니다.

〈MA응답법에 의한 복수 질문 그래프의 예〉

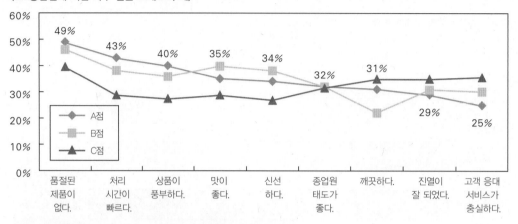

	A점	B점	C점
품절된 제품이 없다.	49%	46%	40%
처리 시간이 빠르다.	43%	38%	29%
상품이 풍부하다.	40%	36%	28%
맛이 좋다.	35%	40%	29%
신선하다.	34%	38%	27%
종업원 태도가 좋다.	32%	32%	32%
깨끗하다.	31%	22%	35%
진열이 잘 되었다.	29%	31%	35%
고객 응대 서비스가 충실하다.	25%	30%	36%
n	200	175	148

우선 응답 비율의 내림차순으로 선택 사항을 다시 배열한 후 꺾은 선 그래프를 그리세요.

상세 집계에 대해 알아본다.

상세 집계

세대 조사에서 가족 개개인에게 어느 제품, 예를 들면 스마트폰의 보유 여부를 묻고, 세대 기반이 아닌 개인 기반의 보유율을 집계합니다. 이 집계를 **상세 집계**라고 하는데, 이 상세 집계에 대해 배웁니다.

◆ 상세 집계란?

상세 집계는 어떠한 집계인지, '승용차 보유 세대의 차 사용 용도에 관한 조사'의 예를 참고하면서 살펴봅시다.

〈질문〉

〈승용차를 보유하고 있는 분에게 묻습니다.〉

질문 1. 귀하는 승용차를 몇 대 가지고 있습니까?

| 1. 1대 | 2. 2대 | 3. 3대 이상 |

질문 2. 승용차를 어떤 용도로 사용합니까?

질문 3. 차가 여러 대 있으면 모든 차에 대해 알려주세요.

	가장 최근에 구입한 차	두 번째 구입한 차	세 번째 구입한 차
업무 및 상용	1	1	1
통근 및 통학	2	2	2
레저	3	3	3
쇼핑 및 잡무	4	4	4

〈응답 데이터〉

세대	보유 대수	첫 번째 차의 용도	두 번째 차의 용도	세 번째 차의 용도
세대 1	2	1	3	-
세대 2	1	1	-	-
세대 3	1	2	-	-
세대 4	3	1	2	3
세대 5	1	3	-	-
세대 6	2	2	4	-
세대 7	1	4	-	-
세대 8	1	1	-	-
세대 9	1	2	-	-
세대 10	1	1	-	-

응답한 세대 수는 10세대입니다.

보유 대수를 보면, 1대인 세대는 7세대, 2대는 2세대, 3대는 1세대입니다.

응답된 총 보유 대수는,

1대 × 7세대 + 2대 × 2세대 + 3대 × 1세대 = 14대입니다.

사용 용도를 14대에 대해 물어보았습니다.

승용차가 어떤 용도로 사용되는가를 차 14대에 대해 집계합니다.

표본 기반(세대)이 아닌 총 응답 개수(보유 대수)에 대해 집계하는 방법을 **상세 집계**라고 합니다.

◆ 응답 개수 기반의 데이터

세대 기반의 데이터를 차 기반의 데이터로 변환합니다.
10세대를 차 14대의 데이터로 변환합니다.

〈세대 기반의 데이터〉

세대	보유 대수	첫 번째 차의 용도	두 번째 차의 용도	세 번째 차의 용도
세대 1	2	1	3	-
세대 2	1	1	-	-
세대 3	1	2	-	-
세대 4	3	1	2	3
세대 5	1	3	-	-
세대 6	2	2	4	-
세대 7	1	4	-	-
세대 8	1	1	-	-
세대 9	1	2	-	-
세대 10	1	1	-	-

〈차 기반의 데이터〉

세대	보유 대수	사용 용도
세대 1	첫 번째 차	1
	두 번째 차	3
세대 2	첫 번째 차	1
세대 3	첫 번째 차	2
세대 4	첫 번째 차	1
	두 번째 차	2
	세 번째 차	3
세대 5	첫 번째 차	3
세대 6	첫 번째 차	2
	두 번째 차	4
세대 7	첫 번째 차	4
세대 8	첫 번째 차	1
세대 9	첫 번째 차	2
세대 10	첫 번째 차	1

◆ 상세 집계의 결과

차 기반의 데이터 집계를 '상세 집계'라고 부릅니다.

	응답 개수	비율
업무 및 상용	5	35.7%
통근 및 통학	4	28.6%
레저	3	21.4%
쇼핑 및 잡무	2	14.3%
계	14	100.0%

10세대에서 총 14대의 차가 사용되고 있습니다. 14대의 사용 용도를 보면, 업무 및 상용이 35.7%로 가장 많고, 다음으로 통근 및 통학이 28.6%, 레저가 21.4%입니다.

◆ 상세 집계의 다른 사례

맥주를 좋아하는 사람을 대상으로 자주 마시는 맥주 브랜드 이름이 무엇인가, 브랜드에 관한 인상이 어떤가를 물었습니다.

대상자는 100명이지만, 자주 마시는 맥주 브랜드의 총 수는 145개였습니다.

145개 브랜드에 관한 맥주의 인상을 집계할 때 이 집계를 '상세 집계'라고 부릅니다.

제 **4** 장

크로스 집계

크로스 집계가 어떤 해석 방법인지 알아보고, 그 계산
방법과 결과의 해석 및 활용 방법에 대해 배웁니다.

집계를 이용하여 두 가지 질문 항목의 관계를 파악해 본다.

크로스 집계

크로스 집계는 두 개의 질문 항목 간의 관계를 알아보는 해석 기법입니다.
두 가지 질문 항목의 데이터 유형이 카테고리 데이터인 경우에 이용됩니다.

◆ 두 가지 질문 항목 간의 관계를 조사하는 해석 기법

3장에서 단순 집계의 해석 기법은 카테고리 데이터라면 응답 비율을, 수량 데이터라면 평균값을 적용하는 것을 제시했습니다. 두 가지 질문 항목 간의 관계를 조사하는 해석 기법도 마찬가지로 데이터 유형에 따라 결정됩니다.

〈데이터 유형에 따른 세 가지 해석 기법〉

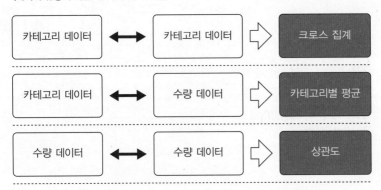

예를 들어 네 가지 해석 데이터를 제시합니다.

① 혈액형과 성격이 관계가 있는가?
② 혈액형과 비상금이 관계가 있는가?
③ 연령과 지지하는 정당이 관계가 있는가?
④ 연령과 인터넷 이용 시간이 관계가 있는가?

데이터 유형을 알면, 위의 표에서 어떤 해석 기법을 선택해야 하는지 알 수 있습니다.

데이터 유형		해석 기법
① 혈액형 → 카테고리 데이터	성격 → 카테고리 데이터	크로스 집계
② 혈액형 → 카테고리 데이터	비상금 → 수량 데이터	카테고리별 평균
③ 연령 → 수량 데이터	지지하는 정당 → 카테고리 데이터	카테고리별 평균
④ 연령 → 수량 데이터	인터넷 이용 시간 → 수량 데이터	상관도

◆ 크로스 집계란?

단순 집계에서 응답 비율을 산출하여 인터넷 이용 경험 비율이나 제품 만족률을 알 수 있습니다. 그러나 어떤 사람이 인터넷 이용 경험 비율, 제품 만족률이 높은지까지는 알 수 없는데, 이것을 해결해 주는 것이 크로스 집계입니다. **크로스 집계**는 카테고리 데이터인 두 가지 질문 항목을 교차하여 집계표를 작성해서 질문 항목 상호 간의 관계를 밝히는 해석 기법입니다. 크로스 집계는 앙케트 조사에서의 역할이 크고, 가장 많이 이용되는 해석 기법입니다. 상세하게 설명할 것이므로 확실하게 마스터하세요.

> **통계학 지식**
>
> 목적 변수와 설명 변수
>
> 인터넷 이용 경험의 비율, 제품 만족률 등 밝히고 싶은 것을 **목적 변수**(또는 **결과 변수**)라고 합니다. 이것에 반해 어떤 속성(성별, 연령, 지역 등)의 사람들이 만족률이 높은가, 어떤 이유(제품의 기능, 사후 처리 등)에서 만족률이 높은가를 밝히고 싶을 때 사람들의 속성이나 이유를 목적 변수에 대한 **설명 변수**(또는 **원인 변수**)라고 합니다.

◆ 크로스 집계는 원인 관계를 규명하는 기법

크로스 집계는 설명(원인) 변수와 목적(결과) 변수와의 관계를 밝히는 기법입니다. 원인과 결과의 관계, 즉 인과관계를 규명하는 기법이라고도 할 수 있습니다.

목적 변수(결과 변수) 제품 만족률 등 밝히고 싶은 것	크로스 집계 ◀─────▶ 원인과 결과의 관계를 규명하는 기법이 크로스 집계	설명 변수(원인 변수) 성별, 연령 등의 속성이나 만족 불만 등의 이유

응답자의 속성과 목적 변수와의 집계를 속성별 크로스 집계, 이유를 밝히기 위한 질문과 목적 변수와의 집계를 '질문 간 크로스 집계'라고 불러요.

◆ 크로스 집계의 작성 방법

두 개의 질문 항목을 각각 카테고리 데이터로 동시에 분류하여 표의 해당 셀(칸)에 응답자 수 및 응답 비율을 기입한 표를 **크로스 집계표**라고 합니다.

크로스 집계표에서 표의 위쪽에 위치한 항목을 **표두 항목** 혹은 **집계 항목**, 표의 왼쪽에 위치한 항목을 **표측 항목** 혹은 **분류 항목**이라고 합니다.

크로스 집계표를 작성할 때 '분류 항목과 집계 항목을 크로스 집계한다' 혹은 '집계 항목을 분류 항목으로 브레이크 다운한다'라는 것도 있어요.

◆ 크로스 집계의 계산 방법

지역과 인터넷 이용 경험의 크로스 집계표를 아래에 제시합니다.

각 셀에 2개의 수치가 있지만, 위쪽은 응답자 수이고 아래쪽은 응답 비율입니다.

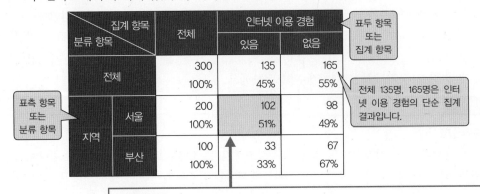

분류 항목 \ 집계 항목		전체	인터넷 이용 경험	
			있음	없음
전체		300	135	165
		100%	45%	55%
지역	서울	200	102	98
		100%	51%	49%
	부산	100	33	67
		100%	33%	67%

표두 항목 또는 집계 항목

표측 항목 또는 분류 항목

전체 135명, 165명은 인터넷 이용 경험의 단순 집계 결과입니다.

이 셀에 주목하세요.
위쪽은 서울에 거주하는 사람 중 인터넷 이용 경험이 '있음'이라고 응답한 사람이 102명인 것을 나타내고, 아래쪽은 서울 거주자 200명 중에서 '있음'으로 응답한 102명의 비율인 51%를 나타냅니다.

◆ 가로%표, 세로%표

위의 크로스 집계표는 가장 왼쪽 열의 응답자 수에 대한 비율을 계산한 것이므로, 가로측 비율의 합이 100%가 되고, 이 표를 **가로%표**라고 부릅니다. 가장 위쪽 행의 응답자 수에 대한 비율을 계산한 표를 **세로%표**라고 부릅니다(아래의 왼쪽 표). 보통 크로스 집계표는 가로%표를 적용합니다. 세로%표를 구하고 싶은 경우 표측 항목은 인터넷 이용 경험으로, 표두 항목은 지역으로 바꾸어서 가로%를 산출합니다(아래의 오른쪽 표).

〈크로스 집계표 : 세로%〉

		전체	인터넷 이용 경험	
			있음	없음
전체		300	135	165
		100%	100%	100%
지역	서울	200	102	98
		67%	76%	59%
	부산	100	33	67
		33%	24%	41%

〈크로스 집계표 : 가로%〉

		전체	지역	
			서울	부산
전체		300	200	100
		100%	67%	33%
인터넷 이용 경험	있음	135	102	33
		100%	76%	24%
	없음	165	98	67
		100%	59%	41%

- 무응답이 있는 경우의 % 산출 → 제3장 52페이지 참조
- 한정 항목에서의 % 산출 → 제3장 54페이지 참조

보통 크로스 집계표는 가로%표를 적용해요. 아래 왼쪽 표의 세로%를 구하려면 표측 항목은 인터넷 이용 경험으로 표두 항목은 지역으로 바꾸어서 가로%를 산출합니다.

◆ 병기표, 분리표

목적에 따라 응답 비율만의 표를 작성하는 것이 있습니다. 이 경우 %기반의 응답자 수를 칸 밖에 표기합니다.

응답자 수와 응답 비율을 함께 표기한 표를 **병기표**, 응답 비율만 표기한 표를 **분리표**라고 합니다.

〈분리표〉

	전체	인터넷 이용 경험		
		있음	없음	
	100%	45%	55%	300
지역 / 서울	100%	51%	49%	200
지역 / 부산	100%	33%	67%	100

n은 %기반의 응답자 수입니다. n을 반드시 표기합니다.

◆ 표두 항목, 표측 항목을 정하는 방법

크로스 집계표를 가로%표로 작성하는 경우 크로스 집계표의 표두는 '결과 변수(목적 변수)'의 항목, 표측은 '원인 변수(설명 변수)'의 항목으로 합니다.

◆ 크로스 집계표의 해석

세로%표에 관한 해석은 표두 항목의 임의의 카테고리에 주목하여 해당 카테고리의 비율을 세로로 비교합니다.

위의 크로스 집계표에서 인터넷 이용 경험이 있는 비율(목적이 되는 항목)은 서울 51%, 부산 33%로, 서울이 부산보다 높다고 해석할 수 있어요.

◆ %기반의 n수

%기반의 응답 수를 n이라고 합니다. n이 30명 미만인 경우 응답 비율의 편차가 커지므로 응답 비율은 참고하는 값으로 생각하세요.

예를 들면 n이 20명일 때 응답 수가 1명 변하면, %가 5%나 변합니다. n이 30명인 경우에는 3.3% 변합니다.

n	있음	없음
20	10	10
100%	50%	50%
20	11	9
100%	55%	45%

차이 5%

n	없음	없음
30	15	15
100%	50.0%	50.0%
30	16	14
100%	53.3%	46.7%

차이 3.3%

보기 쉽고 해석하기 쉬운 크로스 집계표를 만들어본다.

크로스 집계의 가공 및 편집

크로스 집계표의 선택지를 정렬하고, 채색하는 등 가공 및 편집해서 보기 쉽고 해석하기 쉬운 크로스 집계표를 만들 수 있습니다.

◆ 색 크로스 집계표

세로 기준으로 볼 때 표측 항목 중에서 가장 큰 응답 비율을 칠합니다.

속성별 크로스		구입 의향		n
		있음	없음	
전체		45%	55%	455
성별	남성	54%	46%	200
	여성	38%	62%	255
연령	20~39세	54%	46%	160
	40~59세	48%	52%	145
	60세 이상	33%	67%	150

구입 의향이 '있음'의 비율은 남성, 20~39세에서 가장 높은 곳이므로 진하게 칠해졌다는 것을 바로 알 수 있군요.

세로 기준으로 보아 응답 비율이 1위인 곳을 진하게 칠하고, 2위에는 연하게 칠합니다.

질문 간 크로스		구입하고 싶은 차			n
		A차	B차	어느 쪽도 아님	
전체		21%	23%	56%	400
구입 중시점	차체 크기, 실내 넓이	33%	21%	46%	70
	운전 편리성	30%	23%	47%	121
	유지비 경제성	23%	19%	58%	64
	출발, 가속, 고성능	18%	37%	45%	111
	스타일, 외관	19%	35%	46%	96
	차량 가격	15%	14%	71%	52
	환경 고려	7%	12%	81%	85

칠해진 부분을 보면, '차체 크기, 실내 넓이', '운전 편리성'을 중시하는 사람은 A 차를, '출발, 가속, 고성능', '스타일, 외관'을 중시하는 사람은 B 차를 구입하고 싶어 하는 경향이 보입니다.

◆ 정렬 크로스 집계표

표두 항목의 카테고리 수가 많은 경우 정렬 크로스 집계표를 작성하면 두 질문 간의 관계를 파악하기 쉽습니다.

정렬 크로스 집계표의 작성 방법을 아래에 제시합니다.

① 세로 기준으로 보아 최댓값을 갖는 응답 비율을 진하게 칠합니다.

	최근 1주간 구내식당에서 선택한 점심 메뉴											n
	돈가스	김치찌개	갈비탕	카레라이스	만둣국	불고기백반	생선구이정식	제육덮밥	우동정식	감자탕	회덮밥	
전체	13%	14%	13%	7%	20%	15%	10%	10%	10%	14%	30%	400
20~39세	22%	11%	10%	15%	17%	10%	9%	10%	5%	21%	29%	120
40~59세	10%	18%	12%	6%	20%	15%	15%	15%	10%	15%	30%	135
60세 이상	7%	13%	17%	2%	22%	20%	7%	6%	15%	8%	31%	145

② 연령별로 진하게 칠해진 메뉴를 정리하여 메뉴를 3개의 그룹으로 나눕니다.
③ 전체와 최댓값의 차이를 계산합니다.
④ 그룹별로 차이의 내림차순으로 정렬합니다.
⑤ 차이의 값이 3% 이상인 것에 주목합니다(몇 개 이상인가는 분석가가 결정합니다).

	돈가스	카레라이스	감자탕	생선구이정식	제육덮밥	김치찌개	우동정식	불고기백반	갈비탕	만둣국	회덮밥	응답자수 n
전체	13%	7%	14%	10%	10%	14%	10%	15%	13%	20%	30%	400
20~39세	22%	15%	21%	9%	10%	11%	5%	10%	10%	17%	29%	120
40~59세	10%	6%	15%	15%	15%	18%	10%	15%	12%	20%	30%	135
60세 이상	7%	2%	8%	7%	6%	13%	15%	20%	17%	22%	31%	145
차이	9%	8%	7%	5%	5%	4%	5%	5%	4%	2%	1%	

구내식당에서 선호하는 점심 메뉴는 연령에 따라 다른 것으로 조사되었다. 20~39세는 돈가스, 카레라이스, 감자탕, 40~59세는 생선구이정식, 제육덮밥, 김치찌개, 60세 이상은 우동정식, 불고기백반, 갈비탕을 선택하는 비율이 다른 연령대에 비해 높다.

◆ 판별 요인 탐색 크로스 집계표

화장품을 고를 때 중시하는 요소(중시 요소)는 A 화장품의 구입 의향이 '있다'의 그룹과 '없다'의 그룹인데, 이들 그룹에서는 차이가 있다고 생각됩니다. 따라서 중시 요소 항목과 A 화장품 구입 의향과 크로스 집계를 해야 합니다.

크로스 집계 결과에서 어느 중시 요소가 그룹의 판별에 기여하고 있는가를 파악하는 것이 가능합니다. 판별 요인 규명을 위해 적용하는 크로스 집계표는 보통 가로%표가 아니라 세로%표를 적용합니다. 이 크로스 집계표를 **판별 요인 탐색 크로스 집계표**라고 부릅니다.

판별 요인 탐색 크로스 집계표의 작성 방법은 다음과 같습니다.

① 가로%와 세로%를 산출합니다.

	A 화장품 구입 의향						
	응답자 수			가로%		세로%	
	있다	없다	가로 합계	있다	없다	있다	없다
전체	100	150	250	40%	60%	100%	100%
가능하면 싼 것을 골라 구입한다.	20	53	73	27%	73%	20%	35%
다소 비싸도 품질이 뛰어난 것을 구입한다.	45	38	83	54%	46%	45%	25%
광고를 잘하는 것을 구입한다.	30	30	60	50%	50%	30%	20%
유명 메이커 제품을 구입한다.	40	48	88	45%	55%	40%	32%
늘 쓰던 것을 구입한다.	30	60	90	33%	67%	30%	40%
점원이 권하는 것을 구입한다.	25	33	58	43%	57%	25%	22%
인터넷 등으로 검토하고 구입한다.	35	43	78	45%	55%	35%	29%
평판이 좋은 것을 구입한다.	50	53	103	49%	51%	50%	35%

② 세로%표의 행과 열을 교체한 표를 작성합니다.
③ 세로 기준으로 보아 최댓값에 진하게 칠합니다.
④ 두 그룹 간의 차이, 이 예에서는 '구입 의향 있다'와 '구입 의향 없다'와의 응답 비율의 차이를 산출합니다.

	가능하면 싼 것을 골라 구입한다.	다소 비싸도 품질이 뛰어난 것을 구입한다.	광고를 잘하는 것을 구입한다.	유명 메이커 제품을 구입한다.	늘 쓰던 것을 구입한다.	점원이 권하는 것을 구입한다.	인터넷 등으로 검토하고 구입한다.	평판이 좋은 것을 구입한다.
구입 의향이 있다.	20%	45%	30%	40%	30%	25%	35%	50%
구입 의향이 없다.	35%	25%	20%	32%	40%	22%	29%	35%
차이	-15%	20%	10%	8%	-10%	3%	6%	15%

세로%를 대상으로 행과 열을 교체하여 복사한다.

⑤ '차'의 내림차순으로 교체합니다.

이 표를 '판별 요인 탐색 크로스 집계표'라고 부릅니다.

	다소 비싸도 품질이 뛰어난 것을 구입한다.	평판이 좋은 것을 구입한다.	광고를 잘하는 것을 구입한다.	유명 메이커 제품을 구입한다.	인터넷 등으로 검토하고 구입한다.	점원이 권하는 것을 구입한다.	늘 쓰던 것을 구입한다.	가능하면 싼 것을 골라 구입한다.
구입 의향이 있다.	45%	50%	30%	40%	35%	25%	30%	20%
구입 의향이 없다.	25%	35%	20%	32%	29%	22%	40%	35%
차이	20%	15%	10%	8%	6%	3%	-10%	-15%

◆ 판별 요인 탐색 크로스 집계표의 모양

차이의 절댓값이 큰 요소를 구입 여부의 **판별 요인**이라고 부릅니다.

그래프에서 차이가 큰 요소는 구입에 기여하고, 음의 값으로 큰 요소는 미구입에 기여합니다. 몇 개 이상이면 판별 요인이라는 통계학적 기준은 없으므로 분석가가 판단합니다.

판별 요인을 절댓값이 15% 이상의 세 개의 요인으로 선정했습니다. A 화장품의 구입에 기여하는 요인은 '다소 비싸도 품질이 뛰어난 것을 구입한다.', '평판이 좋은 것을 구입한다.', 미구입에 기여하는 요인은 '가능하면 싼 것을 골라 구입한다.'라는 것을 알 수 있습니다.

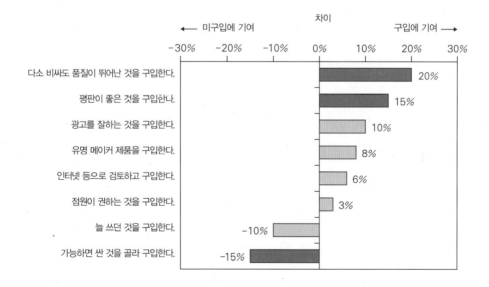

◆ 복수 크로스 집계 통합표

표측 항목의 선택지와 표두 항목의 선택지가 동일한 여러 개의 크로스 집계표가 있을 때 하나의 크로스 집계표에 정리하면 해석하기 쉬운 표가 됩니다. 아래는 연령과 제품 만족도와의 크로스 집계표입니다. 3개의 제품이 있으므로 크로스 집계표도 3개 있습니다.

	A 제품					n
	만족	약간 만족	중간	약간 불만	불만	
전체	14%	23%	44%	15%	4%	149
20대	9%	19%	47%	19%	6%	53
30대	13%	23%	47%	15%	2%	47
40대	20%	29%	37%	10%	4%	49

	B 제품					n
	만족	약간 만족	중간	약간 불만	불만	
전체	10%	29%	34%	20%	7%	147
20대	13%	32%	28%	21%	6%	47
30대	10%	30%	29%	25%	6%	48
40대	8%	25%	44%	15%	8%	52

	C 제품					n
	만족	약간 만족	중간	약간 불만	불만	
전체	10%	24%	38%	22%	6%	148
20대	8%	18%	44%	26%	4%	50
30대	12%	32%	28%	20%	8%	50
40대	10%	23%	42%	19%	6%	48

3개의 크로스 집계표에서 복수 크로스 집계 통합표를 작성해 봅시다.

① '만족'과 '약간 만족'을 더한 2top 비율의 목록표를 작성합니다.

	A 제품	B 제품	C 제품	n A 제품	n B 제품	n C 제품
전체	37%	39%	34%	149	147	148
20대	28%	45%	26%	53	47	50
30대	36%	40%	44%	47	48	50
40대	49%	33%	33%	49	52	48

> %기반의 n은 칸 밖에 기입한다.

② 제품을 정렬하고, 제품별로 최댓값을 진하게 칠하기 쉬운 표를 작성합니다.

	B 제품	C 세품	A 제품	n B 제품	n C 제품	n A 제품
전체	39%	34%	37%	147	148	149
20대	45%	26%	28%	47	50	53
30대	40%	44%	36%	48	50	47
40대	33%	33%	49%	52	48	49

> 20대는 B 제품, 30대는 C 제품, 40대는 A 제품의 만족도가 높다.

◆ 프로필 파악 크로스 집계

74페이지에서 크로스 집계표를 가로%표로 작성하는 경우 표두는 '결과 변수(목적 변수)'의 항목에, 표측은 '원인 변수(설명 변수)'의 항목에 설명했습니다.

제품의 이용자나 프로스포츠팀의 팬 등의 프로필을 조사하고 싶을 경우 표두는 원인 변수의 항목으로, 표측은 결과 변수로 작성하고 반대로 크로스 집계표를 작성합니다.

이 크로스 집계표를 **프로필 파악 크로스 집계표**라고 부릅니다.

프로야구팀 인기 조사의 질문 항목과 크로스 집계의 결과를 예로 들어봅시다.

질문 1. 좋아하는 프로야구팀은?	1. X팀 2. Y팀 3. Z팀
질문 2. 귀하의 성별은?	1. 남성 2. 여성
질문 3. 귀하의 연령은?	1. 20~30대 2. 40~50대 3. 60대 이상
질문 4. 귀하의 혈액형은?	1. A형 2. O형 3. B형 4. AB형

표측에는 야구팀을, 표두에는 성별, 연령, 혈액형을 놓고 크로스 집계표를 작성했습니다. 세로별로 최댓값을 진하게 칠합니다.

	성별		연령			혈액형				
	남성	여성	20대 30대	40대 50대	60대 이상	A형	O형	B형	AB형	n
전체	46%	54%	29%	29%	42%	39%	30%	20%	10%	450
X팀	31%	69%	39%	28%	33%	37%	30%	23%	10%	150
Y팀	49%	51%	27%	33%	40%	38%	33%	20%	9%	160
Z팀	59%	41%	20%	25%	55%	43%	28%	18%	11%	140

크로스 집계의 해석은 표두 항목의 선택지에 주목하여 세로(이 예에서는 야구팀)를 비교합니다.

예를 들면 남성의 비율은 Z팀이 다른 팀에 비해 가장 높고, 여성의 비율은 X팀이 다른 팀에 비해 가장 높다고 할 수 있습니다.

이 모양으로부터 다음의 해석이 가능합니다.

• X팀의 팬층은 여성, 20~30대, B형
• Y팀의 팬층은 40~50대, O형
• Z팀의 팬층은 남성, 60대 이상, A형, AB형이 다른 팀에 비해 많다.

보통 크로스 집계는 인과 관계와 프로필을 파악하고, 크로스 집계표는 프로필을 파악하는 집계입니다.

두 가지 질문 항목의 관계를 그래프로 나타내본다.

크로스 집계의 그래프

크로스 집계의 그래프는 표두 항목이 SA응답인지, MA응답인지에 따라 달라집니다.
표두 항목이 MA응답법인 경우는 띠 그래프로 하지 않은 편이 좋습니다.

◆ 표두 항목이 SA응답의 그래프

표두 항목이 SA응답의 그래프는 띠 그래프로 작성합니다.

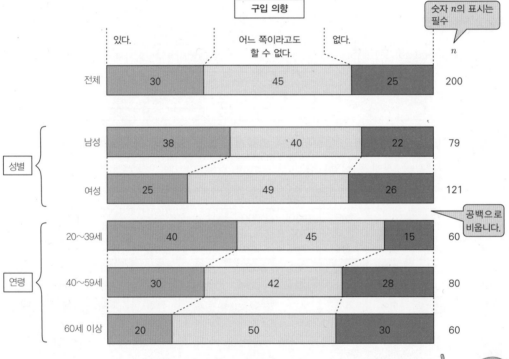

응답 비율만 나타내는 띠 그래프를 작성하는 경우 숫자 n을 그래프 밖에 표시하고, 띠와 띠와의 사이는 반드시 공백으로 비워두기로 합시다.

◆ 표두 항목이 MA응답의 그래프

표두가 MA응답의 경우 띠 그래프를 적용하는 것은 다음과 같은 이유로 선호하지 않습니다.

① 응답 비율의 합계가 100%가 되지 않으므로 띠 그래프의 가로 축 길이가 균일하지 않습니다.

② 크로스 집계표의 해석은 표두의 카테고리에 주목하여 응답 비율을 세로로 비교하지만, 세로의 비교가 어렵습니다.

다음 그래프는 77페이지에서 다룬 크로스 집계표를 띠 그래프로 그린 것입니다.
각 띠의 가로 축 길이가 달라 응답 비율을 세로로 비교하기 어렵습니다.

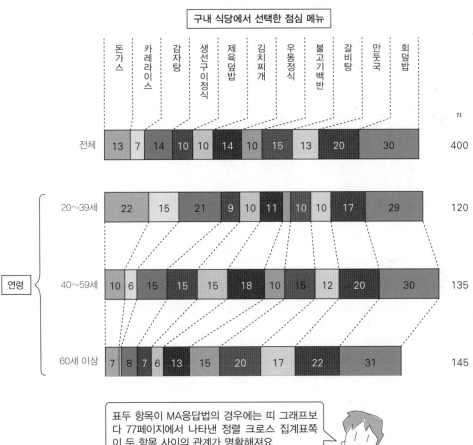

표두 항목이 MA응답법의 경우에는 띠 그래프보다 77페이지에서 나타낸 정렬 크로스 집계표쪽이 두 항목 사이의 관계가 명확해져요.

크로스 집계 전체에 대해 요약해 본다.

크로스 집계표 작성 및 활용을 위한 5개 조건

크로스 집계표의 작성 및 크로스 집계표의 활용에 대해 지금까지 배워온 중점 사항을 정리합니다.

◆ 크로스 집계표 작성을 위한 5개 조건

① 표두 항목, 표측 항목의 지정
- 표두 항목, 표측 항목에 어떤 질문 항목을 적용할 것인가?

② %기반 지정
- 응답 비율은 무응답 제외, 무응답 포함 중 어느 것으로 할 것인가?
- 응답 비율은 비해당 제외, 비해당 포함 중 어느 것으로 할 것인가?

③ 응답자 수 기반, 응답 개수 기반 지정
- 표두 항목이 MA응답인 질문의 경우 응답 비율은 응답자 수 기반, 응답 개수 기반 중 어느 것으로 할 것인가?

④ 크로스 집계표의 형식 지정
- 병기표와 분리표 중 어느 것으로 할 것인가?
- 전체 행을 표시하지 않을 것인가? (보통은 표시)

⑤ 크로스 집계표 편집 지정
- 셀을 칠할 것인가?
- 선택지를 정렬할 것인가?

◆ 크로스 집계 활용을 위한 5개 조건

① 크로스 집계표의 %표
- 가로%표가 일반적

② 크로스 집계표의 표두 항목, 표측 항목
- 표측은 원인(설명) 항목, 표두는 결과(목적) 항목

③ 크로스 집계표를 읽는 방식
- 표두 항목의 임의의 카테고리에 주목하여 그 카테고리의 비율을 세로로 비교

④ 크로스 집계표의 %기반
- %만 표기하는 경우 %기반 n의 표기는 필수
- n이 30명 미만의 비율은 참고값으로 간주

⑤ 크로스 집계표의 가공 및 편집
- 가공 및 편집하여 보기 쉽고, 해석하기 쉬운 크로스 집계표 작성

모집단을 나타내지 못하는 데이터를 집계해 본다.

모집단 보정 집계 및 모집단 확대 집계

모집단을 나타내지 못하는 앙케트 데이터를 집계하는 경우 대표적인 속성 항목을 모집단의 구성과 일치하도록 보정하여 집계합니다.

◆ 모집단 보정 집계란?

모집단 집계는 어떤 집계인지 'A시의 스마트폰 보유율 조사'의 예를 참고하면서 살펴봅시다.

〈A시의 스마트폰 보유율 조사〉

A시의 20세 이상 인구는 5만 명, 연령별 인구는 다음과 같습니다.

〈모집단의 연령별 인구〉   A표

	20~39세	40~59세	60~79세	합계
인구 수(명)	10,000	15,000	25,000	50,000
구성비	20%	30%	50%	100%

스마트폰 보유율이 어느 정도인지 조사하기 위해 무작위로 고른 A시에 거주하는 10명을 대상으로 앙케트 조사를 했습니다.

〈질문〉

질문 1. 스마트폰을 가지고 있습니까?	1. 가지고 있다. 2. 가지고 있지 않다.
질문 2. 귀하의 성별을 알려주십시오.	1. 남성 2. 여성
질문 3. 귀하의 연령을 알려주십시오.	1. 20~39세 2. 40~59세 3. 60~79세

〈응답 데이터〉

	김영태	박경수	홍재인	박혜자	한채아	이준길	채창기	민미경	심효민	김정숙
스마트폰	1	1	1	1	1	2	2	2	2	2
성별	1	1	1	2	2	1	1	2	2	2
연령	1	1	2	1	1	1	3	2	2	3

◆ 스마트폰 보유율 조사의 단순 집계 결과

〈질문 1. 스마트폰 보유 여부〉

	있다	없다	합계
응답자 수	5	5	10
응답 비율	50%	50%	100%

〈질문 2. 성별〉

	남성	여성	합계
응답자 수	5	5	10
응답 비율	50%	50%	100%

〈질문 3. 연령〉 B표

	20~39세	40~59세	60~79세	합계
응답자 수	5	3	2	10
응답 비율	50%	30%	20%	100%

◆ 스마트폰 보유율 조사의 크로스 집계 결과

		스마트폰 보유 여부		
		가지고 있다.	가지고 있지 않다.	가로 합계
전체		5 50%	5 50%	10 100%
성별	남성	3 60%	2 40%	5 100%
	여성	2 40%	3 60%	5 100%
연령	20~39세	4 80%	1 20%	5 100%
	40~59세	1 33%	2 67%	3 100%
	60~79세	0 0%	2 100%	2 100%

모집단의 연령별 인구 구성비【A표】와 앙케트의 연령별 응답 비율【B표】를 비교해 봅시다. 앙케트 조사의 값이 60~79세에서는 모집단의 값보다 작고, 20~39세에서는 모집단의 값보다 큽니다. 결국 모집단과 앙케트 조사의 값은 일치하지 않습니다.

통계학적 지식

앙케트와 모집단

모집단을 나타내지 못하는 데이터의 집계 결과로는 전체를 추측할 수 없습니다. 이 예의 경우도 스마트폰의 단순 집계 결과에서 '있다'가 50%라고 해서 모집단의 스마트폰 보유율이 50%라고 추측하는 것은 잘못입니다.

◆ 모집단 보정 집계의 아이디어

앞의 예와 같이 앙케트 조사가 모집단을 나타내지 못하는 경우 모집단 보정 집계를 실시합니다. 모집단 보정 집계라는 것은 다음과 같은 기법입니다.

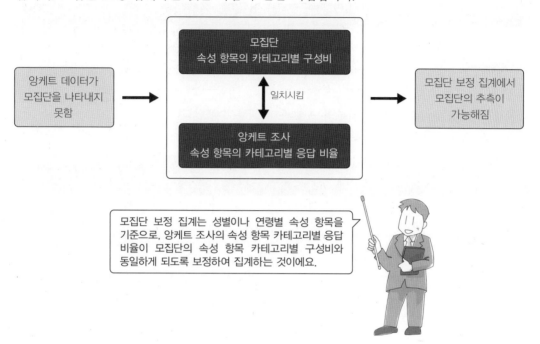

모집단 보정 집계는 성별이나 연령별 속성 항목을 기준으로, 앙케트 조사의 속성 항목 카테고리별 응답 비율이 모집단의 속성 항목 카테고리별 구성비와 동일하게 되도록 보정하여 집계하는 것이에요.

◆ 모집단 보정 집계의 계산순서

스마트폰 보유율 조사를 예로 들어 모집단 보정 집계의 계산 순서를 소개합니다.

① 가중치의 산출

모집단의 연령별 인구 구성비(【A】)÷앙케트의 연령별 응답 비율(【B】)을 구합니다. 이 값을 **가중치**라고 합니다.

가중치는 많은 사람들이 응답한 연령(20~39세)의 비중을 낮추고, 적은 사람들이 응답한 연령(60~79세)의 비중을 높이는 값이 됩니다.

〈질문 1. 스마트폰의 보유 여부〉

	20~39세	40~59세	60~79세	합계
① 모집단 구성비	20%	30%	50%	100%
② 앙케트 응답 비율	50%	30%	20%	100%
가중치(①÷②)	0.4	1.0	2.5	−

② 각 대상자의 가중치

다음에 각 대상자의 가중치를 구합니다. 예를 들면 아래의 표에서 [1]의 응답자는 연령이 20~39세이므로, 가중치는 0.4가 됩니다.

	김영태	박경수	홍재인	박혜자	한채아	이준길	채창기	민미경	심효민	김정숙
연령	1	1	2	1	1	1	3	2	2	3
가중치	0.4	0.4	1.0	0.4	0.4	0.4	2.5	1.0	1.0	2.5

③ 크로스 집계 수행

성별, 연령과 스마트폰 보유 여부의 크로스 집계를 수행합니다.
크로스 집계를 할 때 표의 셀 안에 가중치를 기재합니다.

	스마트폰의 보유 여부							
	가지고 있다.				가지고 있지 않다.			
남성	김영태 0.4	박경수 0.4	홍재인 1.0		이준길 0.4	채창기 2.5		
여성	박혜자 0.4	한채아 0.4			민미경 1.0	심효민 1.0	김정숙 2.5	
20~39세	김영태 0.4	박경수 0.4	박혜자 0.4	한채아 0.4	이준길 0.4			
40~59세	홍재인 1.0				민미경 1.0	심효민 1.0		
60~79세					채창기 2.5	김정숙 2.5		

④ 모집단 보정의 크로스 집계 결과표

위의 표로부터 모집단 보정의 크로스 집계 결과표를 작성합니다.

〈응답자 수〉

	가지고 있다.	가지고 있지 않다.	가로 합계
남성	1.8	2.9	4.7
여성	0.8	4.5	5.3
20~39세	1.6	0.4	2.0
40~59세	1.0	2.0	3.0
60~79세	0.0	5.0	5.0
전체	1.8+0.8 =2.6	2.9+4.5 =7.4	4.7+5.3 =10

〈응답 비율〉

	가지고 있다.	가지고 있지 않다.	가로 합계
남성	38%	62%	100%
여성	15%	85%	100%
20~39세	80%	20%	100%
40~59세	33%	67%	100%
60~79세	0%	100%	100%
전체	26%	74%	100%

⑤ 모집단 보정에서의 단순 집계 응답자 수

성별, 연령 중 어느 것이든 크로스 집계표의 세로 합이 스마트폰의 모집단 보정에서의 단순집계 응답자 수가 됩니다.

	있다	없다	가로 합계
응답자 수	2.6	7.4	10

	있다	없다	가로 합계
응답자 수	26%	74%	100%

이 결과로부터 A시의 스마트폰 보유율은 50%가 아니라 26%가 됩니다.

◆ 모집단 확대 집계

가중치를 모집단 연령별 사람 수÷앙케트 연령별 응답자 수로 구합니다. 다음 순서는 모집단 보정 집계와 동일합니다.

	20~39세	40~59세	60~79세	합계
모집단 연령별 인구 수	10,000	15,000	25,000	50,000
앙케트 응답자 수	5	3	2	10
가중치	2,000	5,000	12,500	–

모집단 확대 집계의 경우 A시의 스마트폰 보유율은 모집단 보정 집계와 마찬가지로 26%입니다.

출력된 전체 응답자 수는 모집단 보정 집계의 경우에는 앙케트 응답자 수(10명), 모집단 확대 집계의 경우에는 모집단 사람 수(5만 명)입니다.

〈모집단 확대 집계의 출력표〉

	있다	없다	가로 합계
응답자 수	13,000	37,000	50,000

	있다	없다	가로 합계
응답자 수	26%	74%	100%

모집단 확대 집계는 단 10명의 표본으로 마치 5만 명 전원에 대해 집계한 것과 같은 표를 만드는 겁니다.

memo

제 5 장

앙케트 데이터의 해석

기준값과 편차값 등을 배웠습니다. 데이터의 종류에
따라 상관분석을 어떻게 구분해서 사용하는지 살펴
봅니다.

집단 중에서 각 데이터의 평가를 파악해 본다.

기준값 및 편차값

기준값, 편차값은 평균값, 표준편차가 다른 집단의 데이터를 비교하는 기법입니다. 기준값은 편차를 표준편차로 나눈 값, 편차값은 기준값에 10을 곱하고 50을 더한 값입니다.

◆ 편차를 이용한 평가

'편차값'이라는 용어를 많이 알고 있을 것입니다. 그러나 편차값이라는 용어를 안다고 해도 어떤 방식으로 계산되는가는 대부분 모릅니다. 편치값은 학교 등의 교육현장에서 자주 사용되므로 시험 성적에 대한 예제를 살펴보겠습니다.

아래의 표는 어느 5명 학생의 국어와 수학 점수입니다.

〈두 과목의 시험 점수(평균값이 다른 경우)〉

(단위 : 점)

번호	1	2	3	4	5	평균값
국어	90	80	70	60	50	70
수학	40	90	30	20	10	38

1번 학생은 국어에서 90점, 2번 학생은 수학에서 90점을 받았습니다. 두 사람은 각각 국어 성적과 수학 성적이 1등입니다. 그러나 국어의 평균은 70점, 수학의 평균은 38점으로, 평균이 이렇게 다르므로 점수 그 자체로 비교하는 것은 공평하지 않습니다. 따라서 평균이 다른 두 과목의 점수를 비교하기 위해서는 **편차**라고 하는 점수와 평균의 차이를 비교해야 합니다.

1번 학생의 국어 편차, 2번 학생의 수학 편차를 구하여 비교해 봅시다.

> 1번 학생의 국어 점수는 90점 − 평균값 = 90점 − 70점 = 20점
> 2번 학생의 수학 점수는 90점 − 평균값 = 90점 − 38점 = 52점

2번 학생의 성적이 좋다는 것을 알 수 있습니다. 결국 동일한 1등이라도 2번 학생의 수학 점수는 1번 학생의 국어 점수에 비해 평균을 크게 웃도는 1등이라는 것입니다.

◆ 표준편차를 이용한 평가

그렇다면 평균값이 동일한 경우는 어떨까요?

다음 표는 10명의 어느 학생들의 국어 점수와 수학 점수입니다.

〈두 과목 시험 점수(표준편차가 다른 경우)〉

(단위 : 점)

번호	1	2	3	4	5	6	7	8	9	10	평균값	표준편차
국어	**90**	60	59	59	58	57	55	54	54	54	60	10
수학	86	**90**	79	65	58	56	52	49	44	21	60	20

1번 학생의 국어와 2번 학생의 수학은 모두 90점이고, 평균도 60점으로 동일합니다. 이제 '1번 학생의 국어 성적과 2번 학생의 수학 성적은 동일하다.'라고 해도 좋을까요?

표준편차를 살펴보면, 국어는 10점, 수학은 20점입니다.

점수의 변동을 나타내는 표준편차로부터 다음과 같이 말할 수 있습니다.

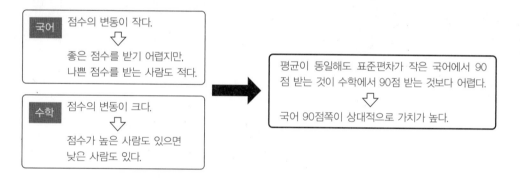

표준편차를 점수에 반영하여 평가하는 방법을 생각해 봅시다.

표준편차가 다른 경우 점수가 같은 사람을 비교하려면 각 점수를 표준편차로 나누고, 그 값을 비교하면 됩니다.

그렇다면 1번 학생의 국어 성적과 2번 학생의 수학 성적을 비교해 봅시다.

1번 학생의 국어는 90점 ÷ 10 = 9

2번 학생의 수학은 90점 ÷ 20 = 4.5

1번 학생의 국어 성적이 더 좋다는 것을 알았습니다.

◆ 기준값

앞의 예는 점수의 평균값이 같고 표준편차가 다른 경우이지만, 아래 표와 같이 두 과목의 평균값과 표준편차가 다른 경우에는 어떻게 비교하는지 생각해 봅시다.

〈두 과목 시험 점수(평균값, 표준편차가 모두 다른 경우)〉

(단위 : 점)

번호	1	2	3	4	5	6	7	8	9	10	평균값	표준편차
국어	90	77	75	69	71	70	68	67	63	50	70.0	9.7
수학	86	90	79	65	58	56	52	49	44	21	60.0	19.9

이 경우 점수를 표준편차로 나눈 값을 비교하는 것이 아니라 점수에서 평균을 뺀 편차를 표준편차로 나눈 값을 비교합니다. 이 값을 **기준값**이라고 합니다.

보통의 앙케트 조사에서는 집단마다 평균값도 표준편차도 결과가 다르기 때문에 이러한 경우의 비교 방식을 기억해두는 것이 중요해요.

$$기준값 = \frac{득점 - 평균값}{표준편차} = \frac{오차}{표준편차}$$

1번 학생의 국어와 2번 학생의 수학 기준값을 구합니다.

> 1번 학생의 국어는 (90점 − 70) ÷ 9.7 = 2.1
> 2번 학생의 수학은 (90점 − 60) ÷ 19.9 = 1.5

계산 결과로부터 1번 학생의 국어 성적이 더 좋다는 것을 알았습니다.
모든 학생에 대해 기준값을 계산합니다.

〈두 과목 시험 점수의 기준값〉

번호	1	2	3	4	5	6	7	8	9	10	평균값	표준편차
국어	2.1	0.7	0.5	−0.1	0.1	0.0	−0.2	−0.3	−0.7	−2.1	0.0	1.0
수학	1.3	1.5	1.0	0.3	−0.1	−0.2	−0.4	−0.6	−0.8	−2.0	0.0	1.0

통계학적 지식

기준값의 평균값을 계산하면 0, 표준편차는 1입니다.
이 예제뿐만 아니라 어떠한 경우에도 이렇게 말할 수 있습니다.

◆ 편차값

기준값에서 귀하의 점수가 2.1이라고 해도 기뻐하는 것이 좋은지, 슬퍼하는 것이 좋은지 알 수 없습니다. 따라서 이 기준값에 10을 곱하고 50을 더합니다. 이것이 그 유명한 **편차값**입니다.

$$\text{편차값} = 10 \times \frac{\text{득점} - \text{평균값}}{\text{표준편차}} + 50 = 10 \times \frac{\text{오차}}{\text{표준편차}} + 50$$

편차값을 계산합니다.

> 1번 학생의 국어는 $10 \times 2.1 + 50 = 71$(점)
> 2번 학생의 수학은 $10 \times 1.5 + 50 = 65$(점)

1번 학생의 국어 90점, 2번 학생의 수학 90점은 편차값으로 평가하면 71점, 65점이 되고, 국어 90점쪽이 수학 90점보다 점수가 높다는 결론을 얻을 수 있습니다.

모든 학생의 편차값을 구합니다.

〈두 과목 시험 점수의 편차값〉

번호	1	2	3	4	5	6	7	8	9	10	평균값	표준편차
국어	**71**	57	55	49	51	50	48	47	43	29	50	10
수학	63	**65**	60	53	49	48	46	44	42	30	50	10

◆ 편차값의 특징

- 점수가 평균값과 같은 학생의 편차값은 50(점)입니다.
  〈계산 예〉 6번 학생의 국어 70점의 편차값은 $10 \times (70 - 70) \div 9.7 + 50 = 50$(점)
- 편차값이 50(점)보다 크다면 그 집단의 평균값보다 크고, 50점보다 작다면 평균값보다 작다는 것을 알 수 있습니다.
- 편차값의 평균값을 계산하면 50(점), 표준편차는 10(점)입니다.
  이 예제뿐만 아니라 어떠한 경우에도 이렇게 말할 수 있습니다.
  바꿔 말하면 편차값은 원래 데이터의 평균값이 크거나 작더라도, 변동이 크거나 작더라도, 어떠한 집단이라도 평균을 50(점), 변동을 10(점)으로 고정하고, 그 안에서의 상대적 위치를 조사하는 방법입니다.
- 시험 문제를 내는 선생님에 따라 어려운 시험도 있지만 쉬운 시험도 있습니다.
  난이도가 다른 시험의 점수는 단순히 비교할 수 없지만, 편차값을 사용하면 비교가 가능합니다.
- 체육 실기 시험에서 턱걸이 횟수와 50m 달리기 등 서로 다른 경기에서도 편차값으로 하면 비교가 가능합니다.

집단의 특색이나 경향을 정규분포로 알아본다.

정규분포

　정규분포 분석은 데이터의 분포가 정규분포인지 조사하고, 정규분포를 이용하여 분포에서의 계급폭의 비율(확률)을 추측하는 방법입니다.

◆ 정규분포란?

　자연이나 인간이 하는 일의 결과 등 통계적 자료의 계급과 도수(사람 수)의 분포 방식에는 어느 일정한 법칙이 성립합니다. 이 법칙을 구해 통계적 해석에 도움이 되도록 하는 것이 정규분포입니다.

　다음 40명의 시험 점수로 정규분포라는 것이 무엇인지를 생각해 봅시다.

번호	점수	번호	점수	번호	점수	번호	점수
1	37	11	57	21	64	31	72
2	39	12	58	22	66	32	74
3	40	13	59	23	67	33	75
4	43	14	60	24	67	34	75
5	45	15	60	25	68	35	77
6	47	16	61	26	69	36	79
7	50	17	62	27	70	37	83
8	53	18	64	28	70	38	85
9	55	19	64	29	70	39	89
10	55	20	64	30	72	40	95

개체수	40	명
평균값	64.0	점
표준편차	13.3	점

　40명의 점수에 대해 계급폭 10점의 도수분포표를 작성했습니다.

　도수분포의 그래프를 보면 평균값 가까이가 가장 높고, 평균값에서 멀어짐에 따라 완만하게 낮아지고 있습니다.

　그래프의 형태는 좌우대칭인 종 모양의 분포가 됩니다. 이와 같은 형태에 곡선을 적합시킬 때 곡선이 산 모양이 되면, 이 곡선을 **정규분포**라고 합니다.

계급폭	계급값	도수
40 미만	35	2
40 이상 50 미만	45	4
50 이상 60 미만	55	7
60 이상 70 미만	65	13
70 이상 80 미만	75	10
80 이상 90 미만	85	3
90 이상	95	1
	합계	40

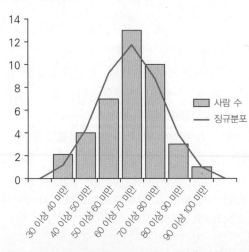

◆ 정규분포의 성질

정규분포의 형태는 도수분포의 평균, 표준편차에 따라 결정됩니다.
다음 그림은 평균값 = 60점, 표준편차 = 10점인 정규분포입니다. 그림을 보면서 정규분포의 성질을 생각해 봅시다.

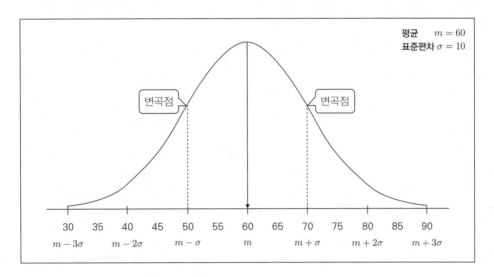

- 평균(60점)을 중심으로 좌우대칭이 됩니다.
- 곡선은 평균값에서 가장 높아지고, 좌우로 넓어짐에 따라 낮아집니다.
- 곡선의 가운데 구간의 면적은 표준편차를 σ로 하면, 다음과 같이 됩니다.

구간 $m-1\sigma$, $m+1\sigma$(50~70점)	거의 68%
구간 $m-2\sigma$, $m+2\sigma$(40~80점)	거의 95%
구간 $m-3\sigma$, $m+3\sigma$(30~90점)	거의 100%

- 가로 축 $m-\sigma$(그림에서는 50점), $m+\sigma$(그림에서는 70점)에 대응하는 곡선 위의 점을 **변곡점**이라고 합니다.
  이 변곡점에 둘러싸인 부분은 위로 볼록해지고, 변곡점의 바깥쪽은 아래로 볼록해집니다.

◆ 정규분포의 면적을 구하는 방법

엑셀을 사용하여 정규분포의 면적을 구하는 방법을 소개합니다. 뒤에서 다루는 '정규분포의 활용'에서 구체적인 예제를 생각할 때도 계산에는 엑셀을 이용합니다.

엑셀

〈계급값 x 이하의 아래쪽 면적(확률)을 구하는 경우〉

평균값 m, 표준편차 σ의 정규분포에서 가로 축의 값 x 이하의 아래쪽 면적은 엑셀 시트에서 임의의 셀에 다음 함수를 입력하고 Enter 를 누르면 출력됩니다.

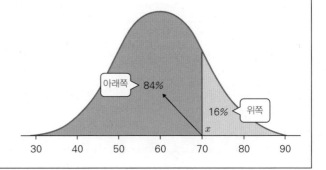

$= \mathrm{NORMDIST}(x,\ m,\ \sigma,\ 1)$

　　　　　　　1은 정수

$m = 60$, $\sigma = 10$, $x = 70$인 경우

$= \mathrm{NORMDIST}(70,\ 60,\ 10,\ 1)$

Enter　0.84

엑셀

〈아래쪽 면적(확률) p값에 대한 가로 축의 값 x를 구하는 경우〉

평균값 m, 표준편차 σ의 정규분포에서 그림에 나타낸 아래쪽 면적 p 값에 대한 가로 축의 값 x는 엑셀 시트에서 임의의 셀에 다음 함수를 입력하고 Enter 를 누르면 출력됩니다.

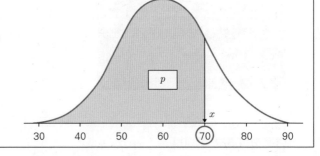

$= \mathrm{NORMINV}(p,\ m,\ \sigma)$

$m = 60$, $\sigma = 10$, $p = 0.84$인 경우

$= \mathrm{NORMINV}(0.84,\ 60,\ 10)$

Enter　70

◆ 정규분포의 활용

어느 집단에 대해서 '데이터가 △△ 이상인 비율', '위로부터 세어서 □□번째 사람의 데이터 값'이라고 한 것을 분명하게 밝히고 싶은 경우가 있습니다. 다루는 데이터가 정규분포인 경우 정규분포의 성질을 기초로 이러한 문제를 해결할 수 있습니다. 다음 예제에서 정규분포의 활용 방식을 살펴봅시다.

〈예제〉

> 300명 학생의 수학 성적은 평균 65점, 표준편차가 12점으로 정규분포를 따릅니다.
>
> ① 55점부터 75점까지의 학생은 몇 명 정도 있습니까?
>
> ② 85점 이상의 학생은 몇 명 정도 있습니까?
>
> ③ 위로부터 세어서 60번째 이내에 들어가기 위해서는 몇 점 이상 받아야 합니까?

해답은 앞 페이지에 나타낸 엑셀 함수를 이용하여 구할 수 있습니다.

①의 해답
- 55점까지의 아래쪽 면적
  = NORMDIST(55, 65, 12, 1)
  Enter 0.2023
- 75점까지의 아래쪽 면적
  = NORMDIST(75, 65, 12, 1)
  Enter 0.7977
- 0.7977 − 0.2023 = 0.5954
- 300명 × 0.5954 = 179명

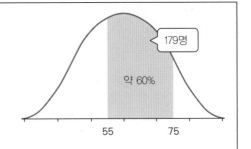

②의 해답
- 85점까지의 아래쪽 면적
  = NORMDIST(85, 65, 12, 1) Enter 0.9522
- 85점까지의 위쪽 면적 1 − 0.9522 = 0.0478
- 300명 × 0.0478 = 14명

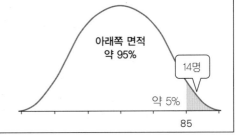

③의 해답
- 60번째 이내에 들어갈 확률(위쪽 면적)
  60(명) ÷ 300(명) = 0.2
- 아래쪽 면적
  1 − 0.2 = 0.8
- 아래쪽 면적 값에 대한 x의 값
  = NORMINV(0.8, 65, 12) Enter 75(점)

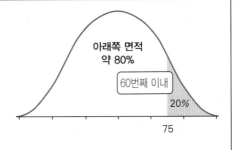

도수분포의 형태가 정규분포인지 알아본다.

정규분포의 적용

도수분포가 정규분포인지 판단하는 방법에 대해 배웁니다. 표본 데이터의 정규성과 모집단 데이터의 정규성은 판정 방법과 계산 방법이 다르므로 차이점에 유의해서 이해합시다.

◆ 정규분포인지 판정하는 방법

도수분포 그래프의 형태가 산 모양이 되면 정규분포라고 말하지만, 산 모양이라도 너무 뾰족한 산, 너무 평탄한 산의 형태는 정규분포라고 할 수 없습니다. 따라서 도수분포의 형태가 정규분포인가를 통계학적으로 판단해야 합니다.

자주 사용하는 판단 방법을 제시합니다.

① 왜도, 첨도를 이용한 판단 ② 정규확률플롯을 이용한 판단 ③ 정규성 검정

◆ 왜도와 첨도

왜도(Skewness) : 분포가 정규분포로부터 어느 정도 기울었는지를 나타내는 통계량으로, 좌우대칭성을 나타내는 지표입니다.

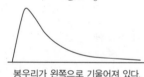

$G > 0$	$G = 0$	$G < 0$	$G = $ 왜도
봉우리가 왼쪽으로 기울어져 있다.	봉우리가 중앙에 있다.	봉우리가 오른쪽으로 기울어져 있다.	

$-0.5 < G < 0.5$를 기준으로 봉우리가 중앙에 있는 것으로 간주합니다.

첨도(Kurtosis) : 분포가 정규분포로부터 어느 정도 뾰족한지를 나타내는 통계량으로, 산의 뾰족한 정도와 산기슭의 폭을 나타냅니다.

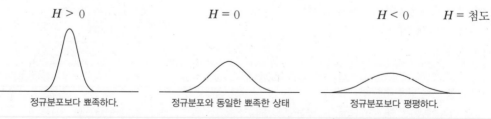

$H > 0$	$H = 0$	$H < 0$	$H = $ 첨도
정규분포보다 뾰족하다.	정규분포와 동일한 뾰족한 상태	정규분포보다 평평하다.	

$-0.5 < H < 0.5$를 기준으로 정규분포와 마찬가지로 뾰족한 상태로 간주합니다.

도수분포의 왜도, 첨도 모두 $-0.5 \sim 0.5$ 사이에 있으면, 도수분포의 형태는 정규분포라고 판단합니다.

◆ 정규확률플롯의 판단에 필요한 값

누적상대도수의 경향으로부터 도수분포가 정규분포인지 알아보는 방법을 **정규확률플롯**이라고 합니다. 정규확률플롯은 누적상대도수로부터 **Z값**이라는 통계량을 산출합니다.

Z 값은 **표준정규분포**에서 위쪽 확률이 누적상대도수가 되는 가로 축의 값입니다.

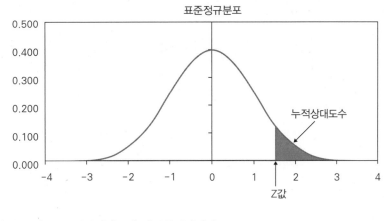

표준정규분포

누적상대도수

Z값

표준정규분포는 평균 0, 표준편차 1인 정규분포입니다.

〈도수분포의 Z값〉

계급값	도수	상대도수	누적상대도수	Z값
35	2	5.0%	5.0%	−1.64
45	4	10.0%	15.0%	−1.04
55	7	17.5%	32.5%	−0.45
65	13	32.5%	65.0%	0.39
75	10	25.0%	90.0%	1.28
85	3	7.5%	97.5%	1.96
95	1	2.5%	100.0%	−

엑셀

Z 값은 엑셀 함수로 구할 수 있습니다.

　엑셀 함수 = NORMSINV(**누적상대도수**)

〈계산 예〉 계급값 35인 누적상대도수는 0.05(5%)

　= NORMSINV(0.05)　[Enter]　−1.64

◆ 정규확률플롯에 의한 판단

값은 세로 축, 누적상대도수는 가로 축으로 하는 산점도를 그립니다.

각 점들이 직선 경향이라고 판정할 수 있는 경우 도수분포의 형태는 정규분포라고 할 수 있습니다. 각 점들에 대해서 직선으로 적합된 상태는 결정계수로 파악할 수 있습니다.

결정계수가 0.99 이상인 경우 도수분포는 정규분포라고 판단합니다.

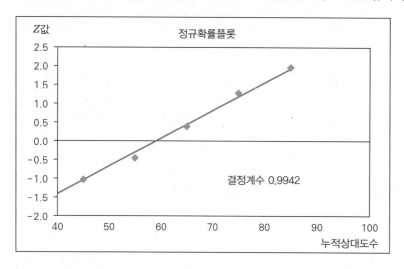

◆ 정규성 검정

정규성 검정은 앙케트 조사에서 얻은 도수분포로부터 모집단의 도수분포가 정규분포인지 검토하는 것입니다.

정규성 검정을 하면 p값이 출력됩니다.

p값 > 0.05라면, 모집단의 도수분포는 정규분포라고 판단합니다.

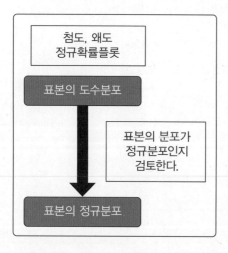

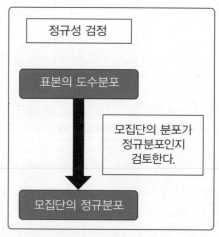

◆ 구체적인 예로 정규분포 판단

4개의 구체적인 예를 다음에 제시합니다.

〈구체적인 예 1〉

계급폭	계급값	사람 수
40 미만	35	2
40 이상 50 미만	45	4
50 이상 60 미만	55	7
60 이상 70 미만	65	13
70 이상 80 미만	75	10
80 이상 90 미만	85	3
90 이상	95	1
	합계	40

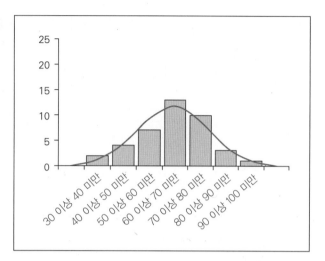

첨도	−0.02	○
왜도	−0.23	○
정규확률플롯	0.994	○
p값	0.850	○

※ 위의 ○는 판단 조건을 만족함, ×는 만족하지 못함을 의미합니다.

표본은 정규분포, 모집단에 대해서도 정규분포라고 할 수 있습니다.

〈구체적인 예 2〉

계급폭	계급값	사람 수
40 미만	35	1
40 이상 50 미만	45	2
50 이상 60 미만	55	6
60 이상 70 미만	65	22
70 이상 80 미만	75	6
80 이상 90 미만	85	2
90 이상	95	1
	합계	40

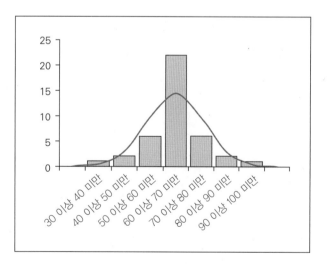

첨도	1.87	×
왜도	0.00	○
정규확률플롯	0.975	×
p값	0.056	○

표본에 대해서는 분포가 너무 뾰족하기 때문에 정규분포라고 할 수 없습니다.
모집단에 대해서는 정규분포라고 할 수 있습니다.

※ 표본과 모집단의 판단은 전혀 별개의 것이므로 두 가지를 함께 정규분포라고 판정하는 것이 아닙니다.

〈구체적인 예 3〉

계급폭	계급값	사람 수
40 미만	35	3
40 이상 50 미만	45	5
50 이상 60 미만	55	7
60 이상 70 미만	65	8
70 이상 80 미만	75	9
80 이상 90 미만	85	5
90 이상	95	3
합계		40

첨도	−0.75	×
왜도	−0.08	○
정규확률플롯	0.999	○
p값	0.904	○

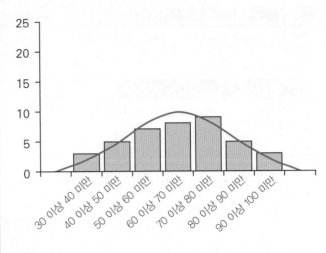

표본에 대해서는 분포가 너무 평평하기 때문에 정규분포라고 할 수 없지만, 모집단에 대해서는 정규분포라고 할 수 있습니다.

※ 표본에 대해 판단이 다른 경우 정규분포라고 단정하지 않고 정규분포에 가까운 형태라고 판단합니다.

〈구체적인 예 4〉

계급폭	계급값	사람 수
40 미만	35	9
40 이상 50 미만	45	7
50 이상 60 미만	55	3
60 이상 70 미만	65	2
70 이상 80 미만	75	3
80 이상 90 미만	85	7
90 이상	95	9
합계		40

첨도	−1.71	×
왜도	0.00	○
정규확률플롯	0.946	×
p값	0.000	×

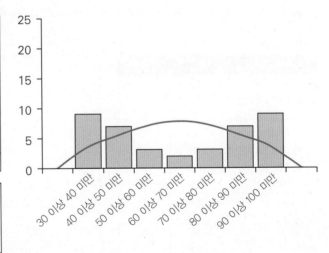

표본에 대해서는 분포가 뾰족하지 않고, 정규확률플롯은 기준 0.99보다 아래에 있으므로 정규분포라고 할 수 없습니다. 그리고 모집단에 대해서는 정규분포라고 할 수 없습니다.

제품의 가격을 결정하는 해석 방법을 알아본다.

가격 결정 분석

가격 결정 분석은 단계적으로 변경한 가격에서 제품 구입 의향을 듣고, 가격별 도수분포표를 작성한 후 누적률(%)에서 이익이 최대가 되도록 가격을 결정하는 해석 방법입니다.

◆ 가격 결정을 위한 조사

신제품의 가격을 정하는 문제에 대해 생각해 봅시다. 예를 들어 신제품을 1만 개 제작했을 때 1개당 원가는 5,000원이라고 합니다. 가능하면 8,000원 이상으로 정가를 매기고 싶지만, 소비자의 희망 가격을 듣고 신제품의 가격을 결정하고 싶다고 생각합니다.

따라서 어느 지역의 20대 남성을 대상으로 신제품의 가격과 구입 의향에 대해 앙케트 조사를 실시했습니다. 질문문과 앙케트에 응답한 사람 수를 제시합니다.

앞의 앙케트 조사 응답자 수를 표로 만들었습니다.

	응답자 수
질문 1. 이 상품의 예정가격은 10,000원입니다.	
귀하는 이 상품을 구입하고 싶다고 생각하십니까? (○는 하나만)	
1. 구입하려고 생각한다. → 조사 종료	40
2. 10,000원으로는 구입하지 않으려고 생각한다.	270
3. 금액에 관계 없이 구입하지 않는다.	90
질문 2. 〈질문 1에서 '2'라고 응답한 분에게〉 그렇다면 9,500원이라면 구입하겠습니까? (○는 하나만)	
1. 구입하려고 생각한다. → 조사 종료	15
2. 9,500원으로는 구입하지 않으려고 생각한다.	255
질문 3. 〈질문 2에서 '2'라고 응답한 분에게〉 그렇다면 9,000원이라면 구입하겠습니까? (○는 하나만)	
1. 구입하려고 생각한다. → 조사 종료	19
2. 9,000원으로는 구입하지 않으려고 생각한다.	236
질문 4. 〈질문 3에서 '2'라고 응답한 분에게〉 그렇다면 8,500원이라면 구입하겠습니까? (○는 하나만)	
1. 구입하려고 생각한다. → 조사 종료	23
2. 8,500원으로는 구입하지 않으려고 생각한다.	213

질문 5. 〈질문 4에서 '2'라고 응답한 분에게〉 그렇다면 8,000원이라면 구입하겠습니까? (○는 하나만)

1. 구입하려고 생각한다. → 조사 종료	25
2. 8,000원으로는 구입하지 않으려고 생각한다.	188

질문 6. 〈질문 5에서 '2'라고 응답한 분에게〉 그렇다면 7,500원이라면 구입하겠습니까? (○는 하나만)

1. 구입하려고 생각한다. → 조사 종료	28
2. 7,500원으로는 구입하지 않으려고 생각한다.	160

질문 7. 〈질문 6에서 '2'라고 응답한 분에게〉 그렇다면 7,000원이라면 구입하겠습니까? (○는 하나만)

1. 구입하려고 생각한다. → 조사 종료	31
2. 7,000원으로는 구입하지 않으려고 생각한다.	129

질문 8. 〈질문 7에서 '2'라고 응답한 분에게〉 그렇다면 6,500원이라면 구입하겠습니까? (○는 하나만)

1. 구입하려고 생각한다. → 조사 종료	35
2. 6,500원으로는 구입하지 않으려고 생각한다.	94

질문 9. 〈질문 8에서 '2'라고 응답한 분에게〉 그렇다면 6,000원이라면 구입하겠습니까? (○는 하나만)

1. 구입하려고 생각한다. → 조사 종료	38
2. 6,000원으로는 구입하지 않으려고 생각한다.	56

질문 10. 〈질문 9에서 '2'라고 응답한 분에게〉 그렇다면 5,500원이라면 구입하겠습니까? (○는 하나만)

1. 구입하려고 생각한다. → 조사 종료	46
2. 5,500원으로는 구입하지 않으려고 생각한다.	10

이 앙케트를 집계하여 도수분포표를 만들면, 신제품에 관한 소비자의 희망 가격이 보여요.

희망 가격

소비자

◆ 도수분포의 작성

앞의 앙케트 조사 응답자 수를 표로 만들었습니다.

	10,000원으로 구입한다.	10,000원으로 구입하지 않는다.	금액에 관계 없이 구입하지 않는다.	가로 합계
질문 1	40명	270명	90명	400명
		왼쪽 금액으로 구입	왼쪽 금액으로 구입하지 않음	가로 합계
질문 2	9,500원	15명	255명	270명
질문 3	9,000원	19명	236명	255명
질문 4	8,500원	23명	213명	236명
질문 5	8,000원	25명	188명	213명
질문 6	7,500원	28명	160명	188명
질문 7	7,000원	31명	129명	160명
질문 8	6,500원	35명	94명	129명
질문 9	6,000원	38명	56명	94명
질문 10	5,500원	46명	10명	56명

가격별 도수분포표를 작성합니다.

〈도수분포표〉

	응답자 수	누적 응답자 수	누적률(%)
10,000원으로 구입	40	40	10%
9,500원으로 구입	15	55	14%
9,000원으로 구입	19	74	19%
8,500원으로 구입	23	97	24%
8,000원으로 구입	25	122	31%
7,500원으로 구입	28	150	38%
7,000원으로 구입	31	181	45%
6,500원으로 구입	35	216	54%
6,000원으로 구입	38	254	64%
5,500원으로 구입	46	300	75%
5,500원으로는 구입하지 않음	10	310	78%
금액에 관계 없이 구입하지 않음	90	400	100%
전체 응답자 수	400		

> 누적률(%)은 가격이 변경될 때 몇 %의 사람이 구입할 것인가라는 구입 의향 비율을 나타냅니다.

구입 금액은 가로 축, 누적률(%)은 세로 축으로 하고 꺾은선 그래프를 작성합니다.

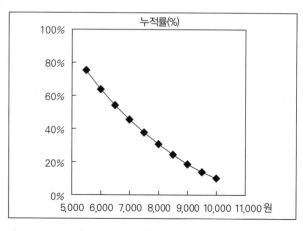

◆ 가격 결정 분석 방법

도수분포표의 누적률(%)에 가격별 원가, 이익을 추가한 표를 **가격결정시산표**라고 합니다. **가격 결정 분석**은 가격결정시산표를 기초로 이익이 최대가 되는 가격을 결정하는 해석 방법입니다.

가격결정시산표의 작성 순서를 제시합니다.

---

① 가격을 낮은 쪽부터 기입한다.

② 도수분포표의 누적률(%)을 가격이 낮은 쪽부터 기입한다.

③ 신제품의 원가를 기입한다.

④ 가격에서 원가를 빼고 각 상품 1개당 이익을 산출한다.

⑤ 이 지역의 20대 남성을 1만 명이라고 가정하고 1만 명에 누적률(%)을 곱하여 그 가격에 상품을 구입하는 구입 예정자 수를 산출한다.

⑥ 상품 1개당 이익(④)에 구입 예정자 수(⑤)를 곱해 이익 금액을 산출한다.

위의 순서에 따라 가격결정시산표를 작성합니다.

〈가격결정시산표〉

| 질문 항목 | ① 가격 | ② 누적률 | ③ 원가 | ④ 이익 ①−③ | ⑤ 구입 예정자 수 1만×② | ⑥ 이익 금액 ④×⑤ |
	원	%	원	원	명	원
5,500원에 구입	5,500	75%	5,000	500	7,500	3,750,000
6,000원에 구입	6,000	64%	5,000	1,000	6,350	6,350,000
6,500원에 구입	6,500	54%	5,000	1,500	5,400	8,100,000
7,000원에 구입	7,000	45%	5,000	2,000	4,525	9,050,000
7,500원에 구입	7,500	38%	5,000	2,500	3,750	9,375,000
8,000원에 구입	8,000	31%	5,000	3,000	3,050	9,150,000
8,500원에 구입	8,500	24%	5,000	3,500	2,425	8,487,500
9,000원에 구입	9,000	19%	5,000	4,000	1,850	7,400,000
9,500원에 구입	9,500	14%	5,000	4,500	1,375	6,187,500
10,000원에 구입	10,000	10%	5,000	5,000	1,000	5,000,000

이 신제품의 이익이 최대가 되는 것은 가격이 7,500원일 때입니다.

따라서 이 상품의 가격은 이익이 최대가 되는 7,500원이 적당하다고 생각됩니다.

이 가격으로 하면, 이 지역 20대 남성 1만 명 중 38%가 구입합니다.

다양한 상관분석에 대해 알아본다.

상관분석

상관분석 해석 기법은 데이터의 종류에 따라 구분해서 사용합니다.

◆ 상관분석이란?

상관분석이란 무엇인가 알기 위해 다음과 같은 데이터를 예로 듭니다.

---

① 소득 계층과 지지하는 정당과는 관계가 있는가?

② 학습 시간과 시험 성적은 관계가 있는가?

③ 목욕탕 만족도와 호텔 종합 만족도는 관계가 있는가?

④ 혈액형과 비상금과는 관계가 있는가?

⑤ 연령과 좋아하는 상품과는 관계가 있는가?

이러한 두 가지 사항(항목, 변수)의 관계를 알아보는 해석 기법이 많지만, 모두 **상관분석**이라고 부릅니다. 상관분석을 **2변량분석**이라고 부릅니다.

집단의 특징이나 경향을 명확히 할 때 카테고리 데이터라면 비율을, 수량 데이터라면 평균값(중앙값)을 적용한다는 것은 제3장에서 학습했습니다. 상관분석의 해석 기법과 마찬가지로 데이터 유형에 따라 구분해서 사용합니다.

데이터 유형에 대해 다시 복습을 합시다.

데이터 유형	척도 이름	예
카테고리 데이터	명의척도	남성, 여성
수량 데이터	거리척도	○시간, ○cm
순위 데이터	순서척도	1위, 2위, 3위

　이 장에서 학습하는 상관분석의 해석 기법에 대해서 데이터 유형과 해석 기법과의 관계를 제시하겠습니다.

항목과 선택지		데이터 유형	기본 집계	상관
소득 계층	고소득/중소득/저소득	카테고리 데이터	크로스 집계	크래머 연관계수
지지 정당	A당/B당/C당	카테고리 데이터		
학습 시간	☐ 시간	수량 데이터	상관도	단순상관계수 단순회귀식
시험 성적	☐ 점	수량 데이터		
목욕탕 만족도	5단계 평가	순위 데이터	도수분포 크로스 집계	순위상관계수
호텔 종합 만족도	5단계 평가	순위 데이터		
혈액형	A형/O형/B형/AB형	카테고리 데이터	카테고리별 평균	상관비
비상금	☐ 원	수량 데이터		
연령	☐ 세	수량 데이터	카테고리별 평균	상관비
좋아하는 상품	P 상품/Q 상품/R 상품	카테고리 데이터		

◆ 인과관계란?

　인과관계는 항목 간에 원인과 결과의 관계가 있다고 단정할 수 있는 관계를 의미합니다. 광고비와 매출의 관계를 보면, '광고의 양을 늘리면 매출이 오른다'가 통설입니다. '광고량을 늘린다'라는 행위가 원인으로, '매출이 오른다'라는 결과가 유도되기 때문에 양자의 관계는 인과관계입니다. 원인과 결과의 관계는 '원인 → 결과'라는 일방통행입니다. 원인과 결과에 시간적 순서가 성립됩니다. 식사량과 체중의 관계를 보면, 식사량을 늘리면 체중이 증가하는가, 체중을 늘리면 식사량이 증가하는가를 알지 못하기 때문에 양자의 인과관계는 확실하지 않습니다. 인과관계가 있으면 반드시 상관관계가 인정되지만, 상관관계가 있다고 해서 반드시 인과관계가 인정되지는 않습니다.

- 인과관계와 상관관계는 두 개의 사상 A와 B의 관계성을 나타냅니다.
- 인과관계는 A가 오르면 B가 오른다고 하는 원인과 결과의 관계입니다.
- 상관관계는 A가 변하면 B도 변합니다. B가 변하면 A도 변하는 관계입니다.

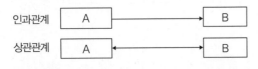

- 상관관계가 있다고 해서 인과관계가 있다고 단정할 수 없기 때문에 분석가는 두 항목의 시간적 순서 등을 검토하고, 인과관계를 고찰합니다.
- 인과관계를 해석 기법으로 해결하고 싶은 경우 제11장에서 배우는 공분산구조분석을 적용합니다.

닭이 먼저인가, 달걀이 먼저인가?

카테고리 데이터 사이의 관련성을 알아본다.

크래머 연관계수

카테고리 데이터와 카테고리 데이터의 관계를 알기 위한 기본 해석은 크로스 집계이고, 크로스 집계의 관련성의 강약을 알기 위한 기법은 연관계수입니다.

◆ 크래머 연관계수란?

크래머 연관계수는 카테고리 데이터와 카테고리 데이터의 상관계수를 파악하는 기법입니다. 다음의 표는 소득 계층과 지지 정당과의 크로스 집계의 결과입니다.

	(응답자 수)				(응답 비율)			
	A 정당	B 정당	C 정당	가로 합계	A 정당	B 정당	C 정당	가로 합계
전체	150	170	180	500	30%	34%	36%	100%
저소득층	30	45	75	150	20%	30%	50%	100%
중소득층	60	45	45	150	40%	30%	30%	100%
고소득층	60	80	60	200	30%	40%	30%	100%

응답 비율을 보면, A 정당은 중소득층, B 정당은 고소득층, C 정당은 저소득층의 비율이 다른 소득층의 비율보다 크고, 소득의 차이에 따라 지지하는 정당이 다릅니다. 이에 따라 소득 계층과 지지 정당과는 관련성이 있다고 할 수 있습니다. 관련성은 알았지만, 크로스 집계로부터는 관련성이 강한 정도까지는 알 수 없습니다.

크로스 집계표의 관련성, 즉 카테고리 데이터인 두 항목의 관련성의 정도를 밝히기 위한 해석 기법이 **크래머 연관계수**입니다.

◆ 크래머 연관계수는 어느 값 이상이면 좋은가?

크래머 연관계수 r은 0~1 사이에 있고 r이 1에 가까워질수록 관련성이 있습니다.
두 크로스 집계표에 대해 크래머 연관계수를 산출했습니다.

	A	B	C	가로 합계	A	B	C	가로 합계
전체	150	150	150	450	33%	33%	33%	100%
저소득층	80	20	50	150	53%	13%	33%	100%
중소득층	50	80	20	150	33%	53%	13%	100%
고소득층	20	50	80	150	13%	33%	53%	100%

카이제곱 = 108

크래머
연관계수 = 0.3464

	A	B	C	가로 합계	A	B	C	가로 합계
전체	150	150	150	450	33%	33%	33%	100%
저소득층	60	40	50	150	40%	27%	33%	100%
중소득층	50	60	40	150	33%	40%	27%	100%
고소득층	40	50	60	150	27%	33%	40%	100%

카이제곱 = 12

크래머
연관계수 = 0.1155

크로스 집계표를 보고 관련성이 있다고 생각해도 크래머 연관계수 r은 큰 값이 되지 않습니다. '크래머 연관계수가 어느 값 이상이면 관련성이 있다'라는 통계학적 기준은 없기 때문에 필자는 위의 내용을 고려하여 다음과 같은 기준을 만들었습니다.

◆ 크래머 연관계수의 기준

크래머 연관계수	세부적으로 구분하면	대략적으로 말하자면
0.5~1.0	강한 관련이 있다.	관련이 있다.
0.25~0.5	관련이 있다.	
0.1~0.25	약한 관련이 있다.	
0.1 미만	매우 약한 관련이 있다.	관련이 없다.
0	관련이 없다.	

0.1이 경계

◆ 기대도수와 실측도수

가령 소득 계층과 지지 정당의 관련성이 없는 경우, 어떤 크로스 집계표가 될 것인가를 생각해 봅시다. 앞의 앙케트 집계표가 다음과 같이 어떤 소득 계층의 응답 비율이 전체의 비율과 동일하다고 하면, 소득 계층과 지지 정당과는 관련성이 없다고 할 수 있습니다.

	기대도수				가로%표			
	A 정당	B 정당	C 정당	가로 합계	A 정당	B 정당	C 정당	가로 합계
전체	150	170	180	500	30%	34%	36%	100%
저소득층	45	51	54	150	30%	34%	36%	100%
중소득층	45	51	54	150	30%	34%	36%	100%
고소득층	60	68	72	200	30%	34%	36%	100%

위와 같이 두 항목 사이에 관련성이 없다고 가정할 때의 크로스 집계표의 도수를 **기대도수**라고 부릅니다.

기대도수는 응답자 수의 가로 합계와 세로 합계를 곱해 전체 응답자 수로 나누어서 구합니다.

> 기대도수 = (응답자 수의 가로 합계 × 응답자 수의 세로 합계) ÷ 전체 응답자 수

150 × 150 ÷ 500 = 45	170 × 150 ÷ 500 = 51	180 × 150 ÷ 500 = 54
150 × 150 ÷ 500 = 45	170 × 150 ÷ 500 = 51	180 × 150 ÷ 500 = 54
150 × 200 ÷ 500 = 60	170 × 200 ÷ 500 = 68	180 × 200 ÷ 500 = 72

> 기대도수는 소득 계층과 지지 정당과의 관련성이 없을 때의 수치예요!

한편 조사해서 얻은 크로스 집계표의 응답자 수를 **실측도수**라고 부릅니다.

〈구체적인 예〉

(실측도수)

	A 정당	B 정당	C 정당	가로 합계
전체	150	170	180	500
저소득층	30	45	75	150
중소득층	60	45	45	150
고소득층	60	80	60	200

◆ 크래머 연관계수의 계산 방법

기대도수와 실측도수를 비교하여 값이 일치하면 크래머 연관계수는 0, 값의 차이가 클수록 크래머 연관계수는 커진다고 생각할 수 있습니다.

크래머 연관계수의 값은 위의 사고방식에 기초하여 다음 순서로 산출할 수 있습니다.

① 아래의 식으로 각 셀의 값을 계산합니다.

(실측도수 – 기대도수)² / 기대도수

	A 정당	B 정당	C 정당
저소득층	$(30-45)^2/45$	$(45-51)^2/51$	$(75-54)^2/54$
중소득층	$(60-45)^2/45$	$(45-51)^2/51$	$(45-54)^2/54$
고소득층	$(60-60)^2/60$	$(80-68)^2/68$	$(60-72)^2/72$

② 셀의 값을 더합니다.

	A 정당	B 정당	C 정당
저소득층	5.0000	0.7059	8.1667
중소득층	5.0000	0.7059	1.5000
고소득층	0.0000	2.1176	2.0000

합계 25.1961
카이제곱이라고
부릅니다.

③ 카이제곱값을 이용한 다음 공식으로 크래머 연관계수 r을 구합니다.

$$크래머 \ 연관계수 \ r = \sqrt{\frac{카이제곱}{n(k-1)}}$$

단 n은 전체 응답자 수

k는 크로스 집계표에서 두 항목의 카테고리 수 중 작은 쪽의 값

크래머 연관계수의 구체적인 예는 다음과 같습니다.

$$r = \sqrt{\frac{25.1961}{500 \times (3-1)}} = 0.1587$$

◆ 카이제곱 검정

앞 페이지의 예에서는 소득 계층과 지지 정당의 크래머 연관계수는 0.1587이었습니다.

표본에서 얻은 이 결과로부터 모집단에서 양자의 관계는 0이 아닌 상관(또는 무상관)이 있는지를 조사하는 것이 **카이제곱 검정**입니다.

카이제곱 검정 절차를 제시합니다.

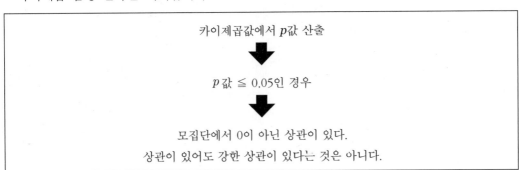

카이제곱값에서 p값 산출

⬇

p값 $\leq$ 0.05인 경우

⬇

모집단에서 0이 아닌 상관이 있다.
상관이 있어도 강한 상관이 있다는 것은 아니다.

이 예의 카이제곱 검정 결과를 제시합니다.

카이제곱값	25.1961
자유도	4
p값	0.00005
판정	상관이 있다.

◀ (표측 카테고리 수−1) × (표두 카테고리 수−1)

◀ p값은 엑셀의 함수로 구한다.

◀ p값 < 0.05이므로 0이 아닌 상관이 있다.

〈카이제곱값에서 p값을 구하는 방법〉

엑셀

엑셀에서 다음 함수를 입력하고 Enter를 누르면, p값이 출력됩니다.
    =CHIDIST(카이제곱값, 자유도)
    =CHIDIST(25.1961, 4) Enter 0.00005

위의 결과로부터 모집단에서 소득 계층과 지지 정당과의 관계는 무상관이 아니라 상관의 강약은 제외해도 관련성이 있는 것입니다.

수량 데이터 사이의 관련성을 알아본다.

단순상관계수

수량 데이터와 수량 데이터의 관계를 조사하는 기본 해석은 상관도이고, 관련성의 강약을 조사하는 기법은 단순상관계수입니다.

◆ 단순상관계수란?

두 항목 x와 y에 대해 x의 값이 결정되면 y의 값이 결정된다는 것은 아니지만, 양쪽의 값에 선형 관련성이 확인될 때 'x와 y 사이에는 상관관계가 있다'라고 하고, 상관관계의 징도를 나타내는 수치를 **단순상관계수** 또는 **피어슨 적률상관계수**라고 합니다.

단순상관계수는 -1부터 +1까지의 값을 취합니다.

단순상관계수가 ±1에 가까워질 때 두 변수는 선형 관계입니다. 반면 ±1에서 멀어짐에 따라 선형관계는 희박해지고 0에 가까워지면 항목 사이에 선형관계는 거의 없습니다.

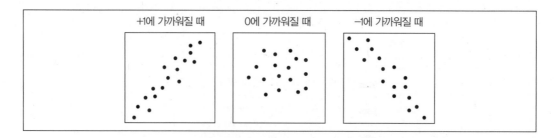

단순상관계수의 값이 ±1에 가까워지면 상관관계는 강해지고, 반대로 0에 가까워지면 약해집니다. 0의 경우에만 상관관계가 없고, 불과 0.01이라도 상관은 약하지만 있습니다.

일반적으로 두 항목 사이에는 강약의 차이가 있지만, 상관관계가 보입니다. 이것으로부터 중요한 것은 강한 상관이 있는지의 여부입니다. 그러나 얼마 이상이면 상관이 강하다는 통계학적 기준은 없는데, 이 기준은 분석가가 경험적인 판단으로 결정합니다.

다음은 일반적인 판단 기준을 나타낸 것입니다.

단순상관계수의 절댓값	세부적으로 구분하면	대략적으로 말하자면
0.8~1.0	강한 관련이 있다.	
0.5~0.8	관련이 있다.	관련이 있다.
0.3~0.5	약한 관련이 있다.	
0.3 미만	매우 약한 관련이 있다.	관련이 없다.
0	관련이 없다.	

0.3이 경계

◆ 단순상관계수 산출 방식

아래의 신장과 체중 데이터에 대해 어느 정도의 상관이 있는가를 수치로 나타내는 방법을 생각해 봅시다.

학생	A	B	C	D	E	F	G	H	I	J	평균
신장(cm)	146	145	147	149	151	149	151	154	153	155	150
체중(kg)	45	46	47	49	48	51	52	53	54	55	50

신장과 체중의 평균을 계산하면 각각 150cm, 50kg이 됩니다.

다음은 신장의 평균은 가로 축에, 체중의 평균은 세로 축에 추가한 상관도입니다.

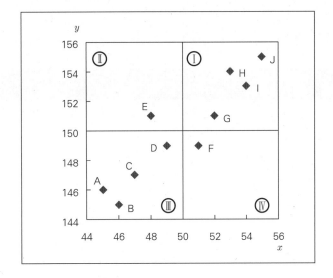

평균선으로 나누어진 4개의 영역을 위의 그림에 나타낸 것처럼 I~IV라고 합니다.

항목 x와 y가 관련이 없다면 점은 4개의 영역인 I~IV에 균등하게 흩어져서 존재합니다. x와 y 사이에 상관이 있고, x가 증가하면 y도 증가하는 추세이면 점은 영역 I과 영역 III에 많고, 영역 II와 영역 IV에 적게 있습니다. 반대로 x가 증가하고 y가 감소하는 추세이면 점은 영역 II와 영역 IV에 많고, 영역 I과 영역 III에 적게 있습니다.

이 그림은 영역 I과 영역 III에 점이 많고, 영역 II와 영역 IV에 각각 하나씩만 존재하기 때문에, 신장과 체중 사이에는 상관관계가 강하다고 추측할 수 있습니다.

데이터가 평균보다 위에 있는지, 아래에 있는지, 혹은 왼쪽에 있는지, 오른쪽에 있는지는 편차로 알 수 있습니다. 상관계수는 이 편차를 이용하여 구할 수 있습니다.

◆ 단순상관계수의 계산 방법

신장과 체중 데이터에 대해 어느 정도 상관이 있는가를 수치로 나타내는 방법을 생각해 봅니다. 다음 순서로 아래의 표를 작성해 봅시다.

순서 1   ①의 신장에서 평균값을 뺀 편차를 구해 ③에 기입
순서 2   ②의 체중에서 평균값을 뺀 편차를 구해 ④에 기입
순서 3   ③을 제곱하여 ⑤에 기입
순서 4   ④를 제곱하여 ⑥에 기입
순서 5   ③과 ④의 곱을 ⑤에 기입

⑤의 합계를 신장 y의 편차제곱합이라고 부르고, S_{yy}로 표기합니다.
⑥의 합계를 체중 x의 편차제곱합이라고 부르고, S_{xx}로 표기합니다.
⑦의 합계를 곱의 합이라고 부르고, S_{xy}로 표기합니다.

	① 신장	② 체중	③	④	⑤	⑥	⑦
	y_i	x_i	$y_i - \bar{y}$	$x_i - \bar{x}$	$(y_i - \bar{y})^2$	$(x_i - \bar{x})^2$	$(y_i - \bar{y}) \times (x_i - \bar{x})$
A	146	45	−4	−5	16	25	20
B	145	46	−5	−4	25	16	20
C	147	47	−3	−3	9	9	9
D	149	49	−1	−1	1	1	1
E	151	48	1	−2	1	4	−2
F	149	51	−1	1	1	1	−1
G	151	52	1	2	1	4	2
H	154	53	4	3	16	9	12
I	153	54	3	4	9	16	12
J	155	55	5	5	25	25	25
계	1500	500	0	0	104	110	98
평균	150	50			S_{yy}	S_{xx}	S_{xy}

$\bar{y} = 150$ $\bar{x} = 50$

◆ 단순상관계수

단순상관계수는 '곱의 합'을 'x의 편차제곱합과 y의 편차제곱합을 곱한 결과의 제곱근'으로 나누어 구할 수 있습니다.

$$\text{단순상관계수} \; r \qquad r = \frac{S_{xy}}{\sqrt{S_{xx} \times S_{yy}}}$$

신장과 체중 데이터에 대해 단순상관계수를 구합니다.

$$r = \frac{S_{xy}}{\sqrt{S_{xx} \times S_{yy}}} = \frac{98}{\sqrt{110 \times 104}} = \frac{98}{\sqrt{11440}} = \frac{98}{107} = 0.916$$

단순상관계수는 0.916입니다.

◆ 단순상관계수의 무상관검정

신장과 체중의 예에서는 상관계수가 0.916이었습니다. 10명에게 얻는 표본의 결과로부터 모집단에서 양자의 관계는 0이 아닌 상관(혹은 무상관)이 있는가를 알아보는 것이 '무상관검정'입니다. 단순상관계수의 무상관검정은 아래의 식으로 검정통계량 T를 구하고, T에 대해서 p값을 구합니다. p값이 0.05 이하이면, 모집단은 0이 아니라 상관이 있다고 판단합니다.

$$검정통계량\ T = r\sqrt{\frac{n-2}{1-r^2}}$$

이 예의 검정통계량 T를 구합니다.

$$T = 0.916 \times \sqrt{\frac{10-2}{1-0.916^2}} = 0.916 \times \sqrt{\frac{8}{0.1609}} = 6.47$$

무상관검정의 결과를 나타냅니다.

검정통계량 T	6.47
자유도	8
p값	0.0002
판정	상관이 있다.

⬅ 표본 크기−2   10−2 = 8

⬅ p값은 엑셀 함수로 구할 수 있다.

⬅ p값 < 0.05이므로 0이 아닌 상관이 있다고 할 수 있다.

〈검정통계량 T로부터 p값을 구하는 방법〉   엑셀

엑셀에 다음의 함수를 입력하고 Enter 를 누르면 p값이 출력됩니다.
　=TDIST(T, 자유도, 상수 2)　2는 상수
　=TDIST(6.47, 10−2, 2)　Enter　0.0002

위의 결과로부터 모집단에서 신장과 체중과의 관계는 무상관이 아니라 상관의 강약은 별도로 하고 연관성이 있는 것입니다.

◆ 유의할 점

	사례 1	사례 2
응답자수	20	10
단순상관계수	0.6	0.6
p값	0.0052	0.0667
판정	상관이 있다.	상관이 없다.

- 응답자 수가 다른 사례 1과 사례 2에서도 상관계수는 동일하게 0.6이라는 높은 값을 나타낸다.
- 응답자 수가 20명인 사례 1은 값이 0.05 이하이기 때문에 모집단의 두 항목 사이에 관련성이 있다. 하지만 응답자 수가 10명인 사례 2는 값이 0.05보다 크기 때문에 모집단의 두 항목 사이에 관련성이 있다고 할 수 없다.
- 표본의 사람 수가 적으면 모집단에 대해 상관이 있는지 알 수 없다.

카테고리 데이터와 수량 데이터의 관련성을 알아본다.

상관비

카테고리 데이터와 수량 데이터를 조사하는 기본 해석은 카테고리 평균이고, 양자의 관련성의 강약을 알아보는 기법은 상관비입니다.

◆ 상관비란?

15명의 소비자에게 좋아하는 상품과 연령을 묻고, 좋아하는 상품과 연령의 관계를 알아보기로 했습니다. 좋아하는 상품은 카테고리 데이터이고, 연령은 수량 데이터입니다. 카테고리 데이터와 수량 데이터의 기본 해석은 카테고리별 평균을 산출하는 것입니다.

다음 예에서 카테고리별 평균은 상품별 평균 연령입니다. 15명의 응답 데이터를 상품별로 분류하고, 상품별 평균 연령을 계산합니다.

번호	연령	좋아하는 상품
1	24	C
2	43	B
3	35	A
4	48	B
5	35	C
6	38	B
7	20	C
8	38	C
9	40	B
10	36	A
11	29	A
12	41	B
13	29	C
14	32	A
15	22	C

번호	연령	좋아하는 상품
3	35	A
10	36	A
11	29	A
14	32	A
2	43	B
4	48	B
6	38	B
9	40	B
12	41	B
1	24	C
5	35	C
7	20	C
8	38	C
13	29	C
15	22	C

	A	B	C
	35	43	24
	36	48	35
	29	38	20
	32	40	38
		41	29
			22
평균	33	42	28

상품별 평균 연령에 차이가 있습니다. 이것은 어느 특정 연령층에서 특정 상품을 지향하고 있다는 것으로, 연령과 상품에는 관련성이 있다고 판단할 수 있습니다. 그러나 카테고리별 평균에서는 관련성의 강약까지는 알 수 없습니다. 따라서 카테고리와 수량 데이터와의 관련성의 정도를 밝히는 해석 기법이 **상관비**입니다.

상관비는 0~1 사이의 값으로, 값이 클수록 관련성이 강해집니다.

상관비는 어느 이상이면, 관련성이 있다는 통계학적 기준은 없지만, 필자는 오른쪽 표로 판단하고 있습니다.

상관비	세부적으로 구분하면	대략적으로 말하자면
0.5~1.0	강한 관련이 있다.	관련이 있다.
0.25~0.5	관련이 있다.	
0.1~0.25	약한 관련이 있다.	
0.1 미만	매우 약한 관련이 있다.	관련이 없다.
0	관련이 없다.	

0.1

◆ 상관비 산출 방식

구체적인 예의 상품마다 연령폭을 보면, A 상품 지향 그룹은 29~36세, B 상품 지향 그룹은 38~48세, C 상품 지향 그룹은 20~38세로, 연령폭에 차이가 있습니다.

구체적인 예의 데이터를 그룹으로 분류합니다.

〈상품별 연령 데이터〉

	A	B	C
	29	38	20
	32	40	22
	35	41	24
	36	43	29
		48	35
			38
평균	33	42	28

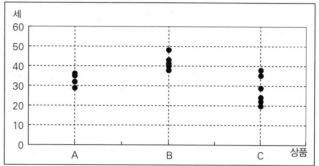

상품별 연령 데이터의 그래프

위의 그래프로부터 연령폭에 차이가 있을 때 상품과 연령은 관련이 있다는 것을 압니다.

위의 그림에 나타난 것처럼 연령폭에 차이가 있을 때 상품과 연령은 관련이 있다고 생각합니다. 그렇다면 어느 연령폭에서 가장 관련이 '있는지' 혹은 '없는지'를 알아봅시다.

오른쪽 위의 그림처럼 그룹에서 연령의 변동이 작고, 연령폭이 겹치지 않을 때 상품과 연령의 관계는 강하다고 생각할 수 있습니다.

오른쪽 아래의 그림처럼 그룹에서 연령의 변동이 크고 연령폭이 겹칠 때 상품과 연령의 관계는 약하다고 생각할 수 있습니다.

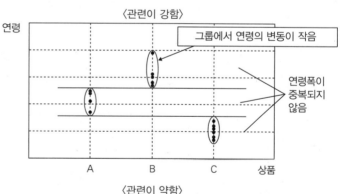

〈관련이 강함〉

그룹에서 연령의 변동이 작음

연령폭이 중복되지 않음

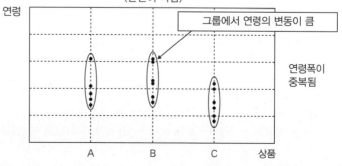

〈관련이 약함〉

그룹에서 연령의 변동이 큼

연령폭이 중복됨

◆ 군내변동이란?

그룹 안에서의 변동을 '군내변동'이라고 하고, 상품별 연령 데이터에 대해 그룹 안의 변동을 계산합니다. 변동은 편차제곱합으로 계산합니다.

〈상품별 연령 데이터〉

	A	B	C
	29	38	20
	32	40	22
	35	41	24
	36	43	29
		48	35
			38
평균	33	42	28

〈편차제곱합〉

A		B		C	
$(29-33)^2$	16	$(38-42)^2$	16	$(20-28)^2$	64
$(32-33)^2$	1	$(40-42)^2$	4	$(22-28)^2$	36
$(35-33)^2$	4	$(41-42)^2$	1	$(24-28)^2$	16
$(36-33)^2$	9	$(43-42)^2$	1	$(29-28)^2$	1
		$(48-42)^2$	36	$(35-28)^2$	49
				$(38-28)^2$	100
합계	30 S_1		58 S_2		266 S_3

세 개의 편차제곱합을 더한 값을 **군내변동**이라고 하고, S_w로 표기합니다.

$$S_w = S_1 + S_2 + S_3 = 354$$

◆ 군간변동이란?

연령폭이 중복되지 않았다는 것은 연령폭이라는 3개 그룹의 변동이 크다는 것을 의미합니다. 반대로 연령폭이 중복되었다는 것은 3개 그룹의 변동이 작다는 것을 의미합니다.

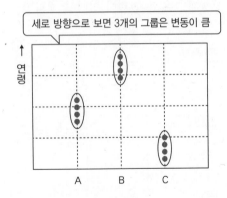

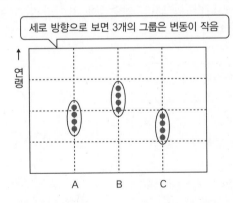

연령폭의 변동, 즉 그룹 간의 변동은 각 그룹의 평균과 전체 평균과의 차이에서 구합니다. 이것을 **군간변동**이라고 하고, S_b로 표기합니다.

3개 그룹의 평균을 $\bar{U}_1$, $\bar{U}_2$, $\bar{U}_3$, 전체 평균을 $\bar{U}$라고 하고, 3개 그룹의 응답자 수를 n_1, n_2, n_3라고 합니다.

이때 군간변동은 다음에 제시한 것처럼 각 평균과 전체 평균의 차이의 제곱에 각 그룹의 사람 수를 곱하여 구합니다.

$$S_b = n_1(\bar{U}_1 - \bar{U})^2 + n_2(\bar{U}_2 - \bar{U})^2 + n_3(\bar{U}_3 - \bar{U})^2$$
$$= 4 \times (33 - 34)^2 + 5 \times (42 - 34)^2 + 6 \times (28 - 34)^2 = 540$$

◆ 상관비의 계산 방법

그룹에서 연령의 변동이 작고 연령폭이 겹치지 않을 때, 즉 군내변동이 작고 군간변동이 클 때 관련이 있습니다. 따라서 두 변동 합계에 대한 군간변동의 비율을 구합니다. 이것을 **상관비**라고 부르고, η^2('에타제곱'이라고 읽습니다)으로 표기합니다.

$$\eta^2 = \frac{S_b}{S_w + S_b} \qquad S_b \quad \text{군간변동} \qquad S_w \quad \text{군내변동}$$

상품 연령별 데이터의 상관비를 구해봅니다.

$$S_w + S_b = 354 + 540 = 894 \qquad \eta^2 = \frac{540}{894} = 0.604$$

◆ 상관비 값의 검토

상관비의 식을 보면, 가장 관련이 강할 때 군내변동 S_w는 0, 즉 그룹에 속한 데이터가 모두 동일하게 되고, η^2은 1이 됩니다. 반대로 가장 관련이 약할 때 군간변동 S_b는 0, 즉 그룹 평균이 모두 동일하게 되고, η^2은 0이 됩니다.

다음은 6개 사례의 상품별 연령 데이터에 대해 상품별 연령 평균을 구한 것입니다.

	평균값				상관비
	A	B	C	전체	
사례 1	34	39	29	34	0.5040
사례 2	34	38	30	34	0.3941
사례 3	34	37	31	34	0.2679
사례 4	34	36	32	34	0.1399
사례 5	34	35	33	34	0.0410
사례 6	34	34	34	34	0.0000

모든 사례가 전체 평균은 같지만, 상품별 평균 연령은 다릅니다. 상품별 평균의 차이가 작아지면서 상관비는 작아집니다. 사례 4까지 상품 사이의 평균값에 차이가 있고, 사례 5는 차이가 있는지 확실히 알 수 없으며, 사례 6은 차이가 없다고 할 수 있습니다. 이것으로부터 상관비가 0.1 정도보다 크면 평균값에 차이가 있고, 두 항목 사이에 관련이 있다고 판단할 수 있습니다.

> 사례 1부터 사례 3까지는 상품 사이의 연령 평균값에 차이가 있고, 사례 4와 사례 5는 약간 차이가 있는 것입니다.

◆ 상관비의 무상관검정

이제까지 살펴본 예에서 연령과 좋아하는 상품의 상관비는 0.604였습니다. 15명의 표본으로부터 얻은 이 결과로부터 모집단에서 양자의 관계가 0이 아닌 상관(또는 무상관)이 있는가를 알아보는 것이 상관비의 무상관검정입니다. 이 검정은 검정통계량 T에서 p값을 산출하여 p값이 0.05보다 작으면 모집단은 0이 아닌 상관이 있는 것입니다.

※ 이 검정을 'F 검정'이라고도 부릅니다.

검정통계량

S_b 군간변동 S_w 군내변동

V_b 군간불편분산 V_w 군내불편분산

f_b= 카테고리 수 − 1 = 3 − 1 = 2 f_w = n − 카테고리 수 = 15 − 3 = 12

$$V_b = \frac{S_b}{f_b} \qquad V_w = \frac{S_w}{f_w} \qquad 검정통계량\ T = \frac{V_b}{V_w}$$

이 예의 검정통계량 T를 구합니다.

S_b 540 S_w 354

f_b = 카테고리 수 − 1 = 3 − 1 = 2 f_w = n − 카테고리 수 = 15 − 3 = 12

$$V_b = \frac{S_b}{f_b} = 540 \div 2 = 270 \qquad V_w = \frac{S_w}{f_w} = 354 \div 12 = 29.5$$

검정통계량 $T = \dfrac{V_b}{V_w} = 270 \div 29.5 = 9.15$

이 예의 검정의 결과를 제시합니다.

검정통계량 T	9.15
자유도 f_b	2
자유도 f_w	12
p값	0.0039
판정	상관이 있다.

◀ p값은 엑셀 함수로 구할 수 있다.

◀ p값 < 0.05이므로 0이 아닌 상관이 있다고 할 수 있다.

〈검정통계량 T로부터 p값을 구하는 방법〉   엑셀

엑셀에 다음의 함수를 입력하고 Enter 를 누르면 p 값이 출력됩니다.

=FDIST(T, 자유도 f_b, 자유도 f_w)

=FDIST(9.15, 2, 12) Enter   0.0039

위의 결과로부터 모집단에서 연령과 좋아하는 상품과의 관계는 무상관이 아니라 상관의 강약은 제외해도 연관성이 있는 것입니다.

순위 데이터와 순위 데이터의 관련성을 알아본다.

스피어만 순위상관계수

순위 데이터와 순위 데이터 양자의 관련성의 강약을 알아보는 기법이 스피어만 순위상관계수입니다.

◆ 스피어만 순위상관계수란?

스피어만 순위상관계수는 순위척도 데이터의 상관관계를 산출하는 해석 기법입니다.

5단계 평가를 순위척도로 하는 경우는 단순상관계수가 아닌 스피어만 순위상관계수를 적용합니다. 스피어만의 순위상관계수는 −1부터 1의 값을 이용합니다.

상관계수의 값이 ±1에 가까워지면 상관관계가 강해지고, 반대로 0에 가까워지면 약해집니다. 0의 경우만 상관관계가 없고, 불과 0.01이라도 상관은 약하지만 있습니다.

일반적으로 두 항목 사이에는 강약의 차이가 있지만 상관관계가 있습니다. 따라서 강한 상관이 있는지의 여부가 중요합니다. 그러나 얼마 이상이면 상관이 강하다는 통계학적 기준은 없습니다. 이 기준은 분석가가 경험적인 판단으로 결정합니다. 다음은 일반적인 판단 기준을 나타낸 것입니다.

단순상관계수의 절댓값	세부적으로 구분하면	대략적으로 말하자면
0.8~1.0	강한 관련이 있다.	
0.5~0.8	관련이 있다.	관련이 있다.
0.3~0.5	약한 관련이 있다.	
0.3 미만	매우 약한 관련이 있다.	관련이 없다.
0	관련이 없다.	

0.3이 경계

◆ 스피어만 순위상관계수의 검정

모집단에서 양자의 관계는 0이 아닌 상관(또는 무상관)이 있는가를 알아보는 것이 무상관검정입니다.

스피어만 순위상관계수의 무상관검성은 다음 식으로 검정통계량 T를 구하고, T에 관하여 p값을 산출합니다.

p 값이 0.05 이하라면, 모집단은 0이 아닌 상관이 있다고 판단합니다.

$$\text{검정통계량 } T = r\sqrt{\frac{n-2}{1-r^2}}$$

◆ 구체적인 예에서 스피어만 순위상관과 무상관검정

〈구체적인 예〉

호텔의 고객 만족도를 조사해서 5단계로 평가를 받았습니다.

목욕탕 만족도와 호텔 종합 만족도와의 스피어만 순위상관계수를 구하고, 무상관검정을 합니다.

1. 불만
2. 약간 불만
3. 어느 쪽이라고도 할 수 없음
4. 약간 만족
5. 만족

번호	목욕탕 만족도	호텔 종합 만족도
1	3	4
2	3	3
3	3	2
4	3	2
5	4	2
6	2	3
7	4	4
8	4	4
9	2	4
10	5	5
11	1	2
12	3	3

스피어만 순위상관계수 0.3996
상관의 계산 방법은 생략합니다.

〈검정통계량〉

$$T = r\sqrt{\frac{n-2}{1-r^2}} \qquad n\,:\,\text{표본 크기} \quad r\,:\,\text{스피어만 순위상관계수}$$

이 예의 무상관검정의 결과를 제시합니다.

검정통계량 T	1.379	
자유도	10	◀ 표본 크기−2 12−2=10
p값	0.198	◀ p값은 엑셀의 함수로 구할 수 있다.
판정	상관이 없다.	◀ p값 > 0.05이므로 상관이 없다.

위의 결과로부터 모집단에서 목욕탕 만족도와 호텔 종합 만족도와의 관계는 무상관으로, 관련성이 없습니다.

◆ 유의할 점

스피어만 순위상관계수는 표본 크기가 11 이상은 t검정을, 10 미만은 스튜던트화한 범위의 표를 적용한 검정을 수행합니다.

제**6**장

앙케트 조사에 의한
모집단의 파악

앙케트 조사에서 얻은 데이터로부터 모집단을 추측하
는 통계적 추정, 통계적 검정, 표본 크기 결정 방식에
대해 배웁니다.

KEYWORDS

- 모집단과 표본
- 통계적 추정
- 구간추정법
- 표본오차
- 상대오차
- 신뢰 구간
- 모비율의 추정
- 모평균의 추정
- 통계적 검정
- 모비율 차의 검정
- 대응하는/대응하지 않는

- 모평균 차의 검정
- 양측검정, 단측검정
- 검정
- 대응하는 검정
- 웰치의 검정
- 대응하지 않는 검정
- 카이제곱검정
- 표본 크기의 결정법
- 표본 크기 추출법
- 층별추출법
- 표본 배분

> 모집단의 비율이나 평균값을 추측하는 기법을 알아본다.

통계적 추정

앙케트 조사에서 얻어진 응답 비율, 평균값, 표준편차로부터 통계학에 기초하여 모집단의 응답 비율(모비율)이나 평균값(모평균)을 추정할 수 있습니다.

◆ 모집단과 표본

정부가 5년마다 실시하는 국세 조사는 전국의 모든 사람들을 조사하는데, 이렇게 집단 전체를 대상으로 하는 조사를 **전수조사**라고 합니다.

그런데 조사의 내용이나 목적에 따라 집단 전체를 조사하는 것이 무의미하거나 불가능한 경우도 있습니다. 예를 들면 선거 결과 예상 등에 전수조사를 실시하려면, 큰 비용이 들 뿐만 아니라 조사 결과가 나오기 전에 선거가 끝나버릴 수 있습니다.

따라서 집단 전체가 아닌 일부분을 조사한 후 그 결과로부터 추측해서 전체를 파악해 보겠습니다. 집단의 일부분을 대상으로 하는 조사를 **표본 조사**라고 하고, 집단의 '일부분'을 **샘플**(표본), 원래의 집단을 **모집단**이라고 부릅니다.

여러분이 실시하고 있는 대부분의 앙케트 조사는 모집단을 조사하는 것이 목적이므로 정확하게 말해서 앙케트 조사가 아니라 표본 조사입니다.

이 책에서는 표본 조사를 평소에 익숙한 용어인 '앙케트 조사'로 표현합니다.

◆ 통계적 추정

어느 시에 거주하는 사람을 대상으로 A 상품의 구입 의향률을 알아내려고 합니다. 무작위로 추출한 300명에 대해 앙케트 조사를 실시한 결과, A 상품의 구입 의향률은 20%였습니다.

이 결과에 의해 이 시 전체의 구입 의향률은 20%라고 판단해도 좋을까요? 우연히 추출된 사람들의 구입 의향률은 A 상품의 구입 의향이 있는 사람들만일 수도 있습니다. 우연히 추출된 사람들의 구입 의향률로 전체의 구입 의향률('모비율'이라고 하는)이라고 단정하는 것은 위험하므로 구해진 구입 의향률에 일정한 폭이 있어야 합니다. 결국 이 시의 구입 의향률은 '○○~△△% 사이에 있다'라는 방식으로 모집단의 구입 의향률을 추정하는데, 이러한 사고방식을 **통계적 추정**, 추정 방법을 **구간추정법**이라고 부릅니다.

구간추정법은 폭의 추정법입니다.

◆ 표본오차와 신뢰 구간

통계적 추정은 표본조사의 결과를 이용하여 모집단의 평균이나 비율을 추정하는 방법입니다.
추정은 구간추정에 의해 실시됩니다.

구간추정법	구입 의향률 30% ± 2% 28 ~ 32% 사이에 있다.

하한값 · 상한값	하한값 $m1 = 30 - 2$ 28% 상한값 $m2 = 30 + 2$ 32%

신뢰 구간	$m2 - m1 = 32\% - 28\% = 4\%$

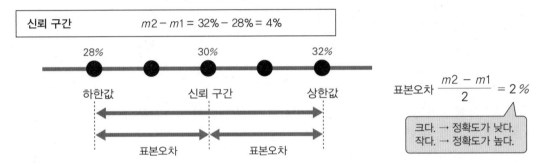

표본오차 $\dfrac{m2 - m1}{2} = 2\%$

크다. → 정확도가 낮다.
작다. → 정확도가 높다.

◆ 신뢰도

추정은 모집단의 일부(표본)를 바탕으로 결론을 내리는 것이므로 결론이 틀릴 가능성이
있습니다. 신뢰 구간이 구해져도 모집단의 구입 의향률(모비율)은 거기에서 벗어날 가능성이
있습니다. 따라서 모비율의 구간추정법을 실행할 때는 추정의 결과가 어느 정도 신뢰할 것인
가를 확률로 나타냅니다.

이 확률을 **신뢰도**라고 부르고, 모집단의 구입의향률이 신뢰 구간에 포함될 확률을 의미
합니다.

'신뢰도 95%'라는 것은 여기에서 나온 결론이 절대적으로 옳은가를 물으면 '틀릴 가능성
이 있고, 다만 그 오류는 5% 이내이다'라는 의미입니다.

앙케트 조사에서 모비율의 추정은 신뢰도를 95%에 고정하고 신뢰 구간을 산출하는 것이
일반적인 방법입니다.

◆ 통계적 추정의 종류

통계적 추정에는 앙케트 조사에 의해 얻은 응답 비율로부터 모집단의 비율을 추정하는 방
법과 앙케트 조사의 평균값으로부터 모집단의 평균을 추정하는 방법이 있습니다. 전자를 **모
비율의 추정**, 후자를 **모평균의 추정**이라고 합니다.

조사 집계를 기초로 모집단의 응답 비율을 추정해 본다.

모비율의 추정

앙케트 조사의 응답 비율로부터 표본오차를 구하고, 표본오차를 이용하여 '모집단의 비율은 ○○~△△% 사이에 있다'라고 추정하는 방법을 '모비율의 추정'이라고 합니다.

◆ 모비율 추정의 공식

모집단의 비율(모비율)의 구간 추정은 앙케트 조사의 응답 비율 $\bar{p}$와 표본오차 e (조사에 의한 오차)를 이용해 구합니다.

> 모비율의 구간 추정 : $P_1 \sim P_2$ %의 사이에 있는 경우
>
> $$P_1 = \bar{p} - e, \ P_2 = \bar{p} + e$$

조사에 의한 오차인 **표본오차** e는 앙케트 조사의 표본 크기(응답자 수)가 크고, 표준편차가 작은 데이터일수록 작아집니다.

표본오차의 공식은 이 사실을 기초로 다음과 같이 정해져 있습니다.

n은 표본 크기, $\bar{p}$는 응답 비율, 1.96은 통계학에서 정해진 상수입니다.

여기에서 제시한 모비율의 구간 추정 신뢰도는 95%입니다. 그러나 신뢰도가 99%인 경우는 상수는 1.96이 아니라 2.58로 합니다.

> $$\text{표본오차 } \ e = 1.96 \times \frac{\text{표준편차}}{\sqrt{n}} = 1.96 \times \frac{\sqrt{\bar{p}(1-\bar{p})}}{\sqrt{n}}$$

$\sqrt{\bar{p}(1-\bar{p})}$는 비율 (1,0) 데이터의 표준편차. 60페이지 참조

◆ 모비율 추정의 계산

다음 예제를 이용하여 모비율 추정의 계산 방법을 살펴봅시다.

〈예제〉

어느 시에서 신제품의 구입의향률을 조사하기 위해 300명의 앙케트 조사를 했습니다.
앙케트 조사에서 구입의향률 $\bar{p}$는 20%(0.2)였습니다.
이 시의 신제품 구입의향률을 추정하기 바랍니다.

〈해답〉

① 표준편차 $= \sqrt{\bar{p}(1-\bar{p})} = \sqrt{0.2 \times (1-0.2)} = \sqrt{0.16} = 0.4$
② 표본오차 $e = 1.96 \times \text{표준편차} \div \sqrt{n} = 1.96 \times 0.4 \div \sqrt{300} = 0.0453$
③ 하한값 $P_1 = \bar{p} - e = 0.2 - 0.0453 = 0.1547 \rightarrow 15\%$
④ 상한값 $P_2 = \bar{p} + e = 0.2 + 0.0453 = 0.2453 \rightarrow 25\%$

계산 결과로부터 이 시의 신제품 구입의향률은 15~25% 사이에 있었습니다.

◆ 상대오차

표본오차를 응답 비율 $\overline{p}$로 나눈 값을 **상대오차**라고 하고, 구간 추정의 정확도를 나타냅니다. 따라서 상대오차를 **정확도**라고 합니다.

응답 비율이 20%인 경우와 응답 비율이 50%인 경우 표본 크기가 300명, 500명, 1,000명의 표본오차와 정확도를 구해봅니다.

응답 비율이 20%인 경우			
표본 크기	300	500	1,000
표본오차	4.5%	3.5%	2.5%
정확도	22.6%	17.5%	12.4%

응답 비율이 50%인 경우			
표본 크기	300	500	1,000
표본오차	5.7%	4.4%	3.1%
정확도	11.3%	8.8%	6.2%

표본 크기가 클수록 표본오차와 정확도의 값은 작아지고, 구간추정의 정확도는 좋아집니다. 또한 응답 비율 50%와 20%의 경우를 비교하면, 20%의 경우가 정확도의 값이 커집니다. 결국 응답 비율이 적을수록 정확도의 값이 커지고, 구간추정의 정확도는 나빠집니다. 따라서 응답 비율이 적을 것으로 예상되는 경우의 구간 추정은 표본 크기를 크게 설정해야 합니다.

◆ 표본 크기와 응답 비율, 정확도의 관계

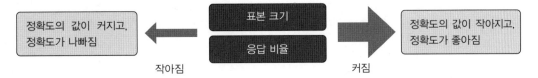

정확도의 값이 커지고, 정확도가 나빠짐 ← 표본 크기 / 응답 비율 → 정확도의 값이 작아지고, 정확도가 좋아짐

작아짐   커짐

◆ 모집단의 사람 수가 10만 명 이하의 구간 추정

모집단의 사람 수가 10만 명 이하('유한 모집단'이라고 부르는)의 경우 표본오차에 수정계수를 곱해 표본오차를 작게 할 수 있습니다.

$$수정계수 = \sqrt{\left(\frac{N-n}{N-1}\right)}$$

모집단이 1,000명, 응답자 수가 400명, 응답률이 40%, 표본오차 5%일 때의 모비율을 추정해 봅니다.

수정계수 $= \sqrt{(1000 - 400) \div (1000 - 1)} = \sqrt{600 \div 999} = \sqrt{0.60} = 0.77$

수정 후 표본오차 $=$ 수정 전 표본오차 $\times$ 수정계수 $= 0.05 \times 0.77 = 0.04 \rightarrow 4\%$

하한값 $=$ 응답률 $-$ 표본오차 $= 40\% - 4\% = 36\%$

상한값 $=$ 응답률 $+$ 표본오차 $= 40\% + 4\% = 44\%$

정확도 $=$ 표본오차 $\div$ 응답률 $= 4\% \div 40\% = 0.01 \rightarrow 10\%$

> 1,000명과 모집단의 사람 수가 적은 회사에서 흡연율을 추정할 때 신뢰 구간의 폭은 좁아져요.

> 조사 집계를 바탕으로 모집단의 평균값을 추정해 본다.

모평균의 추정

　앙케트 조사의 평균값으로부터 표본오차를 구하고, 표본오차를 이용하여 '모집단의 평균은 ○○~△△% 사이에 있다'라고 추정하는 방법을 '모평균의 추정'이라고 합니다.

◆ 모평균 추정의 공식

　모집단의 평균(**모평균**)을 X라고 합니다. 모평균 X의 구간 추정(X_1~X_2 사이)은 앙케트 조사의 평균값 $\bar{X}$(엑스바)와 표본오차 e를 이용하여 구합니다.

　앙케트 조사에서 표본 크기(응답자 수)를 n이라고 하면, 표본오차는 표준편차를 $\sqrt{n}$으로 나눈 값에 상수 1.96을 곱해서 구합니다.

　표준편차를 s라고 하면, 표본오차의 공식은 다음과 같습니다.

$$\text{표본오차 } e = 1.96 \times \frac{\text{표준편차}}{\sqrt{n}} = 1.96 \times \frac{s}{\sqrt{n}}$$

　표본오차를 평균값 $\bar{X}$로 나눈 값을 상대오차라고 하고 구간 추정의 정확도를 나타냅니다. 따라서 상대오차를 '정확도'라고 합니다.

$$\text{정확도} = \text{표본오차} \div \text{평균값} = e \div \bar{X}$$

◆ 모평균 추정 계산

　다음 예제에 따라 모평균의 추정 계산 방법을 살펴봅시다.

〈예제〉

> 어느 시에 거주하는 주부의 비상금을 조사하기 위해 400명을 대상으로 앙케트 조사를 실시했습니다. 앙케트 조사에서 비상금의 평균값 $\bar{X}$는 200만 원, 표준편차 s는 100만 원이었습니다. 이 시의 비상금의 평균값을 추정해 보세요.

〈해답〉

> ① 표본오차 $e = 1.96 \times \text{표준편차} \div \sqrt{n} = 1.96 \times 100$만 원 $\div \sqrt{400} = 98{,}000$원
> ② 하한값 $X_1 = \bar{X} - e = 200$만 원 $- 98{,}000$원 $= 190$만 $2{,}000$원
> ③ 상한값 $X_2 = \bar{X} + e = 200$만 원 $+ 98{,}000$원 $= 209$만 $8{,}000$원

◆ 모평균의 추정 계산

비상금액의 평균값을 200만 원으로 가정하고, 표준편차 100만 원의 경우와 표준편차 180만 원의 경우 표본 크기가 400명, 700명, 1,000명의 표본오차와 정확도를 구해보겠습니다.

평균값 200만 원, 표준편차 100만 원인 경우			
표본 크기	400	700	1,000
표본오차(단위 : 원)	9,800	7,408	6,198
정확도	4.9%	3.7%	3.1%

평균값 200만 원, 표준편차 180만 원인 경우			
표본 크기	400	700	1,000
표본오차(단위 : 원)	17,640	13,335	11,157
정확도	8.8%	6.7%	5.6%

표본 크기가 클수록 표본오차와 정확도 값은 작아지고, 구간추정의 정확도는 좋아집니다. 또한 표준편차가 커지면 정확도는 나빠집니다. 따라서 표준편차가 클 것으로 예상되는 경우의 구간 추정은 표본 크기를 크게 설정해야 합니다.

표본 크기와 표본오차의 관계

5,000명의 주부를 대상으로 비상금을 조사했습니다. 평균값은 200만 원, 표준편차는 28만 원으로, 표준편차는 작은 값을 나타냅니다. 이 데이터로부터 모집단의 비상금을 추정하면 표본오차는 1만 원, 구간 추정은 199만 원부터 201만 원이 됩니다. 이와 같이 표본 크기가 크고 표준편차가 작으면, 앙케트 조사의 결과는 모집단의 평균값과 거의 일치합니다.

표본 크기와 표준편차, 정확도의 관계

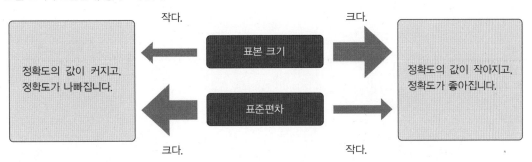

모집단에서 두 집단의 차이를 파악하는 방법을 알아본다.

통계적 검정

통계적 검정은 앙케트 조사의 응답 비율, 평균값, 표준편차로부터 통계학을 기초로 두 개의 모집단의 비율이나 평균값에 차이가 있는지 조사하는 방법입니다.

◆ 통계적 검정의 아이디어

어느 시의 남성과 여성의 인터넷 이용률에 차이가 있는가를 밝히고 싶습니다.

남성 160명, 여성 140명을 무작위로 추출하여 앙케트 조사를 실시한 후 인터넷 이용률이 남성 50%, 여성 30%라는 결과를 얻었습니다. 이 결과에 의해 이 시의 남성과 여성의 인터넷 이용률에 차이가 있다고 판단해도 좋을까요?

우연히 추출된 사람들로부터 얻어진 남녀별 인터넷 이용률을 이용하여 남성과 여성의 인터넷 이용률에 차이가 있다고 단정하는 것은 위험합니다. 따라서 130페이지의 아이디어로 남성, 여성의 인터넷 이용률의 구간을 추정해 봅시다.

남성의 인터넷 이용률은 42~58% 사이에, 여성의 인터넷 이용률은 22~38% 사이에 있다고 추정됩니다.

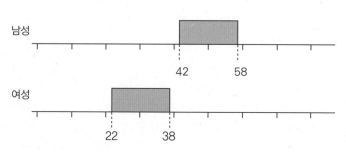

남성은 아무리 낮게 추정을 해도 42%보다 내려갈 수 없습니다. 반대로 여성은 아무리 높게 추정을 해도 38%를 넘을 수 없습니다. 따라서 남성과 여성의 인터넷 이용률에 차이가 있는 것입니다. 그래프를 그릴 때 다음 그림과 같이 겹치는 경우 두 집단이 차이가 있다고 말할 수 없게 됩니다.

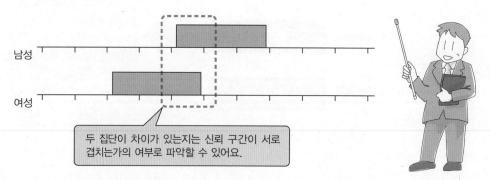

두 집단이 차이가 있는지는 신뢰 구간이 서로 겹치는가의 여부로 파악할 수 있어요.

◆ 통계적 검정

통계적 검정은 '두 집단의 통계적 추정으로부터 양자의 차이를 조사한다'라는 방법으로도 좋지만, 실제로 다음에 제시한 두 가지 방법으로 수행합니다.

◆ 통계적 검정 [방법 1]

- 비교하는 두 집단의 앙케트 조사에서 표본 크기, 비율, 표준편차를 검정 공식에 대입하여, **통계량** T를 산출합니다.
- 통계량 T와 통계학으로 결정한 기각한계값을 비교하여 T가 기각한계값보다 크면 모집단의 두 집단 사이에 차이가 있다고 판단합니다.

예를 들면 육상경기 중 높이뛰기 선수의 경우 뛰어오른 높이가 T, 바의 높이가 기각한계값입니다.

바를 넘어서면 성공, 넘지 못하면 실패입니다. 검정에서는 T가 기각한계값보다 크면 성공, 즉 차이가 있다고 판단하고, 이것을 통계학에서는 '유의한 차이가 있다'라고 합니다.

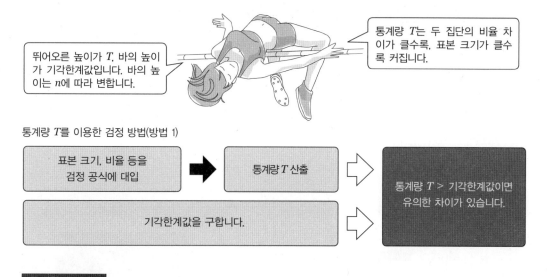

통계량 T는 두 집단의 비율 차이가 클수록, 표본 크기가 클수록 커집니다.

뛰어오른 높이가 T, 바의 높이가 기각한계값입니다. 바의 높이는 n에 따라 변합니다.

통계량 T를 이용한 검정 방법(방법 1)

| 표본 크기, 비율 등을 검정 공식에 대입 | ➡ | 통계량 T 산출 | ⇨ | 통계량 T > 기각한계값이면 유의한 차이가 있습니다. |

| 기각한계값을 구합니다. | ⇨ |

통계학적 지식

기각한계값이란?

검정 방법에는 z 검정과 t 검정이 있습니다.

기각한계값(바의 높이)은 z 검정은 1.96, t 검정은 표본 크기에 따라 다르고, 표본 크기가 작을수록 값이 커집니다.

◆ 통계적 검정 【방법 2】

- p값과 유의 수준을 이용하여 실시하는 방법입니다.

① 통계량 T를 구합니다.

② 통계량 T로부터 p값을 산출합니다.

p값은 통계량 T가 구해지면 자동으로 결정되는 값으로, 엑셀 함수를 이용하여 산출할 수 있습니다.

p값과 통계학으로 결정한 유의 수준과 비교하여 p값이 유의 수준보다 작으면, 두 모집단의 비율에 유의한 차이가 있다고 판단합니다.

> **p 값과 통계량 T 의 관계**
> 통계량 T가 0일 때 값은 1, T가 커지면 p값은 작아지고 0에 가까워집니다.

예를 들어 몸을 구부려 바 밑으로 빠져나가는 림보댄스의 경우 구부린 높이가 p값, 바의 높이가 유의 수준입니다. 규정된 바의 높이를 빠져나가면 성공, 빠져나가지 못하면 실패입니다. 검정에서는 p값이 유의 수준보다 작으면 성공, 즉 유의한 차이가 있다고 할 수 있습니다.

빠져나간 높이가 p값, 바의 높이가 유의 수준입니다. 바의 높이는 0.05 혹은 0.01로 고정됩니다.

p값은 두 집단의 비율의 차가 클수록, 표본 크기가 클수록 작아져요.

p값을 이용한 검정 방법(방법 2)

통계량 T 산출 ➡ p값 산출 ⇨ p값<유의 수준이면, 유의한 차이가 있습니다.

유의 수준의 상수 = 0.05 (0.01) ⇨

- 유의 수준이란, 유의한 차이가 있다는 판단이 잘못될 확률입니다. 보통 p값은 5%(0.05)로, 잘못될 확률이 5%보다 크지 않으면 유의한 차이가 있다고 판단합니다.
- (방법 1)과 (방법 2)에서도 유의차 검정의 결과는 동일하기 때문에 최근에는 어떠한 검정에서도 유의 수준 0.05(0.01)를 상수로 하는 (방법 2)를 사용합니다.

두 집단의 비율에 대한 차이를 알아본다.

모비율의 차 검정의 종류

앙케트에서 구한 두 집단의 응답 비율로부터 표본오차를 구하고, 통계량 T를 이용하여 두 집단의 비율에 차이가 있다는 것을 알아보는 방법이 모비율의 차 검정입니다.

◆ 모비율의 차 검정의 종류

'모비율의 차 검정'은 두 모집단의 응답 비율에 차이가 있는지 알아보는 방법입니다.

검정 방법은 응답 비율을 구하는 방법에 따라 다릅니다. 응답 비율을 구하는 방법은 네 가지 유형이 있고 검정 공식도 각각에 대응하여 네 가지가 있습니다.

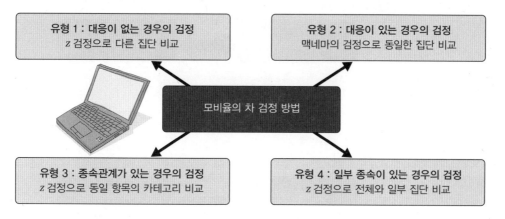

10명의 대상자에게 상품 A의 보유 여부, 상품 B의 보유 여부, 성별을 질문했습니다. 다음은 응답 데이터입니다.

응답자 번호	상품 A	상품 B	성별
1	○	○	남성
2	○	×	남성
3	○	×	남성
4	×	×	남성
5	×	×	남성
6	○	×	여성
7	○	×	여성
8	×	×	여성
9	×	○	여성
10	×	○	여성

○는 보유, ×는 비보유

◆ 비교 대상에 따른 모비율 차의 검정 방법

'다른 집단을 비교'하기 위한 응답 비율

상품 A 보유율에 대해 남성과 여성 비교

남성	3÷5=60%
여성	2÷5=40%

남성의 상품 A 보유율 ◀▶ 비교 ◀▶ 여성의 상품 A 보유율

유형 1 : 대응이 없는 경우의 검정   유의한 차의 판정 방법 : z 검정

'동일 집단을 비교'하기 위한 응답 비율

전원을 대상으로 상품 A와 상품 B의 보유율 비교

상품 A	5÷10=50%
상품 B	3÷10=30%

상품 A의 보유율 ◀▶ 비교 ◀▶ 상품 B의 보유율

유형 2 : 대응이 있는 경우의 검정   유의한 차의 판정 방법 : 맥네마 검정

'동일 항목의 카테고리를 비교'하기 위한 응답 비율

상품 A 보유율과 비보유율 비교

보유	3÷10=30%
비보유	7÷10=70%

상품 A의 보유율 ◀▶ 비교 ◀▶ 상품 A의 비보유율

유형 3 : 종속관계에 있는 경우의 검정   유의한 차의 판정 방법 : z 검정

'전체와 일부 집단을 비교'하기 위한 응답 비율

상품 A 보유율의 전체와 남성 비교

전체	5÷10=50%
남성	3÷5=60%

전체의 상품 A 보유율 ◀▶ 비교 ◀▶ 남성의 상품 A 보유율

유형 4 : 일부 종속이 있는 경우의 검정   유의한 차의 판정 방법 : z 검정

다른 집단의 모비율을 유형 1로 비교해 본다.

모비율의 차 검정/유형 1의 검정

유형 1은 서로 다른 두 집단의 모집단 비율에 차이가 있는지 조사하는 방법으로, 유의차 판정 방식은 z 검정을 적용합니다.

◆ 유형 1　대응하지 않는 경우의 검정

대응하지 않는 경우의 검정에 대해서는 다양한 방법이 있지만, 여기에서는 **대응하지 않는 경우의 모비율 차 검정**이라는 방법을 배웁니다.

크로스 집계표

	예	항목 A 상품 보유 여부		응답자 수	보유 응답 비율
		보유	비보유	합계	
속성 1	남성	a명	b명	$n_1 = a + b$	$p_1 = a \div n_1$
속성 2	여성	c명	d명	$n_2 = c + d$	$p_2 = c \div n_2$

응답 비율 : 남성 보유율 → p_1　　여성 보유율 → p_2

유의차 판정 방식 : z 검정

〈방법 1〉

통계량 T

$$T = \frac{p_1 - p_2}{\sqrt{p(1-p)\left(\dfrac{1}{n_1} + \dfrac{1}{n_2}\right)}} \qquad 단 \qquad p = \frac{n_1 p_1 + n_2 p_2}{n_1 + n_2}$$

기각한계값 : z 검정에 의해 1.96

판정 : T의 절댓값 $\geq$ 1.96이라면, 모집단의 상품 A 보유율은 남성과 여성에서 유의한 차이가 있다.

〈방법 2〉

p값

p값은 T가 구해지면 자동으로 결정되는 값으로, p값과 T는 T가 작은(큰) 경우 p값이 커지는(작아지는) 관계이다.

엑셀

p값은 엑셀 함수를 이용하여 계산한다.
임의의 셀에 다음 함수를 입력하고 Enter 를 누른다.
= 2 * (1 - NORMSDIST(통계량 T))

유의 수준 : 0.05

판정 : p값 $\leq$ 0.05라면, 모집단의 A 상품 보유율은 남성과 여성에서 유의한 차이가 있다.

◆ 계산 순서

응답자 번호	상품 A 보유 여부	성별
1	○	남성
2	○	남성
3	○	남성
4	×	남성
5	×	남성
6	○	여성
7	○	여성
8	×	여성
9	×	여성
10	×	여성

○는 보유, ×는 비보유

크로스 집계

	응답자 수	A 상품 보유율
남성	5	60%
여성	5	40%

〈방법 1〉

$$T = \frac{0.6 - 0.4}{\sqrt{0.5(1 - 0.5)\left(\dfrac{1}{5} + \dfrac{1}{5}\right)}}$$

$$= \frac{0.2}{\sqrt{0.5 \times 0.5 \times 0.4}} = \frac{0.2}{\sqrt{0.1}}$$

$$= \frac{0.2}{0.316} = 0.6325 \quad \text{※} T \text{는 절댓값으로 한다.}$$

$$p = \frac{5 \times 0.6 + 5 \times 0.4}{5 + 5} = \frac{3 + 2}{10} = 0.5$$

기각한계값 : z 검정에 의해 1.96

유의차 판정 : 통계량 T 0.6325 < 기각한계값 1.96 → 유의한 차이 없음

〈방법 2〉

- p값을 엑셀 함수로 구한다.

  p값 $= 2 * (1 - \text{NORMSDIST}(0.6325)) \to 0.5271$

  유의 수준 : 0.05

  유의차 판정 : p값 0.5271 > 유의 수준 0.05 → 유의한 차이 없음

【결론】

모집단에서 A 상품 보유율은 남성과 여성에서 유의한 차이가 있다고 할 수 없다.

※ 통계량 T에 의한 판정도, p값에 의한 판정도, 유의차 판정 결과는 같아진다.

통계학적 지식

표본 크기와 유의차의 관계

A 상품의 보유율은 남성이 60%, 여성이 40%로, 차이가 20%임에도 불구하고 유의한 차이가 보이지 않습니다. 즉 응답자 수가 적기 때문에 유의한 차이가 있는가의 여부를 알 수 없다는 것입니다.

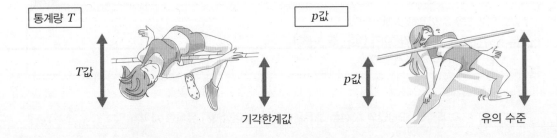

통계량 T

T값 기각한계값

p값

p값 유의 수준

동일 집단의 모비율을 유형 2로 비교해 본다.

모비율의 차 검정/유형 2의 검정

유형 2는 동일 모집단의 비율에 차이가 있는지 알아보는 방법으로, 유의차 판정 방식은 맥네마 검정을 적용합니다.

◆ 유형 2 대응하는 경우의 검정

대응하는 경우의 검정에 대해 설명합니다. 대응하는 경우의 검정에는 다양한 방법이 있지만, 여기에서 배우는 것은 **맥네마 검정**이라는 방법입니다.

크로스 집계표

				항목 2		계
				카테고리 − 1	카테고리 − 2	
		예		B 상품		
				보유	비보유	
항목 1	카테고리 − 1	A 상품	보유	a명	b명	$a+b$
	카테고리 − 2		비보유	c명	d명	$c+d$
				$a+c$	$b+d$	n

A 상품 보유율 $P_1 = (a+b)/n$ B 상품 보유율 $P_2 = (a+c)/n$

유의차 판정 방식 : 맥네마 검정

〈방법 1〉

통계량 T　$T = \dfrac{(b-c)^2}{b+c}$

기각한계값 : 맥네마 검정에 의해 3.84로 고정

판정 : T의 절댓값 $\geq$ 3.84이면, 모집단의 A 상품 보유율과 B 상품 보유율에서는 유의한 차이가 있다고 할 수 있다.

〈방법 2〉

p값　p값은 T가 구해지면 자동으로 결정되는 값으로, p값과 T는 T가 작은(큰) 경우 p값이 커지는(작아지는) 관계이다.

엑셀

p값은 엑셀 함수를 이용하여 계산한다.
임의의 셀에 다음 함수를 입력하고 Enter 를 누른다.
= CHIDIST(통계량 T, 1)　※ 1은 고정

유의 수준 : 0.05

판정 : p값 $\leq$ 0.05라면, 모집단의 A 상품 보유율과 B 상품 보유율에서는 유의한 차이가 있다고 할 수 있다.

◆ 계산 순서

응답자 번호	상품 A	상품 B
1	○	○
2	○	×
3	○	×
4	×	×
5	×	×
6	○	×
7	○	×
8	×	×
9	×	○
10	×	○

○는 보유, ×는 비보유

크로스 집계

응답 수		B 상품		계
		보유	비보유	
A 상품	보유	a 1	b 4	$a + b$ 5
	비보유	c 2	d 3	$c + d$ 5
계		$a + c$ 3	$b + d$ 7	10

상품 A 보유율 → P_1 → (1 + 4) ÷ 10 = 50%
상품 B 보유율 → P_2 → (1 + 2) ÷ 10 = 30%

셀 안의 n개의 수(a, b, c, d 중 어느 것이든)가 5 미만인 경우 통계량 T의 계산식은 아래와 같습니다.

$$T = \frac{(|b - c| - 1)^2}{b + c}$$ ※ ||는 절댓값을 나타낸다.

〈방법 1〉

통계량 T　　$T = \dfrac{(|4 - 2| - 1)^2}{4 + 2} = \dfrac{1}{6} = 0.17$

기각한계값 : 맥네마 검정에 의해 3.84
유의차 판정 : 통계량 T 0.17 < 기각한계값 3.84 → 유의한 차이 없음

〈방법 2〉

• p값을 엑셀 함수로 구한다.
　p값 = CHIDIST(0.17, 1) → 0.68
　유의 수준 : 0.05
　유의차 판정 : p값 0.68 > 유의 수준 0.05 → 유의한 차이 없음

【결론】

모집단에서 상품 A 보유율과 상품 B 보유율은 차이가 있다고 할 수 없다.

※ 통계량 T에 의한 판정도, p값에 의한 판정도, 유의차 판정 결과는 같아진다.

동일 항목 카테고리 데이터의 모비율을 유형 3으로 비교해 본다.

모비율의 차 검정/유형 3의 검정

유형 3은 동일 항목의 비율에 차이가 있는지 알아보는 방법으로, 유의차 판정 방식은 z 검정을 적용합니다.

◆ 유형 3　종속관계에 있는 경우의 검정

종속관계에 있는 경우 모비율의 차 검정에 대해 설명합니다.

단순 집계표

		항목	
		A 상품	
		응답자 수	응답률
카테고리 − 1	보유	a 명	$p_1 = a \div n$
카테고리 − 2	비보유	b 명	$p_2 = b \div n$
전체		$n = a + b$	100%

비교 : 상품 A 보유율 → p_1　상품 A 비보유율 → p_2

유의차 판정 방식 : z 검정

〈방법 1〉

통계량 T　$T = \dfrac{p_1 - p_2}{\sqrt{\dfrac{p_1 + p_2}{n}}}$

기각한계값 : z 검정에 의해 1.96

판정 : T의 절댓값 $\geq$ 1.96이라면, 모집단의 A 상품의 보유율과 비보유율은 유의한 차이가 있다고 할 수 있다.

〈방법 2〉

p값　p값은 T가 구해지면 자동으로 결정되는 값으로, p값과 T는 T가 작은(큰) 경우 p값이 커지는(작아지는) 관계이다.

p값은 수작업으로 계산하기에는 무리이므로 엑셀 함수를 이용하여 계산한다.
임의의 셀에 다음 함수를 입력하고 Enter 를 누른다.
= 2 * (1 − NORMSDIST(통계량 T))

유의 수준 : 0.05

판정 : p값≤0.05라면, 모집단의 A 상품 보유율과 A 상품 비보유율에서는 유의한 차이가 있다고 할 수 있다.

◆ 계산 순서

응답자 번호	상품 A
1	○
2	○
3	○
4	×
5	×
6	○
7	○
8	×
9	×
10	×

→

A 상품					
전체 사람 수	10명	보유	5명	보유율	50%
전체 사람 수	10명	비보유	5명	비보유율	50%

○는 보유, ×는 비보유

〈방법 1〉

통계량 T

$$T = \frac{0.5 - 0.5}{\sqrt{\dfrac{0.5 + 0.5}{10}}} = \frac{0}{\sqrt{0.1}} = \frac{0}{0.3162} = 0$$

　기각한계값 : z 검정에 의해 1.96
　유의차 판정 : 통계량 T　0 < 기각한계값 1.96 → 유의한 차이 없음

〈방법 2〉

　　· p값을 엑셀 함수로 구한다.
　　p값 = 2 * (1 − NORMSDIST(0)) → 2 * (1 − 0.5) → 1
　　유의 수준 : 0.05
　　유의차 판정 : p값 1 > 유의 수준 0.05 → 유의한 차이 없음

【결론】

　　모집단에서 상품 A 보유율과 상품 A 비보유율은 차이가 있다고 할 수 없다.

　　※ 통계량 T에 의한 판정도, p값에 의한 판정도, 유의차 판정 결과는 같아진다.

> 5단계 평가에서 임의의 카테고리, 예를 들면 첫 번째 카테고리 비율과 다섯 번째 카테고리 비율도 비교할 수 있어요.

전체와 일부 카테고리 데이터의 모비율을 비교해 본다.

모비율의 차 검정/유형 4의 검정

유형 4는 전체와 일부 카테고리 비율에 차이가 있는지 알아보는 방법으로, 유의차 판정 방식은 z 검정을 적용합니다.

◆ 유형 4 일부 종속이 있는 경우

일부 종속이 있는 경우의 모비율의 차 검정에 대해 설명합니다.

크로스 집계표

				항목 1		가로 합계
				카테고리 – 1	카테고리 – 2	
		예		상품 A 보유 여부		
				보유	비보유	
항목 2	속성 1	성별	남성	a	b	$n_1 = a + b$
	속성 2		여성	c	d	$n_2 = c + d$
전체				$a + c$	$b + d$	$n = a + b + c + d$

비교 : 전체의 비율 　$p = (a + c) \div n$　 속성 1 비율　 $p_1 = a \div n_1$

유의차 판정 방식 : z 검정

〈방법 1〉

통계량 T

$$T = \frac{p - p_1}{\sqrt{p(1 - p)\dfrac{n - n_1}{n \times n_1}}}$$

기각한계값 : z검정에 의해 1.96

판정 : T의 절댓값 $\geq$ 1.96이라면 모집단의 A 상품 전체 보유율과 남성 보유율은 유의한 차이가 있다고 할 수 있다.

〈방법 2〉

p값 　P값은 T가 구해지면 자동으로 결정되는 값으로, p값과 T는 T가 작은(큰) 경우 p값이 커지는(작아지는) 관계이다.

엑셀

p값은 수작업으로 계산하기에는 무리이므로 엑셀 함수를 이용하여 계산한다.
임의의 셀에 다음 함수를 입력하고 Enter 를 누른다.
= 2 * (1 – NORMSDIST(T값))

유의 수준 : 0.05
판정 : p값 $\leq$ 0.05라면, 모집단의 A 상품 전체 보유율과 남성 보유율은 유의한 차이가 있다고 할 수 있다.

◆ 계산 순서

응답자 번호	상품 A	성별
1	○	남성
2	○	남성
3	○	남성
4	×	남성
5	×	남성
6	○	여성
7	○	여성
8	×	여성
9	×	여성
10	×	여성

○는 보유, ×는 비보유

크로스 집계표

		상품 A 보유 여부		가로 합계
		보유	비보유	
성별	남성	3	2	5
		60%	40%	100%
	여성	2	3	5
		40%	60%	100%
전체		5	5	10
		50%	50%	100%

남성 보유율 $P_1 = 3 \div 5 = 60\%$
전체 보유율 $P = 5 \div 10 = 50\%$

〈방법 1〉

통계량 T

$$T = \frac{0.5 - 0.6}{\sqrt{0.5 \times (1 - 0.5) \times \dfrac{10 - 5}{10 \times 5}}} = \frac{-0.1}{\sqrt{0.5 \times 0.5 \times 5 \div 50}}$$

$$= \frac{-0.1}{\sqrt{0.025}} = \frac{-0.1}{0.158} = -0.63 \quad \rightarrow T는\ 절댓값으로\ 하므로\ 0.63$$

기각한계값 : z 검정에 의해 1.96

유의차 판정 : 통계량 T 0.63 < 기각한계값 1.96 → 유의한 차이 없음

〈방법 2〉

· p값을 엑셀 함수로 구한다.

p값 $= 2 * (1 - \text{NORMSDIST}(0.63)) \rightarrow 0.53$

유의 수준 : 0.05

유의차 판정 : p값 0.53 > 유의 수준 0.05 → 유의한 차이 없음

【결론】

모집단에서 상품 A 보유율은 전체와 남성에서는 유의한 차이가 있다고
할 수 없다.

※ 통계량 T에 의한 판정도, p값에 의한 판정도,
유의차 판정 결과는 같아진다.

어느 특정 그룹이 전체 평균과 비교하여 차이가 있는지 알아보는 검정이에요.

두 모집단의 평균값에 대한 차이를 알아본다.

모평균의 차 검정의 종류

모평균의 차 검정은 앙케트에 의해 두 집단의 평균값, 표준편차로부터 표준편차를 구해 통계량 T를 이용하여 두 모집단의 평균값에 차이가 있는지 알아보는 방법입니다.

◆ 모평균의 차 검정의 종류

'**모평균의 차 검정**'은 두 모집단의 평균값에 차이가 있는지 조사하는 방법입니다.

모평균의 차 검정 방법은 비교하는 집단의 데이터가 대응되는가, 분산이 같은가, 정규분포를 따르고 있는가 등에 따라 달라집니다. 다음 그림은 어떤 데이터에 어느 검정 기법의 공식을 적용하는가를 나타낸 것입니다.

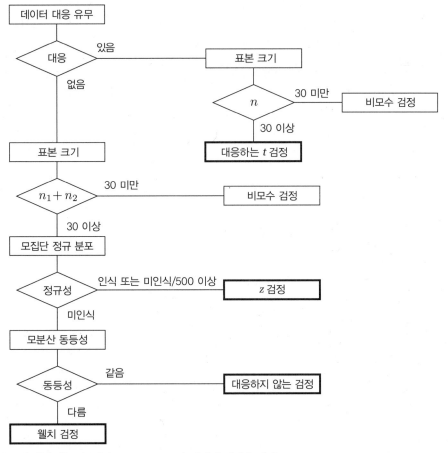

※이 책에서는 비모수(nonparametric) 검정의 해설은 생략

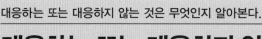

대응하는 또는 대응하지 않는 것은 무엇인지 알아본다.

대응하는 또는 대응하지 않는 것이란?

모평균의 차 검정은 비교하는 대상이 동일한지에 따라 해결 기법이 달라집니다.

◆ 대응하는, 대응하지 않는 것이란?

두 개의 집단 사이의 데이터를 비교할 때, 예를 들면 건강군과 환자군은 다른 집단의 비교입니다. 환자군에서 약품 투약 전후 체온의 비교는 동일한 환자(동일한 집단)의 비교입니다.

다른 집단의 비교는 '**대응하지 않는 데이터**'의 비교(독립비교)라고 하고, 동일한 집단의 비교는 '**대응하는 데이터**'의 비교(대응비교)라고 합니다.

다음의 데이터에서 대응하지 않는 것과 대응하는 것이 무엇인가를 알아봅시다.

흡연자에게 하루에 대략 몇 개비의 담배를 피우는지 물었습니다. 남성 평균은 13개비, 여성 평균은 7개비였습니다. 조사 결과로부터 모집단에서의 평균 흡연량(개비)이 남성과 여성이 다른가를 밝힙니다. 비교하는 집단은 다르기 때문에 대응하지 않는 데이터라고 합니다.

	남성 흡연량(개비)
A_1	19
A_2	12
A_3	14
A_4	7
A_5	20
A_6	6
A_7	14
A_8	7
A_9	13
A_{10}	18

	여성 흡연량(개비)
B_1	10
B_2	12
B_3	3
B_4	4
B_5	2
B_6	4
B_7	11
B_8	2
B_9	15

조사 결과 1

	남성 흡연량(개비)	여성 흡연량(개비)
표본평균	13.0	7.0
표본표준편차	5.1	5.0

대응하지 않는 데이터

제약회사가 해열제를 개발했습니다. 신약 Y의 해열 효과를 밝히기 위해서 10명의 환자를 대상으로, 약품 투여 전과 후의 체온을 조사했습니다. 체온 평균값은 투여 전이 38.0℃, 투여 후가 36.7℃였습니다. 모집단의 체온 평균값이 투여 전과 투여 후에 다른가를 밝힙니다. 동일한 대상자이므로 대응하는 데이터라고 합니다.

	신약 Y 투여 전 체온	신약 Y 투여 후 체온	데이터 차이
C_1	38.3	36.4	1.9
C_2	36.7	35.5	1.2
C_3	38.1	36.7	1.4
C_4	38.5	37.8	0.7
C_5	37.4	35.4	2.0
C_6	38.4	37.8	0.6
C_7	37.1	35.7	1.4
C_8	38.2	37.5	0.7
C_9	39.3	38.0	1.3
C_{10}	38.0	36.2	1.8
		표본평균	1.30
		표본표준편차	0.51

대응하는 데이터

조사 결과 2

서로 다른 두 집단의 모평균을 비교해 본다.

모평균의 차 검정/대응하지 않는 경우의 z 검정

대응하지 않는 경우의 검정은 서로 다른 두 집단의 모평균에 차이가 있는지 알아보는 검정입니다. 대응하지 않는 경우의 검정에는 z 검정, t 검정, 웰치의 t 검정이 있지만, 여기에서 배우는 것은 대응하지 않는 경우의 z 검정입니다.

◆ z 검정이란?

z 검정은 대응하지 않는 표본 조사의 데이터로부터 통계량 T값과 p값을 산출하여 T값이 1.96보다 크거나, p값이 0.05보다 작으면 '두 집단의 모평균은 다르다.'라고 판정하는 방법입니다.

〈조건〉
- A와 B의 모집단은 정규분포이다. 표본 크기(두 집단의 합)는 어떤 크기라도 관계없다.
- 모집단이 정규분포가 아닌 경우 표본 크기(두 집단의 합)는 500 이상이다.

〈표본 조사의 결과〉

두 집단	표본 크기	표본평균	표본표준편차
A	n_1	$\bar{X}_1$	s_1
B	n_2	$\bar{X}_2$	s_2

【유의차 판정】
〈방법 1〉

검정통계량 T

$$T값 = \frac{\bar{X}_1 - \bar{X}_2}{\sqrt{\dfrac{s_1^2}{n_1} + \dfrac{s_2^2}{n_2}}}$$

> 표본평균의 차이($\bar{X}_1 - \bar{X}_2$)가 음의 값인 경우 양의 값으로 변환한다.

기각한계값： z 검정에 의해 1.96
T값 ≧ 1.96 '두 집단의 모평균은 다르다.'라고 할 수 있다.
T값 < 1.96 '두 집단의 모평균은 다르다.'라고 할 수 없다.

〈방법 2〉

p값

엑셀

p값은 수작업으로 계산하기에는 무리이므로 엑셀 함수를 이용하여 계산한다.
임의의 셀에 다음 함수를 입력하고 Enter 를 누른다.
= 2 * (1 − NORMSDIST(T값))

p값 ≦ 유의 수준 0.05 '두 집단의 모평균은 다르다.'라고 할 수 있다.
p값 > 유의 수준 0.05 '두 집단의 모평균은 다르다.'라고 할 수 없다.
(방법 1), (방법 2) 어느 쪽으로 수행해도 결론은 같다.

◆ 계산 방법

아래의 구체적인 예로 z 검정 방법을 설명합니다.

다음은 어느 초등학교의 세뱃돈을 조사한 결과이다. 이 초등학교 남학생과 여학생의 세뱃돈 평균에 차이가 있는지 알아보자.

【구체적인 예】		두 집단	표본 크기	표본평균	표본표준편차
초등학교 세뱃돈	세뱃돈은 정규분포	남학생	200	28,300원	1,620원
		여학생	150	27,900원	1,580원

검정통계량 T

$$T값 = \frac{28,300 - 27,900}{\sqrt{\dfrac{1,620^2}{200} + \dfrac{1,580^2}{150}}} = \frac{400}{\sqrt{13,122 + 16,643}} = \frac{400}{172.53} = 2.32$$

p값

- 엑셀 함수로 구한다.

  = 1 − NORMSDIST(2.32) (Enter) 0.0102

  p값 0.0102의 2배 0.02

【유의차 판정】

〈방법 1〉

  T값 2.32 > 1.96

  평균 세뱃돈은 남학생과 여학생이 다르다.

〈방법 2〉

  p값 = 0.02 < 0.05

  평균 세뱃돈은 남학생과 여학생이 다르다.

통계학적 지식

비모수 검정

모표준편차를 모르고 모집단의 정규성이 분명하지 않은 상태에서 $n < 30$인 경우 검정통계량 T값의 분포는 표준정규분포입니다. 만약, t분포를 따르지 않으면, z검정이나 t검정을 적용할 수 없습니다. 이와 같은 경우는 **비모수 검정**을 적용합니다.

비모수 검정은 모집단의 분포는 무엇이라도 되고 어떤 데이터라도 적용 가능하다는 장점이 있습니다. 이 때문에 데이터 중에서 매우 떨어져 있는 값이라고 생각되는 이상치가 포함되어 있는 경우에도 검정을 수행할 수 있습니다. 한편 분포에 관한 정보를 이용할 수 없으므로 z검정이나 t검정에 비해 검정 능력(검출력)이 떨어진다는 단점이 있습니다.

비모수 검정에서 데이터 값을 직접 사용하지 않고 이것을 크기순으로 정렬한 후 그 순위를 이용하는 경우도 많습니다. 이것은 데이터가 가진 정보를 전부 사용하지 않으므로 정보가 손실되었다는 것을 의미합니다. 한편으로는 이상값의 영향은 받기 어렵게 되어 있습니다.

서로 다른 두 집단의 평균을 비교해 본다.

모평균의 차 검정/대응하지 않는 경우의 t 검정

대응하지 않는 경우의 검정은 서로 다른 두 집단의 평균에 차이가 있는지 조사하는 검정 방법입니다. 대응하지 않는 경우의 검정에는 z 검정, t 검정, 웰치의 t 검정이 있지만, 여기에서 배우는 것은 대응하지 않는 경우의 t 검정입니다.

◆ 대응하지 않는 경우의 t 검정

대응하지 않는 경우의 t 검정은 대응하지 않는 표본 조사 데이터로부터 통계량 T값과 p값을 산출하고, T값이 기각한계값보다 크거나 p값이 0.05보다 작으면 '두 집단의 모평균이 다르다'라고 판정하는 방법입니다.

〈조건〉
- 두 집단의 모평균은 정규분포가 아니다(정규분포인지 알 수 없음).
- 표본 크기(두 집단의 합)는 30~500이다.
- 모집단에서 두 집단의 표준편차가 동일하다고 할 수 있다.

〈표본 조사의 결과〉

두 집단	표본 크기	표본평균	표본표준편차
A	n_1	$\bar{X}_1$	s_1
B	n_2	$\bar{X}_2$	s_2

【유의차 판정】

〈방법 1〉

검정통계량 T

$$T값 = \frac{\bar{X}_1 - \bar{X}_2}{\sqrt{\dfrac{s^2}{n_1} + \dfrac{s^2}{n_2}}} \quad s^2는\ s_1{}^2과\ s_2{}^2의\ 가중평균 \qquad s^2 = \frac{(n_1 - 1) \times s_1{}^2 + (n_2 - 1) \times s_2{}^2}{(n_1 - 1) + (n_2 - 1)}$$

평균값의 차이($\bar{X}_1 - \bar{X}_2$)가 음의 값인 경우 양의 값으로 변환한다.

기각한계값

자유도 f는 다음 공식으로 값을 구한다.
$$f = (n_1 - 1) + (n_2 - 1) = n_1 + n_2 - 2$$
기각한계값은 자유도에 따라 달라지는 값이다.

T값 ≧ 기각한계값 '두 집단의 모평균은 다르다.'라고 할 수 있다.
T값 < 기각한계값 '두 집단의 모평균은 다르다.'라고 할 수 없다.

f	기각한계값	f	기각한계값
10	2.23	90	1.99
20	2.09	100	1.98
30	2.04	200	1.97
40	2.02	300	1.97
50	2.01	400	1.97
60	2.00	500	1.96
70	1.99	1,000	1.96
80	1.99		

〈방법 2〉

p값

p값은 수작업으로 계산하기에는 무리이므로 엑셀 함수를 이용하여 계산한다.
임의의 셀에 다음 함수를 입력하고 [Enter]를 누른다.
= TDIST(검정통계량값, 자유도, 2) ※ 2는 상수

p값 ≤ 유의 수준 0.05 '두 집단의 모평균은 다르다.'라고 할 수 있다.
p값 > 유의 수준 0.05 '두 집단의 모평균은 다르다.'라고 할 수 없다.

◆ 계산 방법

다음은 대응하지 않는 검정 방법을 설명하는 구체적인 예입니다.

어느 지역 흡연자의 흡연량을 조사했습니다.
'모집단의 정규성은 알 수 없다.' '모집단에서 두 집단의 표준편차는 동일하다.'라는 입장에서 남성과 여성 흡연량의 평균에 차이가 있는지 조사했습니다.

【구체적인 예】		두 집단	표본 크기	표본평균	표본표준편차
흡연량	흡연량은 정규분포가 아니다.	남성	50	12.5개비	6.7개비
	n=은 900이고, 30 이상 500 미만	여성	40	9.8개비	5.9개비

검정통계량 T

s^2는 $s_1{}^2$과 $s_2{}^2$의 가중평균

$$s^2 = \frac{(n_1 - 1) \times s_1{}^2 + (n_2 - 1) \times s_2{}^2}{(n_1 - 1) + (n_2 - 1)} = \frac{(50 - 1) \times 6.7 \times 6.7 + (40 - 1) \times 5.9 \times 5.9}{(50 - 1) + (40 - 1)}$$

$$= \frac{2199.61 + 1357.59}{49 + 39} = 40.42$$

$$T값 = \frac{\bar{X}_1 - \bar{X}_2}{\sqrt{\dfrac{s^2}{n_1} + \dfrac{s^2}{n_2}}} = \frac{12.5 - 9.8}{\sqrt{\dfrac{40.42}{50} + \dfrac{40.42}{40}}} = \frac{2.7}{\sqrt{0.8084 + 1.0105}} = \frac{2.7}{1.349} = 2.00$$

기각한계값

자유도 $f = (n_1 - 1) + (n_2 - 1) = n_1 + n_2 - 2$

기각한계값 표에서 $f = 90$의 기각한계값은 앞 페이지의 아래 표에 의해 1.99이다.

p값

• p값은 엑셀 함수로 구한다.

= TDIST(2.00, 88, 2) [Enter] 0.0484

【유의차 판정】

〈방법 1〉 T값 = 2.00 > 기각한계값 1.99. 남성과 여성의 흡연량 모평균은 다르다고 할 수 있다.

〈방법 2〉 p값 = 0.0484 < 유의 수준 0.05. 남성과 여성의 흡연량 모평균은 다르다고 할 수 있다.

서로 다른 두 집단의 모평균을 비교해 본다.

모평균의 차 검정/웰치의 t 검정

대응하지 않는 경우의 검정은 서로 다른 두 집단의 모평균에 차이가 있는지 알아보는 검정 방법입니다. 대응하지 않는 경우의 검정에는 z 검정, t 검정, 웰치의 t 검정이 있지만, 여기에서 배우는 것은 웰치의 t 검정입니다.

◆ 웰치의 t 검정이란?

웰치의 t 검정은 대응하지 않는 표본 조사의 데이터로부터 통계량 T값과 p값을 산출하고, T값이 기각한계값보다 크거나 p값이 0.05보다 작으면 '두 집단의 모평균이 다르다'라고 판정하는 방법입니다.

〈조건〉
- 두 집단의 모평균은 정규분포가 아니다(정규분포인지 알 수 없음).
- 표본 크기(두 집단의 합)는 30~500이다.
- 모집단에서 두 집단의 표준편차가 다르다고 할 수 있다.

〈표본 조사의 결과〉

두 집단	표본 크기	표본평균	표본표준편차
A	n_1	$\bar{X}_1$	s_1
B	n_2	$\bar{X}_2$	s_2

【유의차 판정】

〈방법 1〉

> 검정통계량 T

$$T값 = \frac{\bar{X}_1 - \bar{X}_2}{\sqrt{\dfrac{s_1{}^2}{n_1} + \dfrac{s_2{}^2}{n_2}}}$$

> 평균값의 차이($\bar{X}_1 - \bar{X}_2$)가 음의 값인 경우 양의 값으로 변환한다.

> 기각한계값

자유도 f는 다음 공식으로 값을 구한다.

$$f = \left(\frac{s_1{}^2}{n_1} + \frac{s_2{}^2}{n_2} \right)^2 \div \left(\frac{s_1{}^4}{n_1{}^2(n_1 - 1)} + \frac{s_2{}^4}{n_2{}^2(n_2 - 1)} \right)$$

기각한계값은 자유도에 따라 달라지는 값이다.
T값 ≦ 기각한계값 　'두 집단의 모평균은 다르다.'라고 할 수 있다.
T값 < 기각한계값 　'두 집단의 모평균은 다르다.'라고 할 수 없다.

f	기각한계값
10	2.23
20	2.09
30	2.04
40	2.02
50	2.01
60	2.00
70	1.99
80	1.99

f	기각한계값
90	1.99
100	1.98
200	1.97
300	1.97
400	1.97
500	1.96
1,000	1.96

〈방법 2〉

p값

p값은 수작업으로 계산하기에는 무리이므로 엑셀 함수를 이용하여 계산한다.
임의의 셀에 다음 함수를 입력하고 Enter를 누른다.
= TDIST(검정통계량값, 자유도, 2) ※ 2는 상수

p값 ≤ 유의 수준 0.05 '두 집단의 모평균은 다르다.'라고 할 수 있다.
p값 > 유의 수준 0.05 '두 집단의 모평균은 다르다.'라고 할 수 없다.

◆ 계산 방법

다음은 대응하지 않는 t검정 방법을 설명하는 구체적인 예입니다.

어느 지역 흡연자의 흡연량을 조사했습니다.
'모집단의 정규성은 알 수 없다.' '모집단에서 두 집단의 표준편차는 다르다.'라는 입장에서 남성과 여성 흡연량의 평균에 차이가 있는지 조사했습니다.

	【구체적인 예】	두 집단	표본 크기	표본평균	표본표준편차
흡연량	흡연량은 정규분포가 아니다. n은 900이고, 30 이상 500 미만	남성	50	12.5개비	6.7개비
		여성	40	9.8개비	5.9개비

검정통계량 T

$$T값 = \frac{\bar{X}_1 - \bar{X}_2}{\sqrt{\dfrac{s_1^2}{n_1} + \dfrac{s_2^2}{n_2}}} = \frac{12.5 - 9.8}{\sqrt{\dfrac{6.7^2}{50} + \dfrac{5.9^2}{40}}} = \frac{2.7}{\sqrt{0.8978 + 0.8703}} = \frac{2.7}{1.3297} = 2.03$$

기각한계값

자유도 $f = \left(\dfrac{44.89}{50} + \dfrac{34.81}{40}\right)^2 \div \left(\dfrac{2,015.11}{122,500} + \dfrac{1,211.74}{62,400}\right) = 3.126 \div 0.03587 = 87$

기각한계값 표에서 $f = 90$의 기각한계값은 앞 페이지의 아래 표에 의해 1.99

p값

·p값은 엑셀 함수로 구한다.
  = TDIST(2.00, 87, 2) Enter 0.045

【유의차 판정】
〈방법 1〉
  T값 = 2.03 > 기각한계값 1.99
  남성과 여성의 흡연량 모평균은 다르다고 할 수 있다.
〈방법 2〉
  p값 = 0.045 < 유의 수준 0.05
  남성과 여성의 흡연량 모평균은 다르다고 할 수 있다.

동일 집단의 모평균을 비교해 본다.

모평균의 차 검정/대응하는 경우의 t 검정

대응하는 경우의 t 검정은 대응하는 데이터의 모평균에 차이가 있는지 알아보는 검정 방법으로, 유의차 판정은 t 검정을 적용합니다.

◆ 대응하는 경우의 t 검정

대응하는 경우의 t 검정은 대응하는 데이터로부터 통계량 T값과 p값을 산출하고, T값이 기각한계값보다 크거나 p값이 0.05보다 작으면 '두 집단의 모평균이 다르다.'라고 판정하는 방법입니다.

〈조건〉
· 모집단에서 데이터 차이의 분포가 정규분포가 아니어도 된다.
· 표본 크기(n)는 30 이상
〈표본 조사의 결과〉

대응하는 데이터

번호	A	B	차이
1	a_1	b_1	$a_1 - b_1$
2	a_2	b_2	$a_2 - b_2$
3	a_3	b_3	$a_3 - b_3$
⋮	⋮	⋮	⋮
n	a_n	b_n	$a_n - b_n$
평균	$\bar{X}_1$	$\bar{X}_2$	$\bar{X}$
표준편차			s

데이터 차이

대응하는 t 검정은 데이터 차이의 평균과 표준편차에 대해서 검토한다.

【유의차 판정】
〈방법 1〉

검정통계량 T

$$T값 = \frac{\bar{X}}{\frac{s}{\sqrt{n}}}$$

평균값의 차이($\bar{X}$)가 음의 값인 경우 양의 값으로 변환한다.

기각한계값

자유도 $f = n - 1$
기각한계값은 자유도에 따라 달라진다.
T값 $\geqq$ 기각한계값 '두 집단의 모평균은 다르다.'라고 할 수 있다.
T값 < 기각한계값 '두 집단의 모평균은 다르다.'라고 할 수 없다.

〈방법 2〉

엑셀

p값

p값은 수작업으로 계산하기에는 무리이므로 엑셀 함수를 이용하여 계산한다.
임의의 셀에 다음 함수를 입력하고 Enter를 누른다.
= TDIST(검정통계량 T값, 자유도, 2) ※ 2는 상수

p값 $\leqq$ 유의 수준 0.05 '두 집단의 모평균은 다르다.'라고 할 수 있다.
p값 > 유의 수준 0.05 '두 집단의 모평균은 다르다.'라고 할 수 없다.

◆ 계산 방법

다음은 대응이 있는 t 검정 방법을 설명하는 구체적인 예입니다.

제약회사가 해열제를 개발했습니다.

신약 Y의 해열 효과를 밝히기 위해서 50명의 환자를 대상으로 약품 투여 전과 투여 후의 체온을 조사했습니다.

모집단의 체온 평균값이 투여 전과 투여 후에 다른지를 밝히려고 합니다.

	신약 Y 투여 전 체온	신약 Y 투여 후 체온	데이터 차이
번호 1	37.6	37.0	0.6
번호 2	37.3	37.2	0.1
번호 3	36.5	35.2	1.3
번호 4	38.8	37.8	1.0
⋮	⋮	⋮	⋮
번호 48	38.1	36.4	1.7
번호 49	37.3	36.0	1.3
번호 50	37.0	36.0	1.0
		평균	0.734
		표준편차	0.691

〈검정통계량〉

$$T \text{값} = \frac{\bar{X}}{\frac{s}{\sqrt{n}}} \qquad T \text{값} = \frac{0.734}{\frac{0.691}{\sqrt{50}}} = \frac{0.734}{0.0977} = 7.51$$

〈기각한계값〉

　　자유도 $f = 50 - 1 = 49$

　　기각한계값 표에서 $f = 50$의 기각한계값은 2.01이다.

〈p값〉

　　• 엑셀 함수로 구한다.

　　　= TDIST(7.51, 49, 2) (Enter) 　0.00000000108 　p값 $= 0.000$

〈유의차 판정〉

〈방법 1〉

　　T값 $= 7.51 >$ 기각한계값 2.01

　　투여 전 평균 체온과 투여 후 평균 체온이 다르다고 할 수 있다.

〈방법 2〉

　　p값 $= 0.000 <$ 유의 수준 0.05

　　투여 전 평균 체온과 투여 후 평균 체온이 다르다고 할 수 있다.

양측검정과 단측검정의 차이를 알아본다.

양측검정, 단측검정

이제까지 설명한 검정방법은 양측검정입니다. 단측검정은 양측검정 공식과 동일하지만, 기각한계값만 다릅니다.

◆ 양측검정, 단측검정이란?

검정에서는 맨 처음에 '주장하고 싶은 것'을 명확히 해야 합니다.
모평균의 차 검정의 구체적인 예에서 다음 세 가지를 주장하고 있습니다.

> 〈1〉 모집단의 세뱃돈 평균 금액은 남자와 여자가 다르다.
> 〈2〉 모집단의 세뱃돈 평균 금액은 남자가 여자보다 많다.
> 〈3〉 모집단의 세뱃돈 평균 금액은 남자가 여자보다 적다.

〈1〉의 경우 '다르다'는 것은 '세뱃돈 평균 금액이 남자가 여자보다 많은가, 적은가는 알 수 없지만, 어쨌든 다르다.'라는 의미입니다. 이 가정을 기초로 하는 검정을 **양측검정**이라고 합니다.
〈2〉의 '모집단의 세뱃돈 평균 금액은 남자가 여자보다 많다.' 혹은 〈3〉의 '모집단의 세뱃돈 평균 금액이 남자가 여자보다 적다.'라는 가정을 기초로 하는 검정을 **단측검정**이라고 합니다.
〈2〉의 '모집단의 세뱃돈 평균 금액은 남자가 여자보다 많다.'라는 가정을 기초로 하는 검정을, 특히 **우측검정(상측검정)**이라고 합니다.
〈3〉의 '모집단의 세뱃돈 평균 금액은 남자가 여자보다 적다.'라는 가정을 기초로 하는 검정을, 특히 **좌측검정(하측검정)**이라고 합니다.

◆ 양측검정, 단측검정의 기각한계값

단측검정 방식은 양측검정보다 유의한 차이가 나오기 쉬운 검정입니다. 유의한 차이가 나오기 쉽다는 이유만으로 단측검정을 사용하는 것은 좋지 않습니다.
'세뱃돈 평균 금액은 남자가 여자보다 많다.'라고 믿는 것이 나쁜 것은 아니지만, 조사를 할 때까지 남자가 여자보다 많다는 정보는 보통 없습니다. 따라서 '세뱃돈 평균 금액은 남자가 여자보다 많다'라는 단측검정은 바람직하지 않습니다. 양측검정과 단측검정의 순서는 아무런 차이가 없고, 기각한계값만 다릅니다. z 검정과 t 검정의 기각한계값은 다음과 같습니다.

〈t 검정〉

f	양측검정	단측검정
10	2.23	1.81
20	2.09	1.72
30	2.04	1.70
40	2.02	1.68
50	2.01	1.68
60	2.00	1.67
70	1.99	1.67
80	1.99	1.66
90	1.99	1.66
100	1.98	1.66
200	1.97	1.65
300	1.97	1.65
400	1.97	1.65
500	1.96	1.65
1000	1.96	1.65

〈z 검정〉

양측검정	단측검정
1.96	1.64

설정한 정확도에 적합한 표본 크기를 결정해 본다.

표본 크기 결정법

표본 크기 결정법은 통계적 추정의 신뢰 구간과 표본오차를 적용하고, 앙케트 조사의 표본 크기를 결정하는 방법입니다.

◆ 모비율의 추정

모집단의 비율은 p_1%부터 p_2% 사이에 있다고 말하는 방식으로 추정하는 방법을 130페이지에서 배웠습니다. 이것을 공식으로 표현하면 다음과 같습니다.

$$p_1 = p - 1.96\sqrt{\frac{p(1-p)}{n}} \qquad p_2 = p + 1.96\sqrt{\frac{p(1-p)}{n}}$$

표본오차

정확도 = 표본오차 ÷ p 　　　　표본오차 = 정확도 × p

n은 표본 크기, p는 응답 비율

공식에서 표본오차는 값이 작을수록 **정확도**가 좋다고 말합니다.
다음 두 가지 결과가 얻어진 경우 정확도는 A가 좋고, B가 나쁘다고 말하게 됩니다.

A 구간 추정 50% ± 3%	정확도 3% ÷ 50% = 0.06 → 6%
B 구간 추정 50% ± 9%	정확도 9% ÷ 50% = 0.18 → 18%

정확도가 10% 이하이면 추정 결과는 좋다고 판단합니다.
표본오차, 정확도의 값은 표본 크기 n이 클수록 작아집니다.

◆ 표본 크기의 결정 방식에 관한 아이디어

위에 제시한 것을 적용하여 다음에 나타낸 조사의 표본 크기를 결정할 수 있습니다. 다음 예로 생각해 봅시다.

〈구체적인 예〉

유권자가 10만 명인 도시의 선거에서 △△당의 지지율을 추정할 때 몇 명 이상 조사하면 좋은가?

조사 설계자가 표본 크기를 결정하는 경우 가장 먼저 조사의 정확도, 예상되는 비율, 표본오차를 결정해야 합니다.

정확도 ·············· 정확도를 10%로 합니다(특별한 이유가 아니면 10%로 합니다).
예상되는 비율 ····· 모집단 △△당의 지지율은 모르지만, 50%라고 예상합니다.
표본오차 ·············· 정확도를 10%라고 결정했기 때문에 표본오차는 다음 식에 따라 5%입니다.
신뢰 구간 ·············· 이 경우의 신뢰 구간은 50%±5%, 45〜55%입니다.

◆ 표본 크기 설정 계산 방법

앞 페이지의 신뢰 구간을 얻기 위해 표본 크기 n을 결정하는 것입니다.

이러한 n은 표본오차의 식에 예상되는 비율, 표본오차를 대입하고, 그 식을 변형해서 결정됩니다.

$$표본오차 = 1.96 \times \sqrt{\frac{p(1-p)}{n}}$$

표본오차 = 5%　→　0.05

예상되는 비율 p = 50%　→　0.5

$$1.96\sqrt{\frac{0.5 \times 0.5}{n}} = 0.05 \quad \blacktriangleright \quad 1.96 \times \frac{0.5}{\sqrt{n}} = 0.05$$

식을 변형하면 $\sqrt{n} = \dfrac{1.96 \times 0.5}{0.05}$　　$\sqrt{n} = 19.6$　　$n = 384.16 \rightarrow 384$

384명의 앙케트 조사를 실시하여 지지율이 50%라고 하면,

p_1 = 50% - 5%　　p_2 = 50% + 5%

즉 384명을 조사하면, 지지율은 45%에서 55% 사이가 됩니다.

이 판정에서 여전히 정확도가 나쁘다고 생각하여 표본오차를 1%로 하면, 즉 (49%에서 51%)의 표본 크기 n은 다음과 같아집니다.

$$1.96\sqrt{\frac{0.5 \times 0.5}{n}} = 0.01 \quad 1.96 \times \frac{0.5}{\sqrt{n}} = 0.01$$

$\sqrt{n} = 1.96 \times 0.5 \div 0.01 \rightarrow \sqrt{n} = 98 \rightarrow n = 9{,}604$

50%±1% (49%부터 51%)의 표본 크기는 9,604명입니다.

◆ 모비율을 추정하기 위한 표본 크기를 결정하는 공식

표본 크기는 위에 기술한 방법으로 결정해도 좋지만, 다음 공식을 사용하면 간단하게 계산할 수 있습니다.

【공식】

n	표본 크기	$n \geq \dfrac{p(1-p)}{\left(\dfrac{e}{1.96}\right)^2}$
p	예상하는 비율	
e	표본오차	

◆ 공식 사용해 표본 크기 산출하기

모집단 △△당의 지지율을 50%라고 가정한 경우 신뢰 구간이 50%±5%가 되도록 표본 크기를 구합니다.

p	예상 비율	50% → 0.5
e	표본오차	5% → 0.05
$e \div p$	정확도	10%

$$\frac{0.5 \times (1 - 0.5)}{\left(\dfrac{0.05}{1.96}\right)^2} = \frac{0.25}{0.0255^2} = 384$$

◆ 표본 크기 환산표

예상하는 비율, 표본오차를 변경할 때의 표본 크기를 미리 계산했습니다.

비율을 50%로 가정

표본오차	n
20%	24
18%	30
16%	38
14%	49
12%	67
10%	96
8%	150
7%	196
6%	267
5%	384
4%	600
3%	1,067
2%	2,401
1%	9,604

비율을 30%로 가정

표본오차	n
12.0%	56
10.8%	69
9.6%	88
8.4%	114
7.2%	156
6.0%	224
4.8%	350
4.2%	457
3.6%	622
3.0%	896
2.4%	1,401
1.8%	2,490
1.2%	5,602
0.6%	22,409

비율을 10%로 가정

표본오차	n
4.0%	216
3.6%	267
3.2%	338
2.8%	441
2.4%	600
2.0%	864
1.6%	1,351
1.4%	1,764
1.2%	2,401
1.0%	3,457
0.8%	5,402
0.6%	9,604
0.4%	21,609
0.2%	86,436

표를 보는 법 : '비율을 50%로 가정'한 표에서 표본오차 5%
50%±5%, 45%~55%의 범위로 추정하려면 384명을 조사합니다.
50%±1%, 49%~51%의 범위로 추정하려면 9,604명을 조사합니다.

◆ 유의할 점

모집단이 10만 명이 안 되는 경우의 표본 크기는 다음 공식을 적용합니다.

$$n \geq \frac{N}{\left(\dfrac{e}{1.96}\right)^2 \left(\dfrac{N-1}{p(1-p)}\right) + 1}$$

N은 모집단 크기

앙케트 조사의 표본을 추출하는 분석 방법을 알아본다.

표본추출법과 표본 배분

표본추출법은 모집단에서 표본을 추출하는 방법으로, 단순추출법과 층화추출법을 자주 이용합니다. 층화추출법은 동수 배분, 비례 배분, 네이만 배분의 세 가지가 있습니다.

◆ 표본추출법(sampling)

표본을 통해 모집단의 모양을 정확하게 파악하기 위해 표본은 모집단을 대표해야 하는데, 이러한 표본을 고르는 방법이 **표본(샘플)추출법**입니다. 표본추출 방법은 단순무작위추출법과 층화추출법을 자주 이용합니다.

① 단순무작위추출법

단순무작위추출법은 조사 대상자를 모집단에서 제비뽑기 하듯이 무작위로 추출하는 방법입니다.

② 층화추출법

모집단을 몇 개의 그룹으로 분할하고, 각 그룹에서 표본을 추출하는 방법을 **층화추출법**이라고 합니다.

어느 시의 20~69세의 사람이 인터넷을 어느 정도 이용하고 있는가를 추측하기로 합니다. 인터넷의 이용률은 연령에 따라 다릅니다. 표본을 무작위로 추출한 경우 젊은 사람들이 많이 추출되면 이 시의 인터넷 이용률은 높아지고, 노인들이 많이 추출되면 낮아질 것입니다.

따라서 추출하기 전에 시민들을 연령별로 나누고, 각각을 연령에서 표본을 추출하는 방법을 층화추출법이라고 합니다.

◆ 표본 배분

층화추출법에서 각 층의 표본 크기(표본 수)를 정하는 것을 '표본 배분'이라고 합니다. 표본 배분에서는 다음 세 가지 방법을 자주 사용합니다.

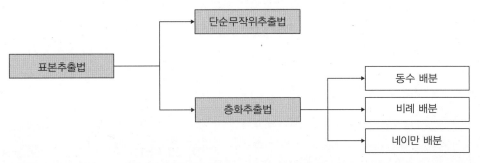

◆ 구체적인 예

의사 360명의 앙케트 조사에서 360명을 네 가지 진료과에 몇 명씩 배분하여 할당하는 것이 좋은가요?

◆ 동수 배분

모집단의 각 층(진료과)의 크기와 무관하게
각 층의 표본 수를 같은 수로 하는 방법입니다.

	표본 배분
전체	360
알레르기내과	90
호흡기내과	90
이비인후과	90
일반내과	90

◆ 비례 배분

모집단의 층별 구성비에 맞추어 각 층의
표본 수를 설정하는 방법입니다.

〈계산 예〉 알레르기내과 8.3% × 360 = 30

	모집단	구성비	표본 배분
전체	48,000	100.0%	360
알레르기내과	4,000	8.3%	30
호흡기내과	3,600	7.5%	27
이비인후과	4,400	9.2%	33
일반내과	36,000	75.0%	270

◆ 네이만 배분

모집단의 각 층에 대해 추정하고 싶은 항목(처방 환자수 등)의 목표편차를 예측할 수 있는 경우 각 층의 표준편차의 크기에 따라 표본 수를 설정하는 방법입니다.

	① 모집단 크기	② 모집단 표준편차	③ ①×②	④ ③의 구성비	⑤ 표본 배분
알레르기내과	4,000	40	160,000	29.3%	105
호흡기내과	3,600	28	100,800	18.4%	66
이비인후과	4,400	24	105,600	19.3%	70
일반내과	36,000	5	180,000	32.9%	119
			546,400	100.0%	360

알레르기를 전문으로 하는 의사가 많은 진료과는 항알레르기약 처방량의 변동(표준편차)이 커진다고 알려져 있습니다. 변동이 크다고 예측되는 층은 표본 크기를 크게 설정해서 조사 정확도를 높일 수 있습니다.

네이만 배분은 변동의 크기와 예측되는 진료과를 크게 설정하여 조사의 정확도를 높이는 방법입니다.

> 각 층의 표본 배분 수의 구성비가 모집단의 구성비와 다른 경우 집계는 모집단 보정 집계(85페이지)를 적용해요.

제 7 장

CS 조사와 분석 방법

CS 그래프나 개선도 지수를 이용하여 고객 만족도를
높이기 위한 분석 방법에 대해 배웁니다.

KEYWORDS

- CS 분석
- 만족도
- 중요도
- CS 그래프
- 개선도 지수

고객 만족도를 높이기 위한 CS 분석을 알아본다.

CS 분석이란?

CS 분석은 CS 조사(고객 만족도 조사)로 얻은 상세평가나 종합평가 데이터를 해석하여 고객 만족도를 높이기 위해서 어떤 요소를 개선해야 하는가를 파악하는 방법입니다.

◆ CS 분석이란?

문구 제조사가 샤프 펜슬의 고객 만족도를 알아보기 위해서 필기 용이성과 디자인 만족도, 추가 구입 의향을 알아보는 앙케트 조사를 실시했습니다. 필기 용이성과 디자인 모두 100명 중 25명이 만족이라고 응답했기 때문에 만족도는 25%였습니다.

여러분은 필기 용이성과 디자인 중에서 어느 쪽을 우선 개선해야 한다고 생각하나요? 대부분의 사람들이 모든 만족도가 낮기 때문에 양쪽 모두 개선해야 한다고 응답했을 수도 있지만, 이 해답은 반드시 옳은 것은 아닙니다. 그 이유를 생각하기 위해 필기 용이성과 디자인, 추가 구입 의향과의 관계를 알아보겠습니다.

> A. 필기 용이성을 '만족'이라고 한 사람은 대부분 추가 구입 의향이 '있다'라고 응답했다. 한편 '불만'이라고 응답한 사람은 대부분 추가 구입 의향이 '없다'라고 응답했다.
>
> B. 디자인을 '만족'이라고 한 사람의 추가 구입 의향은 '있다'와 '없다'가 거의 같은 수였고, '불만'이라고 한 사람의 추가 구입 의향은 '있다'와 '없다'가 거의 같은 수였다.

위의 A와 B에서 말한 것을 그림으로 그리면 다음과 같습니다.

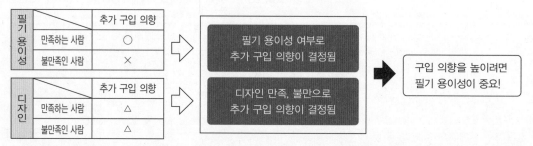

이제부터 배우는 **CS 분석**(Customer Satisfaction Analysis)은 '종합평가(이 예에서는 구입 의향)를 높이기 위해서는 중요한 요소 중 평가가 낮은 요소를 개선한다'라는 사고방식입니다. 이 사고방식을 기초로 구입 의향을 높이기 위해서는 디자인 개선보다 필기 용이성을 우선 개선하는 것이 정답입니다.

> 필기 용이성이라고 생각한 사람은 다음에도 구입해요. 디자인이 좋다고 생각한 사람은 다음에도 구입한다고 할 수 없어요.

◆ CS 분석의 진행 방법

CS 분석은 고객 만족도 조사를 기초로 고객 만족도를 높이기 위해서 개선해야 하는 요소를 파악하는 방법입니다. 고객 만족도 조사에서 얻은 기능, 서비스 등(상세 요소)의 평가나 종합평가 데이터의 해석은 다음과 같이 진행합니다.

 ① 상세평가의 각 요소에 대해 만족도와 중요도를 알아본다.

② 각 요소의 만족도를 세로 축, 중요도를 가로 축으로 하는 상관도를 작성하는데, 이것을 'CS 그래프'라고 한다.

 ③ CS 그래프에서 오른쪽 아래에 위치한 요소는 중요도는 높지만, 만족도는 낮기 때문에 개선 요소가 된다.

◆ CS 그래프란?

각 요소의 만족도를 세로 축으로, 중요도를 가로 축으로 작성한 상관도를 'CS 그래프'라고 부릅니다. CS 그래프에서 오른쪽 아래에 위치한 요소는 중요도가 높지만, 만족도는 낮으므로 개선 요소가 됩니다.

CS 그래프

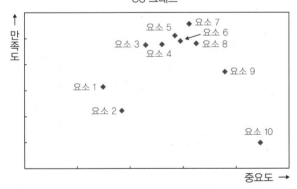

오른쪽 아래에 위치한 요소일수록 많이 개선해야 해요. 요소 10은 개선 요소에요.

◆ CS 분석의 해설에서 적용하는 예제

38페이지에 게재한 고객 만족도 조사를 예로, 실제의 CS 분석을 살펴봅시다.

데이터	호텔 만족도 조사
조사 목적	숙박객 감소 원인을 고객 만족도의 관점에서 찾아 추후 재숙박객 수 증대에 도움을 얻는 것이 목적이다.
파악 내용	종합적 평가(다시 숙박을 하고 싶다, 다른 사람에게 소개하고 싶다 등)를 높이려면 어떠한 요소를 개선하면 좋은가?
질문	38페이지 참조

◆ 질문의 구조화

호텔 만족도 조사와 같이 질문 수가 많은 경우에는 질문 항목을 구조화하여 상세평가, 중간평가, 종합평가로 나눕니다.

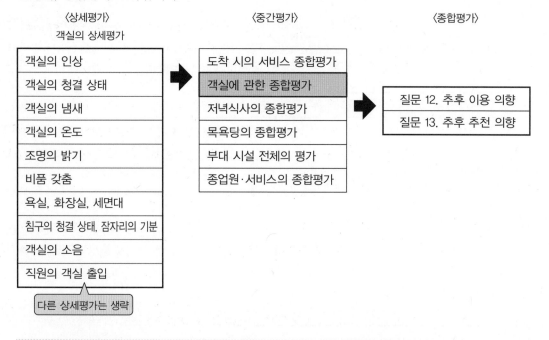

⟨상세평가⟩ 　　　　　 ⟨중간평가⟩ 　　　　　 ⟨종합평가⟩

객실의 상세평가

| 객실의 인상 |
| 객실의 청결 상태 |
| 객실의 냄새 |
| 객실의 온도 |
| 조명의 밝기 |
| 비품 갖춤 |
| 욕실, 화장실, 세면대 |
| 침구의 청결 상태, 잠자리의 기분 |
| 객실의 소음 |
| 직원의 객실 출입 |

다른 상세평가는 생략

| 도착 시의 서비스 종합평가 |
| 객실에 관한 종합평가 |
| 저녁식사의 종합평가 |
| 목욕딩의 종합평가 |
| 부대 시설 전체의 평가 |
| 종업원·서비스의 종합평가 |

| 질문 12. 추후 이용 의향 |
| 질문 13. 추후 추천 의향 |

요소의 범위 축소

고객 만족도 조사에서는 꼼꼼하게 개선할 수 있는 수많은 요소에 대해 질문합니다. 질문한 요소 중에는 비용 측면, 물리적 제약 등으로부터 개선할 수 없는 요소가 있기 때문에 질문해도 CS 분석에서는 이러한 요소를 제외하는 것이 좋습니다.

호텔 만족도 조사의 객실에 대한 요소 중에서 객실의 전망과 객실의 넓이는 개선할 수 없는 요소라고 생각하여 제외합니다.

◆ CS 분석에서 파악하는 내용

① 종합평가(추후 이용 의향, 추후 추천 의향)를 높이기 위해 중요한 중간평가는 무엇인지 파악합니다.

② 중요한 중간평가(이 예제에서는 객실에 관한 종합평가)를 높이기 위해 중요한 상세평가는 무엇인지, 개선해야 하는 상세평가는 무엇인지 파악합니다.

　※ 다음 페이지에서는 ②에서 예제를 만들었습니다.

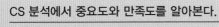

CS 분석에서 중요도와 만족도를 알아본다.

만족도와 중요도

CS 분석에서 만족도는 응답 비율(2top 응답 비율)을 이용하여, 중요도는 각 요소의 평가와 종합평가의 상관계수를 이용하여 해석합니다.

◆ CS 분석의 데이터

CS 분석에서 적용할 수 있는 데이터는 단계 평가의 데이터입니다. 단계 평가에서 얻은 데이터인 카테고리 데이터, 수량 데이터를 모두 취급할 수 있습니다.

◆ CS 분석에서 만족도

단계 평가의 데이터에서 만족도를 산출하는 방법을 제시합니다.

① 카테고리 데이터로 취급하는 경우 만족도는 응답 비율
② 수량 데이터로 취급하는 경우 만족도는 평균값

평균값을 적용하는 경우 단계 평가의 데이터를 다음에 제시하는 점수로 계산합니다.

	선택지 1	선택지 2	선택지 3	선택지 4	선택지 5
5단계	5점	4점	3점	2점	1점
4단계	4점	3점	2점	1점	
3단계	3점	2점	1점		
2단계	1점	0점			

호텔 만족도 조사에서 객실의 상세평가 만족도를 알아봅시다. 만족도는 5단계 평가를 카테고리 데이터로 만족과 약간 만족을 더한 2top 비율로 산출했습니다.

	2top 만족도
침구 청결 상태 및 잠자리의 기분	85.4
비품 갖춤	80.9
욕실, 화장실, 세면대	78.9
객실의 청결 상태	78.0
직원의 객실 출입	77.7
객실의 소음	77.4
객실의 인상	69.4
객실의 냄새	67.1
조명의 밝기	61.4
객실의 온도	52.3

객실의 요소에 대한 만족도가 가장 높은 것은 '침구 청결 상태 및 잠자리의 기분'이고, 그 다음은 '비품 갖춤'이다. 만족도가 가장 낮은 것은 '객실의 온도'이고, 그 다음은 '조명의 밝기'이다.

통계학적 지식

응답 비율은 집단의 한쪽을 나타내는 대푯값이고, 평균값은 집단의 한가운데를 나타내는 대푯값입니다(64페이지). CS 분석은 만족도를 높이는(불만을 낮추는) 것이 목적이므로 집단의 한쪽에 주목합니다. 따라서 만족도를 파악하려면 평균값보다 응답 비율쪽이 좋습니다.

◆ CS 분석에서의 중요도

중요도의 측정 방법은 다음 두 가지가 있습니다.

① 중요도를 조사 대상자가 응답하도록 합니다(**응답 중요도**라고 부릅니다).

〈예〉 귀하가 호텔에 숙박하여 객실을 평가할 때 다음에 제시한 각 요소를 어느 정도 중시
합니까?

〈중요도를 묻는 질문〉

	중시하지 않음	별로 중시 하지 않음	어느 쪽이라고도 할 수 없음	약간 중시함	중시함
침구 청결 상태 및 잠자리의 기분	1	2	3	4	5
비품 갖춤	1	2	3	4	5
이하 생략	1	2	3	4	5

② 해석을 통해 중요도를 파악합니다(**해석 중요도**라고 부릅니다).

각 요소와 종합평가와의 상관관계를 해석 중요도(이하 '중요도'라고 생략)라고 합니다.
상관계수는 수량 데이터에 적용할 수 있는 기법입니다.
상관계수는 선택지에 주어진 점수를 이용하여 산출합니다.
상관계수의 값이 큰 요소일수록 종합평가의 만족도를 높이기 위한 중요한 요소라고 생
각합니다.

※ 상관계수는 단순 상관계수(116페이지), 스피어만 순위상관(125페이지) 중 하나를 이용합니다.

호텔 만족도 조사의 객실에 대한 각 요소의 중요도를 나타냅니다.
중요도는 객실의 각 요소와 객실의 종합평가와의 단순 상관계수입니다.

〈각 요소와 종합평가와의 상관계수〉

	중요도
객실의 인상	0.8670
객실의 냄새	0.7547
침구 청결 상태 및 잠자리의 기분	0.6393
객실의 청결 상태	0.6113
욕실, 화장실, 세면대	0.6094
비품 갖춤	0.5630
직원의 객실 출입	0.5265
객실의 소음	0.4724
조명의 밝기	0.4371
객실의 온도	0.3535

객실의 중요도에 대해 중요도가 가장 높은 것은 '객실의 인상'이고, 그 다음은 '객실의 냄새'이다. 중요도가 가장 낮은 것은 '객실의 온도'이고, 그 다음은 '조명의 밝기'이다.

이 표의 중요도는 객실의 종합만족도와의 단순 상관관계의 값이에요. 따라서 중요도가 높은 요소일수록 객실의 종합만족도를 높이기 위해서 중요합니다.

◆ 중요도와 상관계수의 관계

상관계수의 값이 큰 요소는 종합평가의 만족도를 높이기 위해 중요하다고 기술했지만, 이 것에 대해 생각해 봅시다. 앞 페이지에서 상관계수가 최대인 '객실의 인상'에 대해 '객실에 관한 종합평가'와의 크로스 집계표를 나타냅니다.

〈크로스 집계표/응답자 수 표〉

		가로 합계	객실에 관한 종합평가		
			만족	약간 만족	불만
전체		350	101	152	97
객실의 인상	만족	87	84	0	3
	약간 만족	156	17	132	7
	불만	107	0	20	87

> 불만은 '어느 쪽이라고도 할 수 없음, 약간 불만, 불만'을 종합한 것입니다.

객실의 인상에 대해 '만족'이라고 응답한 87명 중 84명이 종합평가에서도 '만족'이라고 응답한다.
또한 '약간 만족'이라고 응답한 156명 중 132명이 종합평가에서도 '약간 만족'이라고 응답한다.
한편 객실의 인상을 '불만'이라고 응답한 107명 중 87명이 종합평가에서도 '불만'이라고 응답한다.

크로스 집계표를 보면, 객실의 인상에 만족하면 객실의 종합평가는 만족이고, 반대로 객실의 인상에 불만을 가지면 객실의 종합평가는 불만이라는 관계가 보입니다. 이것으로부터 상관계수는 큰 값을 나타내고, 객실의 인상은 종합평가의 만족도를 높이기 위해 중요하다고 판단할 수 있습니다.

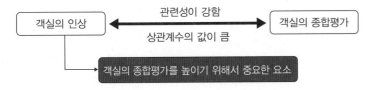

◆ 종합평가를 질문하지 않을 때의 중요도

종합평가를 질문하지 않을 때는 각 응답자에 대해 상세평가의 평균값을 산출하고, 그 값을 종합평가로 합니다. 예를 들면 객실에 관한 질문으로 객실의 종합평가를 묻지 않으면, 각 응납자의 종합평가는 다음과 같이 파악합니다.

응답 번호	객실의 인상	객실의 청결 상태	…	소음	직원의 출입	종합평가 평균값
1	4	5	…	4	4	4.0
2	5	5	…	3	5	3.7
⋮	⋮	⋮	…	⋮	⋮	⋮
350	3	4	…	4	4	3.5

CS 그래프로 개선도를 조사해 본다.

CS 그래프

세로 축이 만족도이고, 가로 축이 중요도인 상관도를 CS 그래프라고 합니다. CS 그래프에서 상세평가 항목의 위치로부터 개선해야 하는 항목을 파악할 수 있습니다.

◆ CS그래프란?

각 요소(상세평가 항목)의 만족도를 세로축으로, 중요도를 가로축으로 작성한 상관도를 CS 그래프라고 합니다.

만족도의 평균을 가로 선, 중요도의 평균을 세로 선으로 그려서 CS 그래프를 네 개의 영역으로 나눕니다. 오른쪽 아래에 위치한 요소(상세평가 항목)는 중요한 요소이기 때문에 만족도가 낮으므로 개선해야 하는 요소입니다. 호텔 만족도 조사의 CS 그래프를 작성했습니다.

	만족도	중요도
객실의 인상	69.4	0.8670
객실의 청결 상태	78.0	0.6393
객실의 냄새	67.1	0.7547
객실의 온도	52.3	0.3535
조명의 밝기	61.4	0.4371
비품 갖춤	80.9	0.5630
욕실, 화장실, 세면대	78.9	0.6094
침구 청결 상태 및 잠자리의 기분	85.4	0.6113
객실의 소음	77.4	0.4724
직원의 객실 출입	77.7	0.5265
평균	72.9	0.5834

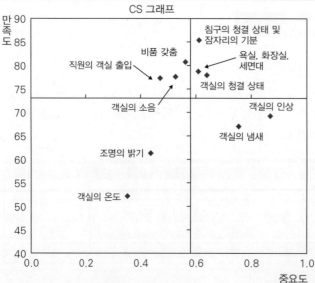

CS 그래프

오른쪽 아래에 위치한 '객실의 인상', '객실의 냄새'는 개선 항목입니다.

개선도 지수에 대해 알아본다.

개선도 지수

개선도 지수는 CS 그래프에서 오른쪽 아래에 위치한 항목일수록 큰 값이 됩니다.
개선도 지수는 개선해야 하는 항목, 개선 순서를 파악하는 지표입니다.

◆ 개선도 지수의 계산 방법

각 요소의 개선도는 CS 그래프 상의 위치를 결정하고, 그 강약을 나타내는 값이 개선도 지수입니다. 개선도 지수는 다음에 표시한 거리와 각도로 결정된다고 생각됩니다.

① CS 그래프 상의 원점으로부터 개선도를 계산하는 요소까지의 거리
② '원점과 요소를 연결한 선'과 '원점과 오른쪽 가장 아래 점을 연결한 선'과의 각도

이 선을 '기준선'이라고 부르기로 합니다.
거리가 길고, 각도가 0에 가까울수록 개선도 지수는 커집니다.
거리, 정확도의 계산은 만족도, 중요도를 편차값으로 한 CS 그래프에서 계산합니다.

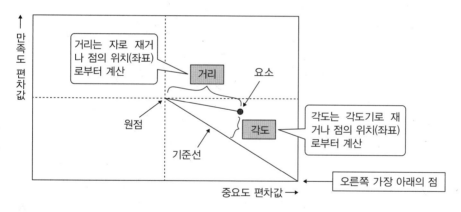

개선도 지수는 다음 순서로 산출합니다.

〈1〉 만족도, 중요도의 편차값을 산출한다.
〈2〉 편차값 데이터로 CS 그래프를 작성한다.
〈3〉 편차값 CS 그래프의 중심에서 점까지의 선을 그려 거리를 측정한다.
〈4〉 CS 그래프의 좌표(세로 편차값 20, 가로 편차값 80)와 중심을 연결한 기준선을 그린다.
　　〈3〉의 선과 〈4〉의 기준선과의 각도를 잰다.
〈5〉 수정 각도 지수를 구한다.
〈6〉 〈3〉의 거리와 〈5〉의 수정 각도 지수로부터 개선도 지수를 산출한다.

◆ <1> 편차값의 산출

만족도(%), 중요도(상관계수) 등에서 수치의 단위가 다릅니다.
수치의 단위가 다른 데이터를 취급하는 방법으로 편차값이 있습니다.
편차값은 다음 식에 따라 구할 수 있습니다.

> 편차값 = 10 × (데이터 평균값) ÷ 표준편차 + 50

〈계산 예〉

객실의 인상 만족도 편차값 = 10 × (69.4 − 72.9) ÷ 9.6 + 50 = 46.4
객실의 인상 중요도 편차값 = 10 × (0.8670 − 0.5834) ÷ 0.1430 + 50 = 69.8
편차값은 점수로 나타내고, 20~80점 사이의 값이 됩니다.

※ 이상값(특이값)이 있는 경우 이 범위에 없습니다.

객실에 관한 상세평가 항목의 만족도와 중요도의 편차값을 나타냅니다.

	만족도	중요도	만족도 편차값	중요도 편차값
객실의 인상	69.4	0.8670	46.4	69.8
객실의 청결 상태	78.0	0.6393	55.3	53.9
객실의 냄새	67.1	0.7547	44.0	62.0
객실의 온도	52.3	0.3535	28.7	33.9
조명의 밝기	61.4	0.4371	38.1	39.8
비품 갖춤	80.9	0.5630	58.4	48.6
욕실, 화장실, 세면대	78.9	0.6094	56.3	51.8
침구 청결 상태 및 잠자리의 기분	85.4	0.6113	63.0	51.9
객실의 소음	77.4	0.4724	54.7	42.2
직원의 객실 출입	77.7	0.5265	55.0	46.0
평균값	72.9	0.5834	50.0	50.0
표준편차	9.6	0.1430	10.0	10.0

> 편차값의 평균은 50점, 표준편차는 10점

> 표준편차는 10개의 상세평가 항목을 데이터로 계산한 것입니다. 표준편차의 분모는 n = 10의 공식을 적용했습니다.

◆ <2> 편차값 CS 그래프의 작성

세로 축과 가로 축 모두 20~80까지의 눈금으로 그래프를 작성합니다.

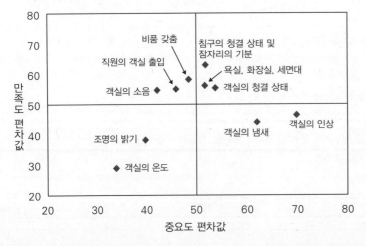

◆ <3> 점까지의 거리

요소 점의 위치(좌표)를 (x, y), 중심을 $(\bar{x}, \bar{y})$라고 하면, 피타고라스의 정리에 의해 거리는 다음 식으로 구해집니다. x는 만족도 편차값, y는 중요도 편차값입니다.

$$\text{거리} = \sqrt{(x - \bar{x})^2 + (y - \bar{y})^2} = \sqrt{(x - 50)^2 + (y - 50)^2}$$

$$\begin{aligned}\text{객실의 인상 거리} &= \sqrt{(46.4 - 50)^2 + (69.8 - 50)^2} \\ &= \sqrt{(-3.56)^2 + (19.83)^2} = \sqrt{405.79} = 20.14\end{aligned}$$

◆ <4> 각도의 계산

각도의 계산은 복잡하므로 엑셀 함수를 이용한 계산 방식을 설명합니다.
'객실의 인상'을 예로 듭니다.
요소 점의 위치(좌표)를 (x, y)라고 합니다.

만족도 편차값 x	중요도 편차값 y	$x - 50$	$y - 50$
46.4	69.8	−3.56	19.83

아래 값은 삼각함수로 구하는 상수입니다. π는 원주율입니다.

$a = -\sin(\pi/4)$	−0.70711		$b = \cos(\pi/4)$	0.70711
$c = \cos(\pi/4)$	0.70711		$d = \sin(\pi/4)$	0.70711

x'	y'
$(x - 50) \times a + (y - 50) \times b$	$(x - 50) \times c + (y - 50) \times d$
16.538	11.502

각도
$= \text{ABS}(\text{ATAN2}(x', y') \ast 180/\text{PI}())$　굵은 글씨는 엑셀 함수

$= \text{ABS}(\text{ATAN2}(16.538, 11.502) \ast 180/\text{PI}()) = 34.82\text{도}$

◆ <5> 수정 각도 지수의 계산

각도를 수정 각도 지수로 변환합니다. 수정 각도 지수는 기준선으로부터의 각도를 그림에 나타낸 것처럼, 90도는 0, 45도는 0.5, 0도는 1로 변환하기 때문에(아래 그림 참조), 다음 식으로 계산합니다.

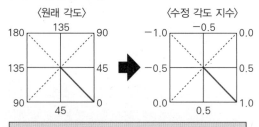

원래 각도가 작을수록 개선도 지수는 커집니다.
수정 각도 지수가 클수록 개선도 지수는 커집니다.
수정 각도 지수는 −1부터 1 사이의 값입니다.

수정 각도 지수 = (90도 − 각도) ± 90도

◆ <6> 개선도 지수의 계산

개선도 지수는 원점부터의 거리와 수정 각도 지수를 곱해서 구합니다.

> 개선도 지수 = 거리 × 수정 각도 지수

객실에 대한 상세평가의 각도, 수정 각도 지수, 거리, 개선도 지수를 나타냅니다.

	각도	수정 각도 지수	거리	개선도 지수
객실의 인상	34.82	0.613	20.14	12.35
객실의 청결 상태	98.82	−0.098	6.62	−0.65
객실의 냄새	18.64	0.793	13.37	10.60
객실의 온도	81.96	0.089	26.74	2.39
조명의 밝기	85.76	0.047	15.67	0.74
비품 갖춤	144.75	−0.608	8.43	−5.13
욕실, 화장실, 세면대	118.74	−0.319	6.49	−2.07
침구 청결 상태 및 잠자리의 기분	126.52	−0.406	13.20	−5.36
객실의 소음	166.45	−0.849	9.10	−7.73
직원의 객실 출입	173.26	−0.925	6.42	−5.94

> 개선도 지수
> 10 이상 즉시 개선
> 5 이상 개선 필요
> 5 미만 개선 불필요

개선도 지수는 '10 이상 즉시 개선', '5 이상 개선 필요', '5 미만 개선 불필요'입니다. 객실의 종합평가를 높이려면 객실의 인상, 객실의 냄새는 즉시 개선해야 한다는 것을 알았습니다.

◆ 확장적 개선도 지수

개선 영역을 정하는 세로 선은 만족도의 평균값(평균값은 50점)이고, 가로 선은 중요도의 평균값(표준편차는 50점)입니다. 세로 선, 가로 선을 정하는 값에 평균값을 적용하지 않는 것도 가능합니다. 예를 들면 만족도의 평균값은 45%, 상관관계의 평균값은 0.65였다고 합시다. 세로 선, 가로 선의 값은 45%, 0.65이지만, 이것을 분석가가 설정하는 35%, 0.6으로 개선도 지수를 산출하는 것이 가능합니다(이것을 확장적 개선도 지수라고 부릅니다).

개선도의 계산은 편차값을 계산하고 평균값을 설정값으로 치환하는 것뿐입니다. 다섯 가지 상세평가의 만족도, 중요도에 대해 개선도 지수와 확장적 개선도 지수를 산출합니다.

	만족도	중요도	개선도 지수			확장적 개선도 지수		
			만족도 편차값	중요도 편차값	개선도 지수	만족도 편차값	중요도 편차값	개선도 지수
상세평가 1	65	0.72	66	64	1.1	71	78	3.2
상세평가 2	54	0.65	50	56	−3.2	63	62	−0.7
상세평가 3	48	0.59	36	52	−8.5	59	48	−6.3
상세평가 4	30	0.66	52	39	6.9	46	64	9.6
상세평가 5	28	0.63	45	38	3.4	45	57	7.7
평균값	45.0	0.650						
표준편차	14.2	0.042						
설정값	35.0	0.600						

■ 는 개선 필요

제 **8** 장

쌍대비교법의 조사와
분석 방법

쌍대비교법에서 질문지를 만드는 방법과 해석 방법 및
질문 방식이 다른 네 가지 해석 기법에 대해 배웁니다.

동시에 비교할 수 없는 복수의 식료품의 순위를 정하고 해석하는 기법을 알아본다.

쌍대비교법 조사란?

몇 가지 음료제품을 시식 및 시음 테스트할 때 한 사람의 대상자가 복수 개의 음료제품을 동시에 평가하는 것이 불가능한 경우 쌍대비교로 조사하는데, 이 데이터를 해석하는 기법이 쌍대비교법입니다.

◆ 쌍대비교법이란?

몇 가지 음료제품을 시식 혹은 시음하여 맛을 테스트할 때 한 사람의 대상자가 복수 개의 음료제품을 동시에 평가하는 것은 곤란합니다. 가령 시행해도 얻어진 데이터의 신빙성은 희박할 것입니다.

지금 세 가지 제품 A, B, C가 있다고 합시다. 이 중에서 두 가지 예를 들면, A와 B를 골라 어느 제품의 맛이 좋은가를 평가합니다. 잠시 시간을 두고 B와 C, 다시 C와 A라는 식으로 전체 조합에 대해 평가합니다. 이러한 방법이라면, 동시에 시행하는 것이 곤란한 평가 테스트의 데이터를 수집하는 것이 가능한데, 이 방법을 **쌍대비교법**이라고 합니다.

평가방법에는 이항선택법과 단계평가가 있습니다. 평가방법에 따라 다음 표와 같이 해석 방법은 달라집니다.

평가 방법	평가 방법에 따른 해석 방법
이항선택법으로 어느 것이 좋은지 판정	써스턴(Thurston)의 쌍대비교법
단계평가로 어느 것이 어느 정도 좋은지 판정	쉐페(Scheffe)의 쌍대비교법

평가 방법에 따라 해석 기법이 달라져요!

이항선택법에 의한 비교로부터 각 제품의 평가 방법을 알아본다.

써스턴의 쌍대비교법

쌍대비교법을 이용하여 복수의 제품을 비교할 때 이항선택법에 의해 평가 데이터를 해석하는 기법이 써스턴의 쌍대비교법입니다.

◆ 써스턴의 쌍대비교법이란?

써스턴의 쌍대비교법은 이항선택의 평가 데이터를 해석하는 기법입니다.

아래의 예로 써스턴의 쌍대비교법의 방법을 알아봅시다.

〈써스턴의 쌍내비교법 질문지〉

질문. A, B, C 세 가지 막걸리에 대해 묻습니다.		
두 개씩 조를 이루어(A와 B, A와 C, B와 C) 시음한 뒤 어느 것이 맛있는지 답해주세요.		
A와 B	1. A가 맛있다.	2. B가 맛있다.
A와 C	1. A가 맛있다.	2. C가 맛있다.
B와 C	1. B가 맛있다.	2. C가 맛있다.

〈써스턴의 쌍대비교법 응답 데이터〉

이 예의 응답자 수는 10명입니다.

조합＼응답자	1	2	3	4	5	6	7	8	9	10
A와 B	1	2	1	1	1	1	1	2	1	2
A와 C	2	1	1	1	1	2	1	2	2	2
B와 C	2	2	1	1	2	2	1	2	1	2

〈써스턴의 쌍대비교법 단순 집계〉

단순 집계를 한 결과를 야구 리그전 등의 승패표와 같은 형식의 행렬표로 만듭니다.

	A	B	C
A		A와 B 중에서 **A**가 좋다.	A와 C 중에서 **A**가 좋다.
B	B와 A 중에서 **B**가 좋다.		B와 C 중에서 **B**가 좋다.
C	C와 A 중에서 **C**가 좋다.	C와 B 중에서 **C**가 좋다.	

	A	B	C	합계
A		7	5	12
B	3		4	7
C	5	6		11

◆ 써스턴의 쌍대비교법 계산 방법

써스턴의 쌍대비교법은 평가하는 사람으로부터 평가 대상(이 예에서는 막걸리)을 점수화하는 기법입니다.

① 어느 쪽이 좋은가의 확률을 계산합니다.

예를 들면 A와 B의 비교에서 A가 맛있다고 한 사람은 10명 중 7명이므로 확률은 7 ÷ 10 = 0.7(70%)입니다.

	A	B	C
A		7 ÷ 10	5 ÷ 10
B	3 ÷ 10		4 ÷ 10
C	5 ÷ 10	6 ÷ 10	

➡

	A	B	C	합계
A		0.70	0.50	1.20
B	0.30		0.40	0.70
C	0.50	0.60		1.10
합계	0.80	1.30	0.90	3.00

② 구해진 확률의 표준정규분포에서 가로 축('Z축'이라고 부르는)의 값을 구합니다.

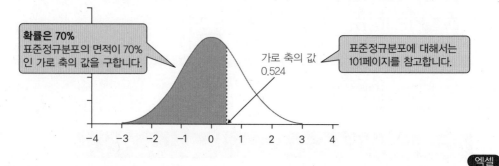

확률은 70%
표준정규분포의 면적이 70%인 가로 축의 값을 구합니다.

가로 축의 값
0.524

표준정규분포에 대해서는 101페이지를 참고합니다.

엑셀

Z값은 엑셀 함수로 구할 수 있습니다.

임의의 셀에 다음 함수를 입력하고 Enter 를 누릅니다.

= NORMSINV(확률)

【계산 예】= NORMSINV(0.70) Enter 0.524

③ 구해진 값의 평균값을 계산합니다. 이 값이 맛의 평가점수입니다.

	A	B	C	합계	평균값
A		0.524	0.000	0.524	0.262
B	−0.524		−0.253	−0.777	−0.389
C	0.000	0.254		0.254	0.127

평가가 가장 높은 것은 A, 평가가 가장 낮은 것은 B입니다.

써스턴의 쌍대비교법은 조사 대상의 평가를 점수화하는 기법이에요.

단계 평가에 의한 비교로부터 각 제품의 평가 방법을 알아본다.

쉐페의 쌍대비교법

쌍대비교법을 이용하여 복수의 제품을 비교할 때 단계평가(주로 5단계)의 데이터를 해석하는 기법이 쉐페의 쌍대비교법입니다.

◆ 쉐페의 쌍대비교법이란?

t개의 식품이 있을 때 이 중에서 두 개를 고르는 **조합의 수** r은 $t \times (t-1) \div 2$로 주어집니다. r개의 조합에 대해 어느 정도 좋은가를 단계평가로 조사한 데이터를 해석하는 기법이 **쉐페의 쌍대비교법**입니다.

쉐페의 쌍대비교법의 조사 방법

한 사람의 응답자가 전체 조합을 평가하는 것이 기본이지만, 조합의 수가 많아 전체에 대해 평가하는 것이 곤란한 경우 응답자 한 사람이 한 개의 조합을 평가하게 합니다. 조합 방법은 다음의 두 가지가 있습니다.

1. 한 사람의 응답자가 전체의 조합을 대상으로   2. 한 사람의 응답자가 한 개의 조합을 대상으로

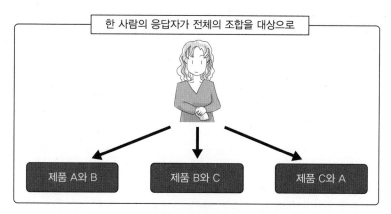

한 사람의 응답자가 전체의 조합을 대상으로

| 제품 A와 B | 제품 B와 C | 제품 C와 A |

한 사람의 응답자가 한 개의 조합을 대상으로

응답자 1   응답자 2   응답자 3

| 제품 A와 B | 제품 B와 C | 제품 C와 A |

◆ 순서 있음, 순서 없음

응답자를 평가하는 순서를 정하는 방법은 '순서 없음'과 '순서 있음'의 두 가지가 있습니다.

순서 없음	A와 B의 시식 순서를 정하지 않고 평가합니다. 어느 쪽을 먼저 시식하는가는 응답자의 판단에 맡깁니다.
순서 있음	A와 B를 시식하는 경우 'A를 먼저, B를 다음에'로 시식하는 평가와 'B를 먼저, A를 다음에'로 시식하는 평가를 수행합니다.

◆ 쉐페의 쌍대비교법 종류

쉐페의 쌍대비교법은 조합 방법과 순서를 정하는 방법에 따라 네 가지 계산 방법이 있습니다. 계산 기법에는 고안한 사람의 이름이 붙어 있습니다.

〈쉐페의 쌍대비교법 4유형〉

	한 명의 응답자 하나의 조합	한 명의 응답지 전체 조합
순서 있음	쉐페의 대응비교법 (183페이지 참조)	우라의 대응비교법 (188페이지 참조)
순서 없음	호가의 대응비교법 (192페이지 참조)	나카야의 대응비교법 (195페이지 참조)

◆ 질문문 견본

[A와 B를 비교하는 그룹에 대한 질문문]

첫 번째 시식한 아이스크림에 비해 두 번째 시식한 아이스크림의 맛은 어느 정도였습니까?

첫 번째 시식한 아이스크림	매우 맛이 없었다.	조금 맛이 없었다.	맛의 차이 가 없었다.	조금 맛이 없었다.	매우 맛이 없었다.	두 번째 시식한 아이스크림
A	1	2	3	4	5	B

◆ 쉐페의 쌍대비교법 파악 내용

쉐페의 쌍대비교법은 주효과와 분산분석표를 출력합니다.

① 주효과

비교하는 대상제품의 평가점수를 **주효과**라고 합니다.

주효과에 따라 어느 제품이 뛰어난지 알 수 있습니다.

② 분산분석표

주효과로 제품 사이의 평가에 차이가 있는 것을 알았지만, 이 사실을 모집단 전체에 대해서도 말할 수 있는가를 조사하는 것이 **분산분석표**입니다.

주효과 수치가 구해지면 맛의 순위를 알 수 있어요.

◆ 분산분석표의 내용

네 가지 기법에서 분산분석의 출력 내용은 다릅니다.

			한 명의 응답자 하나의 조합 순서 있음 쉐페의 대응 비교법	한 명의 응답자 전체 조합 순서 있음 우라의 대응 비교법	한 명의 응답자 하나의 조합 순서 없음 호가의 대응 비교법	한 명의 응답자 전체 조합 순서 없음 나카야의 대응비교법
①	전체	(계산에 적용)	○	○	○	○
②	주효과	제품 간에 차이가 있는가?	○	○	○	○
③	개체 간 효과	응답자 간에 차이가 있는가?		○		○
④	조합 간 효과	조합 간에 차이가 있는가?	○	○	○	○
⑤	순서 간 효과	평가 순서에 차이가 있는가?	○	○		
⑥	개체 간 순서 간 효과	(계산에 적용)		○		
⑦	오차	(계산에 적용)	○	○	○	○

○ 출력이 있음

◆ 분산분석표로부터 파악할 수 있는 것

주효과	모집단에서의 평가는 제품 간에 차이가 있는가? 자사제품이 타사제품보다 뛰어난지 조사할 수 있습니다.
개체 간 효과	모집단에서의 평가는 응답자 간에 차이가 있는가? 메이커의 의뢰로 그 메이커의 제품만 높게 평가하고, 무책임한 평가를 하는 등 보통의 응답자와 다르게 평가하는지 조사할 수 있습니다.
조합 간 효과	모집단에서의 평가는 조합 간에 차이가 있는가? 세 가지 조합의 평가에서 A > B(A가 B보다 좋다), B > C라면 A > C의 응답이 보통이지만, A < C라고 평가한 응답자가 있는지 조사할 수 있습니다.
순서 간 효과	모집단에서의 평가는 평가의 순서에 차이가 있는가? 시식 순서에서 모든 제품에 대해 먼저 시식한 쪽이 맛있다고(혹은 맛이 없다고)한 응답자가 있는지 조사할 수 있습니다.

◆ 분산분석표의 해석

분산분석표의 형식을 아래에 제시합니다. 앞 페이지에서 '차이가 있는가?'라고 표기한 의미에 대해 설명합니다. 분산분석표에서 이용하는 것은 ①~④의 효과인 값이고, 그 외의 수치는 값을 산출하기 위한 값입니다.

요인	편차제곱합	자유도	불편분산	분산비	p 값	판정
전체			—	—	—	—
① 주효과						
② 개체 간 효과						
③ 조합 간 효과						
④ 순서 간 효과						
개체 간 순서 간 효과						
오차				—	—	—

① 주효과에서 p값 $\leqq 0.05$라면, 모집단에서의 평가는 제품 간에 차이가 있습니다.

② 개체 간 효과에서 p값 $\leqq 0.05$라면, 모집단에서의 평가는 응답자 간에 차이가 있다고 할 수 있습니다.

③ 조합 간 효과에서 p값 $\leqq 0.05$라면, 모집단에서의 평가는 조합 간에 차이가 있다고 할 수 있습니다.

④ 순서 간 효과에서 p값 $\leqq 0.05$라면, 모집단에서의 평가는 순서 간에 차이가 있다고 할 수 있습니다.

② 개체 간 효과, ③ 조합 간 효과, ④ 순서 간 효과 중에서 차이가 있다는 결과가 나온 경우 제품 간에 차이가 있다는 결과가 ① 주효과에 나타나도 신빙성은 낮고, 경우에 따라 재조사하여 검토해야 합니다.

◆ 분산분석표의 산출법

네 가지 기법에서 계산 방식은 다릅니다.

다음 절부터 네 가지 기법마다 분산분석표를 구하는 방법을 해설합니다.

◆ p값의 산출

p값을 구하는 방법은 네 가지 기법 모두 같습니다.

p값은 엑셀 함수로 구할 수 있습니다.

임의의 셀에 다음 함수를 입력하고 (Enter)를 누릅니다.

> 엑셀

= FDIST(분산비, 효과의 자유도, 오차의 자유도) (Enter)

쉐페의 대응비교법에 대해 알아본다.

쉐페의 대응비교법

쉐페의 대응비교법은 '한 사람의 응답자 하나의 조합', '순서 있음'의 응답 데이터로 쌍대비교법을 실행하는 방법입니다.

◆ 쉐페의 대응비교법이란?

쉐페의 대응비교법은 조사 대상자에게 한 쌍(두 가지), 예를 들어 아이스크림 A와 B를 시식하게 한 후 어느 쪽이 맛있는가를 단계로 평가하게 하는 기법입니다.

두 가지의 비교이지만, 아이스크림이 A, B, C 세 종류가 있으면, (A와 B), (A와 C), (B와 C), 순서를 바꾼 (B와 A), (C와 A), (C와 B)와 같이 총 여섯 가지 조합에 대해서 시식하게 됩니다. 쉐페의 쌍대비교법은 한 사람의 대상자가 하나의 조합만 평가하고, 다른 조합은 다른 대상자가 평가합니다.

◆ 쉐페의 대응비교법을 실행하기 위한 조사

〈조사 이름〉

아이스크림 3제품 A, B, C의 미각 테스트

〈조사 대상과 n 수〉

A와 B의 비교	A를 먼저 시식하는 그룹 10명	B를 먼저 시식하는 그룹 10명
A와 C의 비교	A를 먼저 시식하는 그룹 10명	C를 먼저 시식하는 그룹 10명
B와 C의 비교	B를 먼저 시식하는 그룹 10명	C를 먼저 시식하는 그룹 10명　합계 60명

〈질문문〉

[A와 B의 비교에서 A를 먼저 시식하는 그룹에 대한 질문문]

첫 번째 시식한 아이스크림에 비해 두 번째 시식한 아이스크림의 맛은 어느 정도였습니까?

첫 번째 시식한 아이스크림	매우 맛이 없었다.	조금 맛이 없었다.	맛의 차이가 없었다.	조금 맛이 없었다.	매우 맛이 없었다.	두 번째 시식한 아이스크림
A	1	2	3	4	5	B

〈60명의 데이터〉

	1	2	3	4	5	6	7	8	9	10
A – B	1	2	2	2	1	3	2	1	3	2
B – A	4	3	4	5	5	4	5	5	4	4
A – C	2	1	2	1	1	2	1	2	1	1
C – A	4	5	5	5	5	4	5	5	5	4
B – C	3	3	2	2	2	1	2	3	1	3
C – B	3	4	4	5	4	5	3	2	5	2

◆ 5단계 평가의 점수화

5단계로 다음에 제시한 가중치를 부여한 점수를 매깁니다.

선택된 번호의 '1'을 −2점, '2'를 −1점, '3'을 0점, '4'를 1점, '5'를 2점으로 하여 앞 페이지 데이터의 점수를 치환합니다. 점수화한 데이터를 나타냅니다.

	1	2	3	4	5	6	7	8	9	10
A − B	−2	−1	−1	−1	−2	0	−1	−2	0	−1
B − A	1	0	1	2	2	1	2	2	1	1
A − C	−1	−2	−1	−2	−2	−1	−2	−1	−2	−2
C − A	1	2	2	2	2	1	2	2	2	1
B − C	0	0	−1	−1	−1	−2	−1	0	−2	0
C − B	0	1	1	2	1	2	0	−1	2	−1

◆ 주효과

비교하는 대상 제품의 평가 점수를 **주효과**라고 합니다. 주효과로부터 어느 아이스크림이 가장 맛있었는지 알 수 있습니다. 이 예의 주효과를 나타냅니다.

※ 구하는 방법은 다음 페이지 참조

아이스크림	주효과
A	−0.95
B	0.15
C	0.80

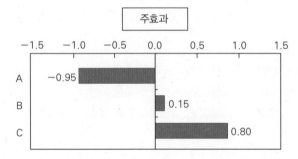

아이스크림의 평가는 C가 가장 좋고, 다음은 B라고 할 수 있어요.

◆ 분산분석표

주효과에서 제품 간의 평가에 차이가 있다는 것을 알았지만, 이 사실은 모집단 전체에 대해서도 말할 수 있는가를 조사하는 것이 **분산분석표**입니다.

이 예의 분산분석표를 제시합니다. 쉐페의 대응비교법에서는 한 사람의 응답자가 하나의 조합을 평가하므로 ② 개체 간 효과는 없습니다.

변동 요인	편차제곱합	자유도	불편분산	분산비	p 값	판정
전체	126.00	60.00				
① 주효과	93.90	2.00	46.95	81.26	0.0000	[**]
③ 조합 간 효과	0.60	1.00	0.60	1.04	0.3127	[ ]
④ 순서 간 효과	0.30	3.00	0.10	0.17	0.9140	[ ]
오차	31.20	54.00	0.58			

◆ 분산분석표에서 파악할 수 있는 것

분산분석 결과의 p값으로부터 다음과 같이 말할 수 있습니다.

- '주효과'의 p값 < 0.05에 의해 평가는 세 가지 아이스크림 간에 차이가 있다고 할 수 있습니다.
- '조합 간 효과'의 p값 > 0.05에 의해 평가는 조합 간에 차이가 없다고 할 수 있습니다.
- '순서 간 효과'의 p값 > 0.05에 의해 평가는 순서 간에 차이가 없다고 할 수 있습니다.

'주효과'에서 유의한 차이가 있고, '조합', '순서'에서 유의한 차이가 없다고 할 수 있기 때문에 이 쌍대비교조사는 모집단에서 제품 간의 유의차 판정에 유효합니다.

※ p값 ≦ 0.01[**]   0.01 < p값 ≦ 0.05[*] p값 > 0.05[ ]

　*가 하나라도 붙어있으면 유의하다고 말할 수 있습니다.

◆ 주효과를 구하는 방법

① 각 선택지의 응답자 수를 산출합니다(아래의 첫 번째 표).

② 선택된 번호 '1'을 −2점, …, '5'를 2점의 가중치로 합계를 산출합니다.

　【예】 AB(−2) × 3명 + (−1) × 5명 + 0 × 2명 + 1 × 0명 + 2 × 0명 = −11

③ 합계를 아래의 두 번째 표인 **쌍대비교표**에 옮겨 적습니다.

④ 쌍대비교표의 가로 합계를 산출합니다.

⑤ 가로 합계, 세로 합계를 산출하고, 가로 합계와 세로 합계의 차를 산출합니다.
　차를 응답자 총수 60으로 나눈 값이 주효과입니다.

　【예】 A의 주효과 = −57 ÷ 60 = −0.95

선택지		1	2	3	4	5	합계
가중치		−2	−1	0	1	2	
A	B	3명	5명	2명	0명	0명	−11
B	A	0명	0명	1명	5명	4명	13
A	C	6명	4명	0명	0명	0명	−16
C	A	0명	0명	0명	3명	7명	17
B	C	2명	4명	4명	0명	0명	−8
C	B	0명	2명	2명	3명	3명	7

쌍대비교표

	A	B	C	가로 합계	세로 합계	차	주효과
A		−11	−16	−27	30	−57	−0.95
B	13		−8	5	−4	9	0.15
C	17	7		24	−24	48	0.80
세로 합계	30	−4	−24				

◆ 분산분석표에서의 통계량의 기호

분산분석표로 구하는 값의 기호를 정의합니다.

요인	편차제곱합	자유도	불편분산	분산비	p값	판정
전체	S_t	f_t				
① 주효과	S_a	f_a	V_a	F_a		
③ 조합 간 효과	S_c	f_c	V_c	F_c		
④ 순서 간 효과	S_r	f_r	V_r	F_r		
오차	S_e	f_e	V_e			

◆ 편차제곱합을 구하는 방법

분산분석표의 편차제곱합을 계산하는 방법을 아래에 제시합니다.

〈전체 S_t〉

S_t는 각 데이터의 제곱을 구해 응답자 60명에 대해 합계를 구한 값

$$S_t = (-2)^2 + (-1)^2 + (-1)^2 + \cdots + (2)^2 + (-1)^2 = 126$$

〈주효과 S_a〉

앞 페이지의 쌍대비교표에서 차의 제곱을 구합니다.

	A	B	C	가로 합계	세로 합계	차	차의 제곱
A		−11	−16	−27	30	−57	3,249
B	13		−8	5	−4	9	81
C	17	7		24	−24	48	2,304
세로 합계	30	−4	−24				5,634

세 가지 '차의 제곱'의 합계 5,634를 응답자 수 60명으로 나눕니다.

$$S_a = 5,634 \div 60 = 93.9$$

〈조합의 효과 S_c〉

쌍대비교표에서 대각선의 오른쪽 위 요소로부터 왼쪽 아래 대응하는 요소를 뺍니다. 구해진 값을 제곱합니다.

	A	B	C	대응하는 요소의 뺄셈			제곱	
A		−11	−16		−24	−33		576	1,089
B	13		−8			−15			225
C	17	7							

합계 1,890

$$S_c = \text{제곱의 합계} \div \text{하나의 조합 응답자 수} - S_a$$
$$= 1,890 \div 20\text{명} - 93.9 = 0.6$$

⟨순서 효과 S_r⟩

쌍대비교표에서 대각선의 오른쪽 위 요소와 왼쪽 아래의 대응하는 요소를 더합니다. 구해진 값을 제곱합니다.

	A	B	C	대응하는 요소의 덧셈			제곱		
A		−11	−16		2	1		4	1
B	13		−8			−1			1
C	17	7							

합계 6

S_r = 제곱의 합계 ÷ 하나의 조합 응답자 수 = 6 ÷ 20 = 0.3

⟨오차⟩

$$S_e = S_t - S_a - S_c - S_r$$
$$= 126 - 93.9 - 0.6 - 0.3 = 31.2$$

◆ 자유도를 구하는 방식

분산분석표의 자유도 계산 방법을 제시합니다.

전체	f_t = 전체 응답자 수 = 60
주효과	$f_a = t - 1 = 2$ t = 상품 수
조합 간 효과	$f_c = (t-1)(t-2) \div 2 = 2 \times 1 \div 2 = 1$
순서 간 효과	$f_r = t(t-1) \div 2 = 3 \times 2 \div 2 = 3$
오차	$f_e = f_t - (f_a + f_c + f_r) = 60 - 2 - 1 - 3 = 54$

◆ 불편분산을 구하는 방식

주효과	$V_a = S_a \div f_a = 93.9 \div 2 = 46.95$
조합 간 효과	$V_c = S_c \div f_c = 0.6 \div 1 = 0.6$
순서 간 효과	$V_r = S_r \div f_r = 0.3 \div 3 = 0.1$
오차	$V_e = S_e \div f_e = 31.2 \div 54 = 0.5778$

◆ 분산비를 구하는 방식

주효과	$F_a = V_a \div V_e = 46.95 \div 0.5778 = 81.26$
조합 간 효과	$F_c = V_c \div V_e = 0.6 \div 0.5778 = 1.04$
순서 간 효과	$F_r = V_r \div V_e = 0.1 \div 0.5778 = 0.17$

◆ p값의 산출

p값은 엑셀 함수로 구할 수 있습니다.

임의의 셀에 다음 함수를 입력하고 [Enter]를 누릅니다.

= FDIST(분산비, 효과의 자유도, 오차의 자유도)

【계산 예】 = FDIST(81.26, 2, 54) [Enter] 0.0000

우라의 대응비교법에 대해 알아본다.

우라의 대응비교법

우라의 대응비교법은 '한 사람의 응답자 전체 조합', '순서 있음'의 응답 데이터로 쌍대비교법을 실행하는 방법입니다.

◆ 우라의 대응비교법이란?

우라의 대응비교법은 조사 대상자에게 한 쌍(두 가지), 예를 들어 아이스크림 A와 B를 시식하게 한 후 이느 쪽이 맛있는가를 단계별로 평가하게 하는 기법입니다.

두 가지의 비교이지만, 아이스크림이 A, B, C 세 종류가 있으면, (A와 B), (A와 C), (B와 C), 순서를 바꾼 (B와 A), (C와 A), (C와 B)와 같이 총 여섯 가지 조합에 대해서 시식하게 됩니다. 우라의 대응비교법은 한 사람의 대상자가 전체의 조합(여섯 가지)을 평가합니다.

◆ 우라의 대응비교법을 수행하기 위한 조사

〈조사 이름〉

아이스크림 3제품 A, B, C의 미각 테스트

〈조사 대상 수〉

10명

〈질문문〉

질문. 세 가지 아이스크림으로부터 두 개씩 시식해 주세요.

[첫 번째]
- 먼저 시식한 아이스크림 A에 비해 뒤에 시식한 아이스크림 B의 맛은 어느 정도였습니까?
- 먼저 시식한 아이스크림 B에 비해 뒤에 시식한 아이스크림 A의 맛은 어느 정도였습니까?

첫 번째 시식한 아이스크림	매우 맛이 없었다.	조금 맛이 없었다.	맛의 차이가 없었다.	조금 맛이 없었다.	매우 맛이 없었다.	두 번째 시식한 아이스크림
A	1	2	3	4	5	B
B	1	2	3	4	5	A

[두 번째]
- 먼저 시식한 아이스크림 A에 비해 뒤에 시식한 아이스크림 C의 맛은 어느 정도였습니까?
- 먼저 시식한 아이스크림 C에 비해 뒤에 시식한 아이스크림 A의 맛은 어느 정도였습니까?

첫 번째 시식한 아이스크림	매우 맛이 없었다.	조금 맛이 없었다.	맛의 차이가 없었다.	조금 맛이 없었다.	매우 맛이 없었다.	두 번째 시식한 아이스크림
A	1	2	3	4	5	C
C	1	2	3	4	5	A

[세 번째]
- 먼저 시식한 아이스크림 B에 비해 뒤에 시식한 아이스크림 C의 맛은 어느 정도였습니까?
- 먼저 시식한 아이스크림 C에 비해 뒤에 시식한 아이스크림 B의 맛은 어느 정도였습니까?

첫 번째 시식한 아이스크림	매우 맛이 없었다.	조금 맛이 없었다.	맛의 차이가 없었다.	조금 맛이 없었다.	매우 맛이 없었다.	두 번째 시식한 아이스크림
B	1	2	3	4	5	C
C	1	2	3	4	5	B

〈10명의 데이터〉

10명의 응답자가 여섯 가지 조합에 대해 평가한 데이터입니다.

조합 \ 응답자	1	2	3	4	5	6	7	8	9	10
A B	1	2	2	2	1	3	2	1	3	2
B A	4	3	4	5	5	4	5	5	4	4
A C	2	1	2	1	1	2	1	2	1	1
C A	4	5	5	5	5	4	5	5	5	4
B C	3	3	2	2	2	1	2	3	1	3
C B	3	4	4	5	4	5	3	2	5	2

◆ 5단계 평가의 점수화

5단계로 다음에 제시한 가중치를 부여한 점수를 매깁니다.

선택된 번호의 '1'을 −2점, '2'를 −1점, '3'을 0점, '4'를 1점, '5'를 2점으로 하여 앞 페이지 데이터의 점수를 치환합니다.

점수화한 데이터를 아래에 나타냅니다.

	1	2	3	4	5	6	7	8	9	10
A − B	−2	−1	−1	−1	−2	0	−1	−2	0	−1
B − A	1	0	1	2	2	1	2	2	1	1
A − C	−1	−2	−1	−2	−2	−1	−2	−1	−2	−2
C − A	1	2	2	2	2	1	2	2	2	1
B − C	0	0	−1	−1	−1	−2	−1	0	−2	0
C − B	0	1	1	2	1	2	0	−1	2	−1

◆ 주효과

주효과는 쉐페의 대응비교법과 동일합니다.

아이스크림	주효과
A	−0.95
B	0.15
C	0.80

◆ 분산분석표

아래의 분산분석표가 출력되었습니다.

아래 표에서 진하게 칠해진 행은 쉐페의 대응비교법과 동일한 방법으로 구한 것입니다.

변동 요인	편차제곱합	자유도	불편분산	분산비	p 값	판정
전체	126.00	60				
① 주효과	93.90	2	46.95	150.17	0.0000	[**]
② 개체 간 효과	20.43	18	1.14	3.63	0.0010	[**]
③ 조합 간 효과	0.60	1	0.60	1.92	0.1765	[ ]
④ 순서 간 효과	0.07	1	0.07	0.21	0.6477	[ ]
개체 간 및 순서 간	1.93	9	0.21	0.69	0.7145	[ ]
오차	9.07	29	0.31			

쉐페의 대응비교법과 다른 부분에 대한 계산 방법을 다음에 제시합니다.

〈개체 간 효과의 편차제곱합과 자유도〉

점수 데이터를 행렬표에 옮겨 적습니다.

응답자 1	1	2	3	4	5	6	7	8	9	10
A – B	● –2	–1	–1	–1	–2	0	–1	–2	0	–1
B – A	★ 1	0	1	2	2	1	2	2	1	1
A – C	● –1	–2	–1	–2	–2	–1	–2	–1	–2	–2
C – A	★ 1	2	2	2	2	1	2	2	2	1
B – C	● 0	0	–1	–1	–1	–2	–1	0	–2	0
C – B	★ 0	1	1	2	1	2	0	–1	2	–1

응답자 1명에 대해서 보면 ●는 점선 사각형에, ★은 실선 사각형에 복사합니다.

응답자 1

	A	B	C	가로 합계	세로 합계	차이	제곱
A	-	–2	–1	–3	2	–5	25
B	1	-	0	1	–2	3	9
C	1	0	-	1	–1	2	4
세로 합계	2	–2	–1	–1		0	38

응답자 2

	A	B	C	가로 합계	세로 합계	차이	제곱
A	-	–1	–2	–3	2	–5	25
B	0	-	0	0	0	0	0
C	2	1	-	3	–2	5	25
세로 합계	2	0	–2	0		0	50

응답자 3

	A	B	C	가로 합계	세로 합계	차이	제곱
A	-	–1	–1	–2	3	–5	25
B	1	-	–1	0	0	0	0
C	2	1	-	3	–2	5	25
세로 합계	3	0	–2	1		0	50

응답자 4

	A	B	C	가로 합계	세로 합계	차이	제곱
A	-	–1	–2	–3	4	–7	49
B	2	-	–1	1	1	0	0
C	2	2	-	4	–3	7	49
세로 합계	4	1	–3	2		0	98

응답자 5

	A	B	C	가로 합계	세로 합계	차이	제곱
A	-	–2	–2	–4	4	–8	64
B	2	-	–1	1	–1	2	4
C	2	1	-	3	–3	6	36
세로 합계	4	–1	–3	0		0	104

응답자 6

	A	B	C	가로 합계	세로 합계	차이	제곱
A	-	0	–1	–1	2	–3	9
B	1	-	–2	–1	2	–3	9
C	1	2	-	3	–3	6	36
세로 합계	2	2	–3	1		0	54

응답자 7

	A	B	C	가로 합계	세로 합계	차이	제곱
A	-	-1	-2	-3	4	-7	49
B	2	-	-1	1	-1	2	4
C	2	0	-	2	-3	5	25
가로 합계	4	-1	-3	0		0	78

응답자 8

	A	B	C	가로 합계	세로 합계	차이	제곱
A	-	-2	-1	-3	4	-7	49
B	2	-	0	2	-3	5	25
C	2	-1	-	1	-1	2	4
가로 합계	4	-3	-1	0		0	78

응답자 9

	A	B	C	가로 합계	세로 합계	차이	제곱
A	-	0	-2	-2	3	-5	25
B	1	-	-2	-1	2	-3	9
C	2	2	-	4	-4	8	64
가로 합계	3	2	-4	1		0	98

응답자 10

	A	B	C	가로 합계	세로 합계	차이	제곱
A	-	-1	-2	-3	2	-5	25
B	1	-	0	1	-2	3	9
C	1	-1	-	0	-2	2	4
가로 합계	2	-2	-2	-2		0	38

제곱(흰색으로 표현된 수치)의 총합을 계산합니다.

번호	1	2	3	4	5	6	7	8	9	10	합계
제곱	38	50	50	98	104	54	78	78	98	38	686

개체 간 효과의 편차제곱합 = 제곱합 ÷ 조합의 수 - 주효과 편차제곱합 S_a
$$= 686 \div 6 - 93.9 = 20.43$$
개체 간 효과의 자유도 = (제품 수 t - 1) × (응답자 수 - 1)
$$= (3 - 1) \times (10 - 1) = 18$$

〈개체 간 및 순서 간의 편차제곱합과 자유도〉

세로 합계(흰색으로 표현된 수치)의 제곱총합을 계산합니다.

번호	1	2	3	4	5	6	7	8	9	10	합계
세로 합계	-1	0	1	2	0	1	0	0	1	-2	
세로 합계 × 세로 합계	1	0	1	4	0	1	0	0	1	4	12

개체 간 및 순서 간의 편차제곱합=세로 합계 제곱의 합계÷조합의 수 - 순서 간 효과 S_r
$$=12 \div 6 - 0.3 = 1.7$$
개체 간 및 순서 간의 자유도=응답자 수 - 1=10 - 1=9

〈오차의 편차제곱합과 자유도〉

오차의 편차제곱합, 자유도는 전체에서 오른쪽 표의 짙은색 부분을 뺀 값입니다.

변동 요인	편차제곱합	자유도
전체	126.00	60
① 주효과	93.90	2
② 개체 간 효과	20.43	18
③ 조합 간 효과	0.60	1
④ 순서 간 효과	0.07	1
개체 간 및 순서 간	1.93	9
오차	9.07	29

호가의 대응비교법에 대해 알아본다.

호가의 대응비교법

호가의 대응비교법은 '한 사람의 응답자 하나의 조합', '순서 없음'의 응답 데이터로 쌍대비교법을 수행하는 방법입니다.

호가의 대응비교법은 조사 대상자에게 한 쌍(두 가지), 예를 들어 아이스크림 A와 B를 시식하게 한 후 어느 쪽이 맛있는가를 단계적으로 평가하게 하는 기법입니다.

두 가지의 비교이지만, 아이스크림이 A, B, C 세 종류가 있으면, (A와 B), (A와 C), (B와 C)와 같이 총 세 개의 조합에 대해 시식하게 됩니다.

호가의 대응비교법은 한 사람의 대상자가 하나의 조합만 평가하고, 다른 조합은 다른 대상자가 평가합니다.

◆ 호가의 대응비교법을 수행하기 위한 조사

〈조사 이름〉

　아이스크림 3제품 A, B, C의 미각 테스트

〈조사 대상과 n 수〉

　A와 B의 비교　10명
　A와 C의 비교　10명
　B와 C의 비교　10명
　합계 30명

〈질문문〉

[A와 B를 비교하는 그룹에 대한 질문문]
• 두 가지 아이스크림 A와 B를 시식하고, 어느 쪽이 어느 정도 맛이 있었는지 알려주세요.

첫 번째 시식한 아이스크림	매우 맛이 없었다.	조금 맛이 없었다.	맛의 차이가 없었다.	조금 맛이 없었다.	매우 맛이 없었다.	두 번째 시식한 아이스크림
A	1	2	3	4	5	B

〈30명의 데이터〉

	1	2	3	4	5	6	7	8	9	10
A − B	1	2	2	2	1	3	2	1	3	2
A − C	2	1	2	1	1	2	1	2	1	1
B − C	3	3	2	2	2	1	2	3	1	3

◆ 5단계 평가의 점수화

5단계로 다음에 제시한 가중치를 부여한 점수를 매깁니다.

선택된 번호의 '1'을 −2점, '2'를 −1점, '3'을 0점, '4'를 1점, '5'를 2점으로 하여 앞 페이지 데이터의 점수를 치환합니다.

점수화한 데이터를 나타냅니다.

	1	2	3	4	5	6	7	8	9	10
A − B	−2	−1	−1	−1	−2	0	−1	−2	0	−1
A − C	−1	−2	−1	−2	−2	−1	−2	−1	−2	−2
B − C	0	0	−1	−1	−1	−2	−1	0	−2	0

◆ 점수의 기본 집계

각 조합에 대해서 점수의 가로 합계, 가로 합계의 제곱을 산출합니다.

	1	2	3	4	5	6	7	8	9	10	가로 합계	가로 합계의 제곱
A − B	−2	−1	−1	−1	−2	0	−1	−2	0	−1	−11	121
A − C	−1	−2	−1	−2	−2	−1	−2	−1	−2	−2	−16	256
B − C	0	0	−1	−1	−1	−2	−1	0	−2	0	−8	64
										합계	−35	441

가로 합계를 쌍대비교표의 대각선 오른쪽 위에 옮겨 적습니다.

옮겨 적은 수치를 부호를 반대로 하여 대각선 왼쪽 아래에 복사합니다.

〈쌍대비교표〉

	A	B	C	가로 합계	가로 합계의 제곱
A		−11	−16	−27	729
B	11		−8	3	9
C	16	8		24	576
				계	1,314

가로 합계, 가로 합계의 제곱을 구합니다.

◆ 주효과

상대비교표의 가로 합계를 응답자 수 30으로 나눈 값이 주효과입니다.

【계산 예】A의 주효과 = − 27 ÷ 30 = − 0.9

주효과는 아이스크림의 맛을 평가하는 점수입니다.

C가 가장 좋고, 다음으로 B가 좋습니다.

	가로 합계	주효과
A	−27	−0.9
B	3	0.1
C	24	0.8

가장 맛있는 것은 C군요.

◆ 분산분석표

요인	편차제곱합	자유도	불편분산	분산비	p값	판정
전체	57.00	30				
① 주효과	43.80	2	21.90	45.84	0.0000	[**]
③ 조합 간 효과	0.30	1	0.30	0.63	0.4350	[ ]
오차	12.90	27	0.48			

분산분석 효과의 p값으로부터 다음과 같이 말할 수 있습니다.

- '주효과'의 p값 < 0.05에 의해 평가는 세 가지 아이스크림에 차이가 있다고 할 수 있습니다.
- '조합 간 효과'의 p값 > 0.05에 의해 평가는 조합 사이에 차이가 있다고 할 수 없습니다.

'주효과'에서 유의차가 있고, '조합 간'에서 유의차가 없기 때문에 이 쌍대비교조사는 모집단에서의 제품 사이에서 유의차 판정이 타당합니다.

◆ 분산분석표의 편차제곱합

〈전체의 편차제곱합〉

각 데이터의 제곱을 구하고, 응답자 60명에 대해 합계를 구한 값

$$S_t = (-2)^2 + (-1)^2 + (-1)^2 + \cdots + (-2)^2 + (0)^2 = 57$$

〈주효과의 편차제곱합〉

쌍대비교표의 값(가로 합계의 제곱) ÷ 응답자 수

$$S_a = 1,314 \div 30 = 43.8$$

〈조합 간 효과의 편차제곱합〉

점수표의 값(가로 합계의 제곱) ÷ 하나의 조합 응답자 수 $- S_a$

$$S_r = 441 \div 10 - 43.8 = 0.3$$

〈오차의 편차제곱합〉

전체 편차제곱합 $-$ 주효과 편차제곱합 $-$ 조합 효과

$$S_e = 57 - 43.8 - 0.3 = 12.9$$

◆ 자유도를 구하는 방식

전체　　　　　$f_t =$ 전체 응답자 수 $= 30$

주효과　　　　$f_a = t - 1 = 2$　　$t =$ 상품 수

조합 간 효과　$f_c = (t - 1)(t - 2) \div 2 = 2 \times 1 \div 2 = 1$

오차　　　　　$f_e = f_t - (f_a + f_c) = 30 - 2 - 1 = 27$

◆ 불편분산을 구하는 방식

주효과　　　　$V_a = S_a \div f_a = 43.8 \div 2 = 21.9$

조합 간 효과　$V_c = S_c \div f_c = 0.3 \div 1 = 0.3$

오차　　　　　$V_e = S_e \div f_e = 12.9 \div 27 = 0.4778$

◆ 분산비를 구하는 방식

주효과　　　　$F_a = V_a \div V_e = 21.9 \div 0.4778 = 45.8$

조합 간 효과　$F_c = V_c \div V_e = 0.3 \div 0.4778 = 0.63$

나카야의 대응비교법에 대해 알아본다.

나카야의 대응비교법

나카야의 대응비교법은 '한 사람의 응답자 전체 조합', '순서 없음'의 응답 데이터로 쌍대비교법을 수행하는 방법입니다.

◆ 나카야의 대응비교법이란?

나카야의 대응비교법은 조사 대상자에게 한 쌍(두 가지), 예를 들어 아이스크림 A와 B를 시식하게 한 후 어느 쪽이 맛있는가를 단계별로 평가하는 기법입니다.

두 가지의 비교이지만, 아이스크림이 A, B, C 세 종류가 있으면, (A와 B), (A와 C), (B와 C)와 같이 총 세 개의 조합에 대해 시식하게 됩니다.

나카야의 대응비교법은 한 사람의 대상자가 전체 조합(세 가지)을 평가합니다.

◆ 나카야의 대응비교법을 수행하기 위한 조사

〈조사 대상 수〉

10명

〈질문문〉

질문. 세 가지 아이스크림 중 두 개씩 시식하고, 어느 쪽이 어느 정도 맛이 있었는지 알려주세요.

첫 번째 시식한 아이스크림	매우 맛이 없었다.	조금 맛이 없었다.	맛의 차이가 없었다.	조금 맛이 없었다.	매우 맛이 없었다.	두 번째 시식한 아이스크림
A	1	2	3	4	5	B
A	1	2	3	4	5	C
B	1	2	3	4	5	C

〈10명의 데이터〉

10명의 응답자가 세 가지 조합에 대해 평가한 데이터입니다.

조합 \ 응답자	1	2	3	4	5	6	7	8	9	10
A B	1	2	2	2	1	3	2	1	3	2
A C	2	1	2	1	1	2	1	2	1	1
B C	3	3	2	2	2	1	2	3	1	3

◆ 5단계 평가의 점수화

5단계로 다음에 제시한 가중치를 부여한 점수를 매깁니다.

선택된 번호의 '1'을 −2점, '2'를 −1점, '3'을 0점, '4'를 1점, '5'를 2점으로 하여 앞 페이지 데이터의 점수를 치환합니다.

점수화한 데이터를 나타냅니다.

	1	2	3	4	5	6	7	8	9	10
A − B	−2	−1	−1	−1	−2	0	−1	−2	0	−1
A − C	−1	−2	−1	−2	−2	−1	−2	−1	−2	−2
B − C	0	0	−1	−1	−1	−2	−1	0	−2	0

◆ 주효과

점수화한 데이터로부터 주효과를 구하는 방법은 호가의 대응비교법과 동일합니다.

아이스크림	주효과
A	−0.95
B	0.15
C	0.80

◆ 분산분석표

다음의 분산분석표가 출력됩니다.

다음 표에서 진한 부분의 행은 호가의 대응비교법과 동일합니다.

요인	편차제곱합	자유도	불편분산	분산비	p 값	판정
전체	57.00	30				
① 주효과	43.80	2	21.90	96.93	0.0000	[**]
② 개체 간 효과	10.87	18	0.60	2.67	0.0673	[ ]
③ 조합 간 효과	0.30	1	0.30	1.33	0.2789	[ ]
오차	2.03	9	0.23			

분산분석 효과의 값으로부터 다음과 같이 말할 수 있습니다.

- '주효과'의 p값 < 0.05에 의해 평가는 세 가지 아이스크림 사이에 차이가 있다고 할 수 있습니다.
- '개체 간 효과'의 p값 > 0.05에 의해 평가는 개체 사이에 차이가 있다고 할 수 없습니다.
- '조합 간 효과'의 p값 > 0.05에 의해 평가는 조합 사이에 차이가 있다고 할 수 없습니다.

◆ 분산분석표를 구하는 방법

호가의 대응비교법과 다른 부분에 대한 계산 방법을 제시합니다.
점수 데이터를 행렬표에 옮겨 적습니다.

	1	2	3	4	5	6	7	8	9	10
A − B	−2	−1	−1	−1	−2	0	−1	−2	0	−1
A − C	−1	−2	−1	−2	−2	−1	−2	−1	−2	−2
B − C	0	0	−1	−1	−1	−2	−1	0	−2	0

부호를 반대로 하여 기입

응답자 1

	A	B	C	가로 합계	제곱
A	-	−2	−1	−3	9
B	2	-	0	2	4
C	1	0	-	1	1
가로 합계	3	−2	−1	0	14 S1

응답자 2

	A	B	C	가로 합계	제곱
A	-	−1	−2	−3	9
B	1	-	0	1	1
C	2	0	-	2	4
가로 합계	3	−1	−2	0	14 S2

응답자 3

	A	B	C	가로 합계	제곱
A	-	−1	−1	−2	4
B	1	-	−1	0	0
C	1	1	-	2	4
가로 합계	2	0	−2	0	8 S3

응답자 4

	A	B	C	가로 합계	제곱
A	-	−1	−2	−3	9
B	1	-	−1	0	0
C	2	1	-	3	9
가로 합계	3	0	−3	0	18 S4

응답자 5

	A	B	C	가로 합계	제곱
A	-	−2	−2	−4	16
B	2	-	−1	1	1
C	2	1	-	3	9
가로 합계	4	−1	−3	0	26 S5

응답자 6

	A	B	C	가로 합계	제곱
A	-	0	−1	−1	1
B	0	-	−2	−2	4
C	1	2	-	3	9
가로 합계	1	2	−3	0	14 S6

응답자 7

	A	B	C	가로 합계	제곱
A	-	−1	−2	−3	9
B	1	-	−1	0	0
C	2	1	-	3	9
가로 합계	3	0	−3	0	18 S7

응답자 8

	A	B	C	가로 합계	제곱
A	-	−2	−1	−3	9
B	2	-	0	2	4
C	1	0	-	1	1
가로 합계	3	−2	−1	0	14 S8

응답자 9

	A	B	C	가로 합계	제곱
A	-	0	−2	−2	4
B	0	-	−2	−2	4
C	2	2	-	4	16
가로 합계	2	2	−4	0	24 S9

응답자 10

	A	B	C	가로 합계	제곱
A	-	−2	−1	−3	9
B	2	-	0	2	4
C	1	0	-	1	1
가로 합계	3	−2	−1	0	14 S10

◆ 개체 간 효과, 오차의 통계량 계산 방법

다음 표에서 진하게 칠한 두 부분에 대한 계산 방법을 제시합니다.

요인	편차제곱합	자유도	불편분산	분산비	p 값	판정
전체	S_t	f_t				
① 주효과	S_a	f_a	V_a	F_a		
② 개체 간 효과	S_b	f_b	V_b	F_b		
③ 조합 간 효과	S_c	f_c	V_c	F_c		
오차	S_e	f_e	V_e			

요인	편차제곱합	자유도	불편분산	분산비	p 값	판정
전체	57.00	30				
① 주효과	43.80	2	21.90	96.93	0.0000	[**]
② 개체 간 효과	10.87	18	0.60	2.67	0.0673	[ ]
③ 조합 간 효과	0.30	1	0.30	1.33	0.2789	[ ]
오차	2.03	9	0.23			

〈개체 간 효과 편차제곱합 S_b〉

S_b = (응답자별 가로 합계 제곱의 $S_1 + S_2 + S_3 + \cdots S_9 + S_{10}$) ÷ 조합의 수 − S_a

$= (14 + 14 + 8 \cdots + 24 + 10) \div 3 - 43.8 = 164 \div 3 - 43.8 = 10.867$

〈오차 편차제곱합 S_e〉

$S_e = S_t - (S_a + S_b + S_c)$

$= 57 - (43.8 + 10.867 + 0.3) = 2.033$

〈개체 간 효과 자유도 f_b〉

f_b = (제품 수 − 1)×(응답자 수 − 1)

$= (3 - 1) \times (10 - 1) = 18$

〈오차 자유도 f_e〉

$f_e = f_t - f_b - f_c = 30 - 2 - 18 - 1 = 9$

그 외의 통계량 계산 방법은 쉐페의 대응비교법과 동일하므로 186~187페이지를 참조하세요.

제**9**장

컨조인트 분석과
분석 방법

컨조인트 분석은 제품 완성 예측도를 평가하는 조사 방
법입니다. 컨조인트 카드의 작성 방법이나 평가 방법뿐
만 아니라 분석 결과를 보는 방법에 대해 배웁니다.

KEYWORDS

- 컨조인트 분석
- 컨조인트 카드
- 직교표
- 부분 효용값
- 전체 효용값
- 중요도
- 결정계수

제품 완성 예상도의 평가로부터 가장 좋은 제품을 예측해 본다.

컨조인트 분석이란?

컨조인트 분석은 복수의 제품 완성 예상도를 평가하여 어느 제품 완성 예상도를 선호하는지, 제품 선정 시 어느 특성이 중시되는지를 파악하는 기업입니다.

◆ 컨조인트 분석이란?

상품을 구입(혹은 선택)할 때 해당 상품의 성능이나 특성 등을 하나씩 검토하여 종합적으로 구입 여부를 판단합니다.

예를 들면 주택을 구입하는 경우를 생각해 봅시다. A씨는 '역세권', '판상형 구조', '초등학교 인접'의 매물을 매력적이라고 느꼈습니다. 그러나 해당 물건이 남향이 아니기 때문에 A씨의 매물에 대한 종합평가는 낮았습니다. A씨는 평가 항목 중에서 매물이 남향으로 위치하는 것을 가장 중시하여 종합평가를 결정하기 때문입니다.

컨조인트 분석은 위와 같이 상품을 종합평가할 때 결국 소비자가 여러 개의 상품 중에서 하나를 고를 경우 각 평가 항목이 어느 정도 목적 변수(주택 구입)에 영향을 주는가를 밝히기 위한 해석 방법입니다.

평가 항목의 목적 변수에 대한 영향은 상관분석, 중회귀분석, 수량화 1류 등으로 밝히는 것이 가능합니다. 하지만 컨조인트 분석은 상품의 특성(평가 항목)을 종합한 **컨조인트 카드**(제품 완성 예상도)를 이용하여 데이터를 수집하고, 평가하는 것이 특징입니다.

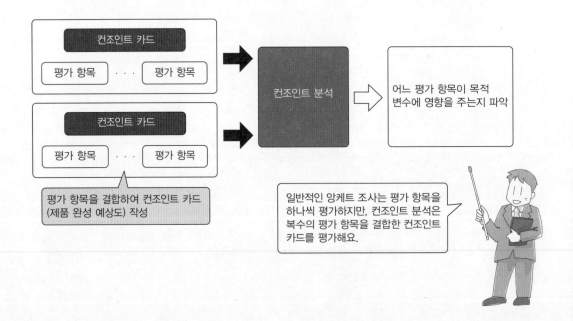

◆ 컨조인트 분석에서 질문 방식

주택에 대해 다음 두 가지를 명확히 하기로 합시다.

　① 주택을 고를 때 중요시하는 요소는 무엇인가요?

　② 어떤 매물을 선호하나요?

이 목적을 해결하기 위한 두 가지 질문지를 소개하겠습니다.

질문 1. 〈가격이 6억 원대에서 면적이 30평대 주택을 찾는 분께〉

　　　주택을 고를 때 다음 각 사항에 대해 중요하게 생각하는지 알려주세요.

	중시한다.	중시하지 않는다.
남향으로 위치하고 있다.	1	2
지하철역까지 도보로 10분 이내의 거리이다.	1	2
판상형 구조이다.	1	2
초등학교까지 도보로 10분 이내의 거리이다.	1	2

> 물건을 고를 때 중시하는 요소는 다양하지만, 설명을 간단하게 하기 위해 네 가지 요소로 합니다.

질문 2. 〈가격이 6억 원대에서 면적이 30평대 주택을 찾는 분께〉

　　　'남향으로 위치하고 있는가의 여부', '지하철역까지 도보로 10분 이내의 거리인지의 여부', '판상형 구조인지의 여부', '초등학교까지 도보로 10분 이내의 거리인지의 여부'의 네 가지 특성을 조합하여 여덟 가지 매물을 가정했습니다.

매물1	남향 ○	역세권 ○	판상형 ×	초등학교 ○
매물2	남향 ○	역세권 ○	판상형 ×	초등학교 ×
매물3	남향 ○	역세권 ×	판상형 ○	초등학교 ○
매물4	남향 ○	역세권 ×	판상형 ○	초등학교 ×
매물5	남향 ×	역세권 ○	판상형 ○	초등학교 ○
매물6	남향 ×	역세권 ○	판상형 ○	초등학교 ×
매물7	남향 ×	역세권 ×	판상형 ×	초등학교 ○
매물8	남향 ×	역세권 ×	판상형 ×	초등학교 ×

마음에 드는 매물의 번호를 1위부터 3위까지 알려주세요.

1위 [　　　　]　　2위 [　　　　]　　3위 [　　　　]

> 이제부터 배우는 컨조인트 분석은 질문 2처럼 질문하는 것이에요. 여덟 가지 매물을 '컨조인트 카드'라고 하지요. 컨조인트 카드에 대한 평가로부터 ①과 ②의 목적을 파악할 수 있어요.

컨조인트 카드에 대한 평가 방법을 알아본다.

컨조인트 카드에 대한 평가 방법

작성한 컨조인트 카드를 제시하고, 조사 대상자에게 평가를 받습니다.

◆ 컨조인트 카드에 대한 평가 방법

작성한 컨조인트 카드를 제시하고, 조사 대상자에게 평가를 받습니다.

카드 1	남향으로 위치하고 있다.	지하철까지 도보로 10분 이내의 거리이다.	판상형 구조가 아니다.	초등학교까지 도보로 10분 이내의 거리이다.

카드 2	남향으로 위치하고 있다.	지하철까지 도보로 10분 이내의 거리이다.	판상형 구조가 아니다.	초등학교까지 도보로 10분 이내의 거리가 아니다.

카드 3	남향으로 위치하고 있다.	지하철까지 도보로 10분 이내의 거리가 아니다.	판상형 구조이다.	초등학교까지 도보로 10분 이내의 거리이다.

카드 4	남향으로 위치하고 있다.	지하철까지 도보로 10분 이내의 거리가 아니다.	판상형 구조이다.	초등학교까지 도보로 10분 이내의 거리가 아니다.

카드 5	남향으로 위치하고 있지 않다.	지하철까지 도보로 10분 이내의 거리이다.	판상형 구조이다.	초등학교까지 도보로 10분 이내의 거리이다.

카드 6	남향으로 위치하고 있지 않다.	지하철까지 도보로 10분 이내의 거리이다.	판상형 구조이다.	초등학교까지 도보로 10분 이내의 거리가 아니다.

카드 7	남향으로 위치하고 있지 않다.	지하철까지 도보로 10분 이내의 거리가 아니다.	판상형 구조가 아니다.	초등학교까지 도보로 10분 이내의 거리이다.

카드 8	남향으로 위치하고 있지 않다.	지하철까지 도보로 10분 이내의 거리가 아니다.	판상형 구조가 아니다.	초등학교까지 도보로 10분 이내의 거리가 아니다.

자주 사용되는 평가 방법을 제시합니다.

① SA응답법

　카드 중에서 가장 좋다고 생각하는 것을 하나 선택해 주세요.

② MA응답법

　카드 중에서 가장 좋다고 생각하는 것을 몇 가지 선택해 주세요.

　카드 중에서 가장 좋다고 생각하는 것을 세 개까지 선택해 주세요.

③ 순위응답법

　카드 중에서 좋다고 생각하는 순서대로, 전체 카드의 순위를 매겨주세요.

　카드 중에서 좋다고 생각하는 순서대로, 3위까지의 순위를 매겨주세요.

④ 단계 평가

　각 카드에 대해서 5단계 평가로 좋고 나쁜 정도를 알려주세요.

⑤ 점수 평가

　각 카드에 대해서 카드의 좋은 정도를 0~10점의 점수로 알려주세요.

◆ 평가 점수의 계산 방법

각 카드에 대해서 응답 비율이나 평균값 등의 평가 점수를 계산합니다.

평가 방법	평가 점수
① SA응답법	응답 비율
② MA응답법	응답 비율
③ 순위응답법	평균 순위 점수
④ 단계 평가	평균값 혹은 2top 비율
⑤ 점수 평가	점수 평균

◆ 실제 사례의 평가 점수

여덟 가지 컨조인트 카드(앞 페이지)에 대해 1~3위까지의 순위를 부여합니다.

응답자 수 50명에 대해 각 카드의 순위별 응답자 수를 산출합니다.

1위를 4점, 2위를 3점, 3위를 2점, 순위 밖을 1점으로 해서 평균 순위 점수를 산출합니다.

〈평균 순위 점수〉

	1위	2위	3위	순위 밖	전체 응답자 수	Σ	평균 순위 점수
	4점 응답자 수	3점 응답자 수	2점 응답자 수	1점 응답자 수		(점수×사람 수)	
카드 1	40	8	2	0	50	188	3.76
카드 2	35	10	4	1	50	179	3.58
카드 3	30	12	5	3	50	169	3.38
카드 4	20	16	6	8	50	148	2.96
카드 5	12	12	8	18	50	118	2.36
카드 6	10	10	10	20	50	110	2.20
카드 7	6	7	12	25	50	94	1.88
카드 8	0	5	15	30	50	75	1.50

					평균 순위 점수
매물 1	남향 ○	역세권 ○	판상형 ×	초등학교 ○	3.76
매물 2	남향 ○	역세권 ○	판상형 ×	초등학교 ×	3.58
매물 3	남향 ○	역세권 ×	판상형 ○	초등학교 ○	3.38
매물 4	남향 ○	역세권 ×	판상형 ○	초등학교 ×	2.96
매물 5	남향 ×	역세권 ○	판상형 ×	초등학교 ○	2.36
매물 6	남향 ×	역세권 ○	판상형 ○	초등학교 ×	2.20
매물 7	남향 ×	역세권 ×	판상형 ×	초등학교 ○	1.88
매물 8	남향 ×	역세권 ×	판상형 ×	초등학교 ×	1.50
				전체 평균	2.703

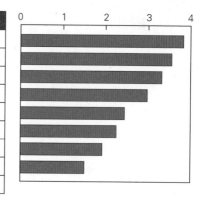

어떤 평가 항목을 설정하여 조사하는가에 따라 이용하는 평가 방법을 결정해요.

SA MA 순위 단계 점수

컨조인트 분석으로 파악할 수 있는 것을 알아본다.

부분 효용값, 중요도, 전체 효용값이란?

컨조인트 분석은 부분 효용값, 중요도, 전체 효용값을 구하는 해석 기법으로, 이것을 보는 방법과 해석 방법을 설명합니다.

◆ 부분 효용값

주택의 예로 해설합니다.

부분 효용값은 주택의 수준이 매물 선택에 어느 정도 영향을 주는가를 나타내는 통계량입니다. 다음은 주택의 부분 효용값을 나타냅니다.

〈부분 효용값〉

남향 ○	0.7175
남향 ×	−0.7175
역세권 ○	0.2725
역세권 ×	−0.2725
판상형 ○	0.0225
판상형 ×	−0.0225
초등학교 ○	0.1425
초등학교 ×	−0.1425

> 컨조인트 분석에서는 항목을 '**특성**', 카테고리를 '**수준**'이라고 합니다. 이 책에서는 '특성', '수준'이라는 용어를 사용합니다.
> 남향, 역세권, 판상형, 초등학교는 특성으로, 특성의 수는 4개입니다.
> ○(중시한다), ×(중시하지 않는다)는 수준으로, 수준의 수는 2개입니다.

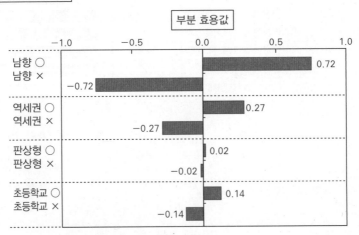

부분 효용값이 양의 값을 가지면 높은 평가가 되고, 음의 값을 가지면 낮은 평가가 됩니다. '남향 ○'의 부분 효용값은 그래프에서 다른 요소보다 크기 때문에 '남향 ○'의 매물은 특히 높은 평가를 받습니다. 반대로 '남향 ×'는 음의 값으로, 다른 요소보다 매우 작기 때문에 특히 낮은 평가를 받습니다. '판상형 ○'는 양의 값, '판상형 ×'는 음의 값이 작기 때문에 모두 매물의 평가에 대한 영향도는 작습니다.

◆ 중요도

특성 중에서 부분 효용값의 최댓값과 최솟값의 차이를 '범위'라고 합니다.

각 범위값이 전체 범위의 합에서 차지하는 비율을 **중요도**라고 합니다. 특성의 중요도가 클수록 매물의 평가 및 선정에 중요한 특성입니다.

〈중요도〉

특성	생략한 이름	최댓값	최솟값	범위	중요도
남향에 위치	남향	0.718	−0.718	1.435	62%
지하철역 10분 거리	역세권	0.273	−0.273	0.545	24%
판상형 구조	판상형	0.023	−0.023	0.045	2%
초등학교 10분 거리	초등학교	0.143	−0.143	0.285	12%
			합계	2.310	100%

물건 평가 및 선정에는 남향 여부가 가장 중요하고, 다음은 지하철역 도보로 10분 거리입니다.

◆ 전체 효용값

전체 효용값은 컨조인트 카드에 대한 평가 점수입니다.

8개의 컨조인트 카드(8개의 매물)의 전체 효용값을 나타냅니다.

〈전체 효용값〉

매물 1	남향 ○	역세권 ○	판상형 ×	초등학교 ○	3.8125
매물 2	남향 ○	역세권 ○	판상형 ×	초등학교 ×	3.5275
매물 3	남향 ○	역세권 ×	판상형 ○	초등학교 ○	3.3125
매물 4	남향 ○	역세권 ×	판상형 ○	초등학교 ×	3.0275
매물 5	남향 ×	역세권 ○	판상형 ○	초등학교 ○	2.4225
매물 6	남향 ×	역세권 ○	판상형 ○	초등학교 ×	2.1375
매물 7	남향 ×	역세권 ×	판상형 ×	초등학교 ○	1.8325
매물 8	남향 ×	역세권 ×	판상형 ×	초등학교 ×	1.5475

평가가 가장 높은 것은 매물 1, 평가가 가장 낮은 것은 매물 8입니다.

평균 순위 점수(203페이지)와 전체 효용값을 비교합니다.

	평균 순위 점수	전체 효용값	차이
매물 1	3.76	3.81	−0.05
매물 2	3.58	3.53	0.05
매물 3	3.38	3.31	0.07
매물 4	2.96	3.03	−0.07
매물 5	2.36	2.42	−0.06
매물 6	2.20	2.14	0.06
매물 7	1.88	1.83	0.05
매물 8	1.50	1.55	−0.05

컨조인트 분석에서 얻은 전체 효용값은 평균 순위 점수와 거의 일치해요. 이것은 대단하다고 생각해요.

◆ 결정계수

전체 효용값과 평균 순위 점수와의 일치 정도를 나타내는 값을 '결정계수'라고 합니다.
결정계수는 0.9945입니다. 값이 클수록 분석의 정확도가 좋습니다.

결정계수	0.9945

결정계수는 어느 값 이상이면 좋다고 하는 통계학적 기준은 없지만, 0.5를 넘는 것이 목표입니다.

◆ 예측

네 가지 수준에서 만들어지는 조합은 열여섯 가지입니다.
예상할 수 있는 물건은 16개로, 이 중에서 8개의 매물에 대해 평가를 받았습니다.
컨조인트 분석은 남은 8개 매물의 평가 점수를 예측합니다.
16개 전체의 평가 점수를 제시합니다.

〈물건평가의 예측〉

예측	남향 ○	역세권 ○	판상형 ○	초등학교 ○	3.8575
1	남향 ○	역세권 ○	판상형 ×	초등학교 ○	3.8125
예측	남향 ○	역세권 ○	판상형 ○	초등학교 ×	3.5725
2	남향 ○	역세권 ○	판상형 ×	판상형　×	3.5275
3	남향 ○	역세권 ×	판상형 ○	초등학교 ○	3.3125
예측	남향 ○	역세권 ×	판상형 ×	초등학교 ○	3.2675
4	남향 ○	역세권 ×	판상형 ○	초등학교 ×	3.0275
예측	남향 ○	역세권 ×	판상형 ×	초등학교 ×	2.9825
5	남향 ×	역세권 ○	판상형 ○	초등학교 ○	2.4225
예측	남향 ×	역세권 ○	판상형 ×	초등학교 ○	2.3775
6	남향 ×	역세권 ○	판상형 ×	초등학교 ×	2.1375
예측	남향 ×	역세권 ○	판상형 ×	초등학교 ×	2.0925
예측	남향 ×	역세권 ×	판상형 ○	초등학교 ○	1.8775
7	남향 ×	역세권 ×	판상형 ×	초등학교 ○	1.8325
예측	남향 ×	역세권 ×	판상형 ○	초등학교 ×	1.5925
8	남향 ×	역세권 ×	판상형 ×	초등학교 ×	1.5475

평가점수가 높은 순으로 나열했습니다.

결정계수가 0.9945라는 큰 값을 나타내기 때문에 예측 결과는 신빙성이 높습니다.

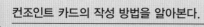

컨조인트 카드의 작성 방법을 알아본다.

컨조인트 카드의 작성 방법

컨조인트 카드는 상품의 특성(평가 항목)을 종합하여 질문하는 카드입니다. 카드는 제품의 완성 예상도를 가정하여 작성합니다.

◆ 컨조인트 카드의 특성과 수준

컨조인트 조사에서는 가장 먼저 컨조인트 카드(제품 완성 예상도)를 작성해야 합니다. 컨조인트 카드를 작성하는 경우 우선 평가를 받는 제품의 특성과 수준을 설정합니다. 주택의 컨조인트 카드의 특성과 수준은 아래와 같습니다.

특성	수준			
남향으로 위치하고 있다.	남향 ○		남향 ×	
지하철역까지 도보로 10분 이내의 거리이다.	역세권 ○		역세권 ×	
판상형 구조이다.	판상형 ○		판상형 ×	
초등학교까지 도보로 10분 이내의 거리이다.	초등학교 ○		초등학교 ×	

◆ 컨조인트 카드의 수

컨조인트 카드는 네 가지 특성을 조합해서 만듭니다. 조합의 수는 2×2×2×2=16이므로, 카드의 수는 16개가 됩니다. 16개의 평가를 받는 것은 다소 어렵겠지만, 실시할 수 없는 개수는 아닙니다. 그러나 특성이 5개라면, 조합의 수는 32개가 되고, 32개의 카드로 평가를 받는 것은 현실적으로 무리입니다. 가령 평가를 받는다고 해도 응답의 신빙성은 낮아질 것입니다.

컨조인트 분석은 **직교표**라는 도구를 사용해서 전체 컨조인트 카드를 평가하지 않더라도 평가되지 않은 남은 것에 대해 평가점수를 알아낼 수 있습니다.

주택의 예에서 특성 수는 4로, 조합 수는 16이지만, 직교표에 의한 컨조인트 카드의 수는 8개가 됩니다.

16개 중에서 8개를 고를 때 통계적 규칙을 기초로 골라야 합니다.

직교표를 적용하면…
수준이 2개, 특성이 7개까지라면 컨조인트 카드의 수는 8개입니다.

특성 수가 7개라면 조합 수가 128개이지만, 컨조인트 카드는 8개로 끝나요.

◆ 직교표

컨조인트 카드의 작성은 직교표를 적용합니다.

대표적인 직교표를 제시합니다.

직교표는 수준의 번호를 나열한 표입니다.

표의 열 개수는 특성 수, 행 개수는 컨조인트 카드의 개수입니다.

주택은 특성이 4개, 모든 특성은 수준이 2개이므로 아래의 직교표를 적용합니다.

특성(항목)의 개수는
최대 7개까지 가능

	1	2	3	4	5	6	7
1	1	1	1	1	1	1	1
2	1	1	1	2	2	2	2
3	1	2	2	1	1	2	2
4	1	2	2	2	2	1	1
5	2	1	2	1	2	1	2
6	2	1	2	2	1	2	1
7	2	2	1	1	2	2	1
8	2	2	1	2	1	1	2

컨조인트 카드의 수는 8개

수준 수는 모든 특성이 2개

직교표는 종류가 다양하지만, 특성 수와 수준 수로 적용하는 직교표가 결정됩니다.

2수준의 특성이 2개, 3수준의 특성이 2개인 경우 아래의 직교표를 적용합니다.

이 경우의 컨조인트 카드의 개수는 9개입니다.

	1	2	3	4
1	1	1	1	3
2	1	1	2	2
3	1	2	3	2
4	1	2	1	1
5	1	2	3	3
6	1	2	2	1
7	2	1	3	1
8	2	2	1	2
9	2	2	2	3
수준 수	2	2	3	3

※ 직교표의 상세한 내용은 213페이지를 참조하세요.

◆ 컨조인트 카드를 만드는 방법

주택의 예로 컨조인트 카드를 만드는 방법을 설명합니다.

① 특성 수, 수준 수로 적용하는 직교표를 결정합니다. 이 예는 특성 수가 4, 전체 특성의 수준 수는 2이므로 아래의 직교표를 적용합니다.

	1	2	3	4	5	6	7
1	1	1	1	1	1	1	1
2	1	1	1	2	2	2	2
3	1	2	2	1	1	2	2
4	1	2	2	2	2	1	1
5	2	1	2	1	2	1	2
6	2	1	2	2	1	2	1
7	2	2	1	1	2	2	1
8	2	2	1	2	1	1	2

카드의 수는 8개입니다.

② 직교표의 임의의 열을 특성의 수만큼 고릅니다. 고른 열을 1~4로 하여 순서대로 '남향으로 위치하고 있다.', '지하철역까지 도보로 10분 이내의 거리이다.', '판상형 구조이다.', '초등학교까지 도보로 10분 이내의 거리이다.'로 합니다.

③ 수준의 번호를 수준 이름으로 치환합니다.

1	2	3	4	5	6	7
1	1	1	1	1	1	1
1	1	1	2	2	2	2
1	2	2	1	1	2	2
1	2	2	2	2	1	1
2	1	2	1	2	1	2
2	1	2	2	1	2	1
2	2	1	1	2	2	1
2	2	1	2	1	1	2

	1	2	3	4
카드 1	남향 ○	역세권 ○	판상형 ○	초등학교 ○
카드 2	남향 ○	역세권 ○	판상형 ○	초등학교 ×
카드 3	남향 ○	역세권 ×	판상형 ×	초등학교 ○
카드 4	남향 ○	역세권 ×	판상형 ×	초등학교 ×
카드 5	남향 ×	역세권 ○	판상형 ○	초등학교 ×
카드 6	남향 ×	역세권 ○	판상형 ×	초등학교 ×
카드 7	남향 ×	역세권 ×	판상형 ○	초등학교 ○
카드 8	남향 ×	역세권 ×	판상형 ○	초등학교 ×

남향 　 역세권 10분 이내 　 판상형 구조 　 초등학교 10분 이내

④ 컨조인트 카드의 내용을 검토합니다.

앞 페이지의 카드를 보면, 카드 1의 수준은 모두 ○입니다.

이 카드(매물)는 높은 평가를 받을 것이 예상되므로 조사할 때까지 없다고 판단됩니다. 따라서 임의의 열, 여기에서는 세 번째 수준을 반대로 하여 다시 수준 번호를 수준 이름으로 치환합니다.

최종적인 컨조인트 카드를 다음에 제시합니다.

1	2	3	4	5	6	7
1	1	2	1	1	1	1
1	1	2	2	2	2	2
1	2	1	1	1	2	2
1	2	1	2	2	1	1
2	1	1	1	2	1	2
2	1	1	2	1	2	1
2	2	2	1	2	2	1
2	2	2	2	1	1	2

번호	1	2	3	4
카드 1	남향 ○	역세권 ○	판상형 ×	초등학교 ○
카드 2	남향 ○	역세권 ○	판상형 ×	초등학교 ×
카드 3	남향 ○	역세권 ×	판상형 ○	초등학교 ○
카드 4	남향 ○	역세권 ×	판상형 ○	초등학교 ×
카드 5	남향 ○	역세권 ×	판상형 ○	초등학교 ○
카드 6	남향 ○	역세권 ○	판상형 ○	초등학교 ×
카드 7	남향 ○	역세권 ×	판상형 ×	초등학교 ○
카드 8	남향 ○	역세권 ○	판상형 ×	초등학교 ×

컨조인트 카드 1

지하철역까지 도보로 10분 이내의 거리

판상형 구조

남향

초등학교까지 도보로 10분 이내의 거리

항목 + 항목

컨조인트는 영어로 '결합'이라는 의미로, 컨조인트 분석은 항목(특성)을 결합하여 카드를 작성하기 때문에 이러한 이름이 되었어요.

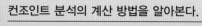
컨조인트 분석의 계산 방법을 알아본다.

컨조인트 분석의 계산 방법

컨조인트 분석은 수량화 1류로 해석합니다. 목적 변수는 평가 점수이고, 설명 변수는 주택의 특성입니다.

◆ 컨조인트 분석의 계산에 적용하는 해석 기법

컨조인트 분석은 수량화 1류를 이용하여 계산합니다.

통계학적 지식

수량화 1류라는 기법은 다변량분석의 하나로, 중회귀분석과 매우 유사한 기법입니다. 설명 변수의 데이터 형태가 중회귀분석은 수량 데이터이지만, 수량화 1류는 카테고리 데이터라는 것이 차이점입니다.

수량화 1류는 목적 변수와 설명 변수와의 관계를 조사하여 관계식을 작성하고 그 관계식을 이용하여 다음을 밝히기 위한 기법입니다.

① 설명 변수의 각 카테고리 목적 변수에 대한 영향도

② 설명 변수의 중요도

③ 예측

수량화 1류를 적용할 때의 목적 변수는 평균 순위 점수이고, 설명 변수는 주택의 특성입니다.

〈수량화 1류에 적용하는 데이터〉

목적 변수	설명 변수			
평균 순위 점수	남향에 위치	지하철역 도보 10분 거리	판상형 구조	초등학교 도보 10분 거리
3.76	1	1	2	1
3.58	1	1	2	2
3.38	1	2	1	1
2.96	1	2	1	2
2.36	2	1	1	1
2.20	2	1	1	2
1.88	2	2	2	1
1.50	2	2	2	2

1. ○(중요시한다.) 2. ×(중요시하지 않는다.)

◆ 수량화 1류의 결과

부분 효용값

항목 이름	카테고리 이름	n	점수	평균값
남향에 위치	○	4	0.718	3.42
	×	4	−0.718	1.99
지하철역 도보 10분 거리	○	4	0.273	2.98
	×	4	−0.273	2.43
판상형 구조	○	4	0.023	2.73
	×	4	−0.023	2.68
초등학교 도보 10분 거리	○	4	0.143	2.85
	×	4	−0.143	2.56
	상수항	8	2.703	

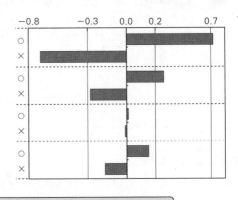

8개 매물의 평균 순위 점수의 평균(203페이지 참조)

〈중요도〉

항목	최댓값	최솟값	범위	중요도
남향에 위치	0.718	−0.718	1.435	62%
지하철역 10분 거리	0.273	−0.273	0.545	24%
판상형 구조	0.023	−0.023	0.045	2%
초등학교 10분 거리	0.143	−0.143	0.285	12%
		합계	2.310	100%

〈분석 정확도〉

결정계수	0.995
자유도 수정 후의 결정계수	0.987

〈예측표〉

번호	실적값	예측값	잔차	표준화 잔차
1	3.76	3.813	−0.052	−0.554
2	3.58	3.528	0.053	0.554
3	3.38	3.313	0.068	0.712
4	2.96	3.028	−0.067	−0.712
5	2.36	2.423	−0.063	−0.659
6	2.20	2.138	0.063	0.659
7	1.88	1.833	0.048	0.501
8	1.50	1.548	−0.047	−0.501

직교표에 대해 자세히 알아본다.

직교표

다양한 직교표가 있습니다. 직교표의 종류와 활용 상황을 설명합니다.

◆ 직교표의 해석

직교표는 수준 번호를 나열한 표입니다. 표의 이름을 $L_a b^c$로 나타냅니다.

b는 수준의 수, a는 표의 행 수, c는 표의 열 수를 나타냅니다.

$L_8 2^7$형의 직교표를 나타냅니다.

〈$L_8 2^7$형〉

	1	2	3	4	5	6	7
1	1	1	1	1	1	1	1
2	1	1	1	2	2	2	2
3	1	2	2	1	1	2	2
4	1	2	2	2	2	1	1
5	2	1	2	1	2	1	2
6	2	1	2	2	1	2	1
7	2	2	1	1	2	2	1
8	2	2	1	2	1	1	2

특성 수가 7개라면 조합 수가 128개이지만, 컨조인트 카드는 8개로 끝나요.

◆ 직교표의 종류

직교표는 수준을 [1,0]으로 변환하여 나타낼 수 있습니다. 수준 번호로 나타낸 것을 번호형 직교표, [1,0]의 값으로 나타낸 것을 [1,0]형 직교표라고 부릅니다.

다양한 직교표에 대해 수준형과 [1,0]형을 나타냅니다.

〈$L_8 2^7$형〉

	1	2	3	4	5	6	7
1	1	1	1	1	1	1	1
2	1	1	1	2	2	2	2
3	1	2	2	1	1	2	2
4	1	2	2	2	2	1	1
5	2	1	2	1	2	1	2
6	2	1	2	2	1	2	1
7	2	2	1	1	2	2	1
8	2	2	1	2	1	1	2
	2	2	2	2	2	2	2

← 수준 수

	1		2		3		4		5		6		7	
1	1	0	1	0	1	0	1	0	1	0	1	0	1	0
2	1	0	1	0	1	0	0	1	0	1	0	1	0	1
3	1	0	0	1	0	1	1	0	1	0	0	1	0	1
4	1	0	0	1	0	1	0	1	0	1	1	0	1	0
5	0	1	1	0	0	1	1	0	0	1	1	0	0	1
6	0	1	1	0	0	1	0	1	1	0	0	1	1	0
7	0	1	0	1	1	0	1	0	0	1	0	1	1	0
8	0	1	0	1	1	0	0	1	1	0	1	0	0	1

표기 방법은 다르지만, 왼쪽 표와 오른쪽 표는 동일해요.

수준이 3인 직교표를 나타냅니다.

⟨$L_9 3^4$형⟩

	1	2	3	4
1	1	1	1	1
2	1	2	2	2
3	1	3	3	3
4	2	1	2	3
5	2	2	3	1
6	2	3	1	2
7	3	1	3	2
8	3	2	1	3
9	3	3	2	1
	3	3	3	3	← 수준 수

	1			2			3			4		
1	1	0	0	1	0	0	1	0	0	1	0	0
2	1	0	0	0	1	0	0	1	0	0	1	0
3	1	0	0	0	0	1	0	0	1	0	0	1
4	0	1	0	1	0	0	0	1	0	0	0	1
5	0	1	0	0	1	0	0	0	1	1	0	0
6	0	1	0	0	0	1	1	0	0	0	1	0
7	0	0	1	1	0	0	0	0	1	0	1	0
8	0	0	1	0	1	0	1	0	0	0	0	1
9	0	0	1	0	0	1	0	1	0	1	0	0

수준이 4인 직교표를 나타냅니다.

⟨$L_{16} 4^3$형⟩

	1	2	3
1	1	1	1
2	1	2	2
3	1	3	3
4	1	4	4
5	2	1	2
6	2	2	3
7	2	3	4
8	2	4	1
9	3	1	3
10	3	2	4
11	3	3	1
12	3	4	2
13	4	1	4
14	4	2	1
15	4	3	2
16	4	4	3
	4	4	4	← 수준 수

	1				2				3			
1	1	0	0	0	1	0	0	0	1	0	0	0
2	1	0	0	0	0	1	0	0	0	1	0	0
3	1	0	0	0	0	0	1	0	0	0	1	0
4	1	0	0	0	0	0	0	1	0	0	0	1
5	0	1	0	0	1	0	0	0	0	1	0	0
6	0	1	0	0	0	1	0	0	0	0	1	0
7	0	1	0	0	0	0	1	0	0	0	0	1
8	0	1	0	0	0	0	0	1	1	0	0	0
9	0	0	1	0	1	0	0	0	0	0	1	0
10	0	0	1	0	0	1	0	0	0	0	0	1
11	0	0	1	0	0	0	1	0	1	0	0	0
12	0	0	1	0	0	0	0	1	0	1	0	0
13	0	0	0	1	1	0	0	0	0	0	0	1
14	0	0	0	1	0	1	0	0	1	0	0	0
15	0	0	0	1	0	0	1	0	0	1	0	0
16	0	0	0	1	0	0	0	1	0	0	1	0

수준 2와 3이 섞여 있는 직교표를 다음에 나타냅니다.

⟨$L_9 2^2 3^2$형⟩

	1	2	3	4
1	1	1	1	3
2	1	1	2	2
3	1	2	3	2
4	1	2	1	1
5	1	2	3	3
6	1	2	2	1
7	2	1	3	1
8	2	1	1	2
9	2	2	2	3
	2	2	3	3	← 수준 수

	1		2		3			4		
1	1	0	1	0	1	0	0	0	0	1
2	1	0	1	0	0	1	0	0	1	0
3	1	0	0	1	0	0	1	0	1	0
4	1	0	0	1	1	0	0	1	0	0
5	1	0	0	1	0	0	1	0	0	1
6	1	0	0	1	0	1	0	1	0	0
7	0	1	1	0	0	0	1	1	0	0
8	0	1	1	0	1	0	0	0	1	0
9	0	1	0	1	0	1	0	0	0	1

수준이 2인 특성이 2개, 수준이 3인 특성이 2개인 경우 카드의 매수는 9개입니다.

◆ 직교표의 특색

[1,0]형 직교표에서 열 상호 간의 상관계수를 산출합니다.

$L_8 2^7$형의 열 상호 간 상관계수를 아래에 제시합니다.

아래 표에서 다른 열 번호 상호 간 상관계수는 0이 됩니다.

직교표는 열 상호 간 상관계수가 0이 되는 표입니다.

> 1~7은 코드형 직교표 열 번호

		1	2	3	4	5	6	7	8	9	10	11	12	13	14
		1		2		3		4		5		6		7	
1	1	1.00	−1.00	0.00	0.00	0.00	0.00	0.00	0.00	0.00	0.00	0.00	0.00	0.00	0.00
2		−1.00	1.00	0.00	0.00	0.00	0.00	0.00	0.00	0.00	0.00	0.00	0.00	0.00	0.00
3	2	0.00	0.00	1.00	−1.00	0.00	0.00	0.00	0.00	0.00	0.00	0.00	0.00	0.00	0.00
4		0.00	0.00	−1.00	1.00	0.00	0.00	0.00	0.00	0.00	0.00	0.00	0.00	0.00	0.00
5	3	0.00	0.00	0.00	0.00	1.00	−1.00	0.00	0.00	0.00	0.00	0.00	0.00	0.00	0.00
6		0.00	0.00	0.00	0.00	−1.00	1.00	0.00	0.00	0.00	0.00	0.00	0.00	0.00	0.00
7	4	0.00	0.00	0.00	0.00	0.00	0.00	1.00	−1.00	0.00	0.00	0.00	0.00	0.00	0.00
8		0.00	0.00	0.00	0.00	0.00	0.00	−1.00	1.00	0.00	0.00	0.00	0.00	0.00	0.00
9	5	0.00	0.00	0.00	0.00	0.00	0.00	0.00	0.00	1.00	−1.00	0.00	0.00	0.00	0.00
10		0.00	0.00	0.00	0.00	0.00	0.00	0.00	0.00	−1.00	1.00	0.00	0.00	0.00	0.00
11	6	0.00	0.00	0.00	0.00	0.00	0.00	0.00	0.00	0.00	0.00	1.00	−1.00	0.00	0.00
12		0.00	0.00	0.00	0.00	0.00	0.00	0.00	0.00	0.00	0.00	−1.00	1.00	0.00	0.00
13	7	0.00	0.00	0.00	0.00	0.00	0.00	0.00	0.00	0.00	0.00	0.00	0.00	1.00	−1.00
14		0.00	0.00	0.00	0.00	0.00	0.00	0.00	0.00	0.00	0.00	0.00	0.00	−1.00	1.00

$L_9 3^4$형 열 상호 간 상관계수를 아래에 제시합니다.

〈$L_9 3^4$형 열 상호 간 상관계수〉

		1			2			3			4		
1		1	−0.5	−0.5	0	0	0	0	0	0	0	0	0
		−0.5	1	−0.5	0	0	0	0	0	0	0	0	0
		−0.5	−0.5	1	0	0	0	0	0	0	0	0	0
2		0	0	0	1	−0.5	−0.5	0	0	0	0	0	0
		0	0	0	−0.5	1	−0.5	0	0	0	0	0	0
		0	0	0	−0.5	−0.5	1	0	0	0	0	0	0
3		0	0	0	0	0	0	1	−0.5	−0.5	0	0	0
		0	0	0	0	0	0	−0.5	1	−0.5	0	0	0
		0	0	0	0	0	0	−0.5	−0.5	1	0	0	0
4		0	0	0	0	0	0	0	0	0	1	−0.5	−0.5
		0	0	0	0	0	0	0	0	0	−0.5	1	−0.5
		0	0	0	0	0	0	0	0	0	−0.5	−0.5	1

◆ 비직교표

다음에 제시하는 표는 열 상호 간에 0이 아닌 상관계수가 존재합니다. 0이 아닌 상관이 있는 표를 **비직교표**라고 합니다.

컨조인트 분석은 비직교표에서도 열 상호 간 상관계수의 절댓값이 0.5를 넘지 않으면, 해당 비직교표를 적용해서 컨조인트 카드를 작성할 수 있습니다.

〈$L_{12}2^13^14^1$의 직교표〉

	1	2	3	4	5
1	1	1	1	1	1
2	1	1	2	2	1
3	1	1	2	3	1
4	1	2	1	2	2
5	1	2	1	3	2
6	1	2	2	1	3
7	2	1	1	1	3
8	2	1	2	2	3
9	2	1	2	3	2
10	2	2	1	2	1
11	2	2	1	3	3
12	2	2	2	1	2
	2	2	2	3	3	← 수준 수

1		2		3		4			5		
1	0	1	0	1	0	1	0	0	1	0	0
1	0	1	0	0	1	0	1	0	1	0	0
1	0	1	0	0	1	0	0	1	1	0	0
1	0	0	1	1	0	0	1	0	0	1	0
1	0	0	1	1	0	0	0	1	0	1	0
1	0	0	1	0	1	1	0	0	0	0	1
0	1	1	0	1	0	1	0	0	0	0	1
0	1	1	0	0	1	0	1	0	0	0	1
0	1	1	0	0	1	0	0	1	0	1	0
0	1	0	1	1	0	0	1	0	1	0	0
0	1	0	1	1	0	0	0	1	0	0	1
0	1	0	1	0	1	1	0	0	0	1	0

〈$L_{12}2^13^14^1$형의 열 상호 간 상관계수〉

		1	2	3	4	5	6	7	8	9	10	11	12
		1		2		3		4			5		
1	1	1.00	−1.00	0.00	0.00	0.00	0.00	0.00	0.00	0.00	0.35	0.00	−0.35
2		−1.00	1.00	0.00	0.00	0.00	0.00	0.00	0.00	0.00	−0.35	0.00	0.35
3	2	0.00	0.00	1.00	−1.00	−0.33	0.33	0.00	0.00	0.00	0.35	−0.35	0.00
4		0.00	0.00	−1.00	1.00	0.33	−0.33	0.00	0.00	0.00	−0.35	0.35	0.00
5	3	0.00	0.00	−0.33	0.33	1.00	−1.00	0.00	0.00	0.00	0.00	0.00	0.00
6		0.00	0.00	0.33	−0.33	−1.00	1.00	0.00	0.00	0.00	0.00	0.00	0.00
7	4	0.00	0.00	0.00	0.00	0.00	0.00	1.00	−0.50	−0.50	−0.13	−0.13	0.25
8		0.00	0.00	0.00	0.00	0.00	0.00	−0.50	1.00	−0.50	0.25	−0.13	−0.13
9		0.00	0.00	0.00	0.00	0.00	0.00	−0.50	−0.50	1.00	−0.13	0.25	−0.13
10	5	0.35	−0.35	0.35	−0.35	0.00	0.00	−0.13	0.25	−0.13	1.00	−0.50	−0.50
11		0.00	0.00	−0.35	0.35	0.00	0.00	−0.13	−0.13	0.25	−0.50	1.00	−0.50
12		−0.35	0.35	0.00	0.00	0.00	0.00	0.25	−0.13	−0.13	−0.50	−0.50	1.00

특성의 수가 많고, 각 특성의 수준 수가 다른 경우, 열 상호 간 상관계수가 0이 되는 직교표는 없습니다. 이와 같은 경우 열 상호 간 상관이 0.5 미만의 비직교표를 작성하여 컨조인트를 분석합니다. 유감스럽게도 이러한 비직교표는 공개되어 있지 않으므로 분석가가 만드는데, 특별히 작성하는 좋은 방법은 없습니다. 상관계수가 0.5 미만이 될 때까지 반복해서 작성하여 완성했을 때의 즐거움을 느껴보세요.

저자가 작성한 비직교표를 제시합니다.

⟨$L_{10}2^2 5^1$형 비직교표⟩

	1	2	3
1	1	1	2
2	1	1	3
3	1	2	1
4	1	2	4
5	1	2	5
6	2	1	1
7	2	1	4
8	2	1	5
9	2	2	2
10	2	2	3
수준 수	2	2	5	← 수준 수

	1		2		3				
1	1	0	1	0	0	1	0	0	0
2	1	0	1	0	0	0	1	0	0
3	1	0	0	1	1	0	0	0	0
4	1	0	0	1	0	0	0	1	0
5	1	0	0	1	0	0	0	0	1
6	0	1	1	0	1	0	0	0	0
7	0	1	1	0	0	0	0	1	0
8	0	1	1	0	0	0	0	0	1
9	0	1	0	1	0	1	0	0	0
10	0	1	0	1	0	0	1	0	0

⟨$L_{10}2^2 5^1$형의 열 상호 간 상관계수⟩

	1		2		3				
1	1.00	−1.00	−0.20	0.20	0.00	0.00	0.00	0.00	0.00
	−1.00	1.00	0.20	−0.20	0.00	0.00	0.00	0.00	0.00
2	−0.20	0.20	1.00	−1.00	0.00	0.00	0.00	0.00	0.00
	0.20	−0.20	−1.00	1.00	0.00	0.00	0.00	0.00	0.00
3	0.00	0.00	0.00	0.00	1.00	−0.25	−0.25	−0.25	−0.25
	0.00	0.00	0.00	0.00	−0.25	1.00	−0.25	−0.25	−0.25
	0.00	0.00	0.00	0.00	−0.25	−0.25	1.00	−0.25	−0.25
	0.00	0.00	0.00	0.00	−0.25	−0.25	−0.25	1.00	−0.25
	0.00	0.00	0.00	0.00	−0.25	−0.25	−0.25	−0.25	1.00

열 상호 간 상관이 0이 되지 않는 비직교표에서도 컨조인트 카드는 작성할 수 있어요.

컨조인트 분석의 구체적인 예를 보다 깊게 알아본다.

구체적인 예

특성 수는 5, 각 특성의 수준 수는 2, 2, 2, 3, 3으로, 컨조인트 카드를 만들면 72개입니다. 이 중에서 12개의 카드를 평가하고, 남은 것을 예측한 후 어느 카드가 가장 좋은지 파악합니다.

◆ 구체적인 예

출판사가 통계학 서적을 출판하기 위해 다음 두 가지 사항을 알아보기로 했습니다.

- 독자가 책을 고를 때 책의 내용이나 수준이 중요할 뿐만 아니라 책의 크기, 2도 인쇄, 표지 디자인 등의 특성도 영향을 준다는 것을 밝히고 싶습니다.
- 특성을 조합하여 다양한 책의 완성이 예상되고 어떤 조합의 책을 선호하는지를 밝히고 싶습니다.

이 주제에 대해서 다음 순서로 컨조인트 분석을 실행합니다.

〈1〉 책의 특성과 수준을 결정합니다.

특성	수준
책의 크기	B5
	A5
색상	2도 인쇄
	단색 인쇄
페이지 수	300페이지
	200페이지

특성	수준
등장인물	친절한 박사님
	성실한 여대생
	엄격한 선생님
표지 디자인	경치
	만화
	무늬

〈2〉 직교표 혹은 비직교표를 결정합니다.

수준 수가 2인 특성이 세 가지, 수준 수가 3인 특성이 두 가지에 따라 $L_{12}2^33^2$형을 적용합니다.

〈3〉 컨조인트 카드(책의 완성 예상도)를 작성합니다.

책 번호	색상	책의 크기	페이지 수	표지 디자인	등장인물
책 1	2도	B5	300페이지	만화	성실한 여대생
책 2	2도	B5	200페이지	경치	성실한 여대생
책 3	2도	B5	200페이지	무늬	성실한 여대생
책 4	2도	A5	300페이지	경치	엄격한 선생님
책 5	2도	A5	300페이지	무늬	엄격한 선생님
책 6	2도	A5	200페이지	만화	친절한 박사님
책 7	흑백	B5	300페이지	만화	친절한 박사님
책 8	흑백	B5	200페이지	경치	친절한 박사님
책 9	흑백	B5	200페이지	무늬	엄격한 선생님
책 10	흑백	A5	300페이지	경치	성실한 여대생
책 11	흑백	A5	300페이지	무늬	친절한 박사님
책 12	흑백	A5	200페이지	만화	엄격한 선생님

〈4〉 각 카드의 평가 데이터를 얻습니다.

질문. 책을 선택하는 경우 어떤 것으로 할 것인지 몇 가지라도 알려주세요.

	책1	책2	책3	책4	책5	책6	책7	책8	책9	책10	책11	책12
1	1	1	1	1	1	0	1	0	1	1	0	0
2	1	0	0	0	1	1	0	1	0	0	0	0
3	1	1	1	1	0	0	1	1	0	0	0	0
4	1	1	0	0	1	1	0	0	0	0	0	0
5	1	1	0	1	1	0	1	0	0	1	0	0
6	0	1	1	0	0	1	0	0	1	0	0	0
7	1	1	1	1	1	0	0	1	0	0	0	0
8	1	1	0	0	1	0	0	0	0	0	0	0
9	1	0	1	1	0	1	0	0	0	0	1	0
10	1	1	1	0	0	0	0	0	0	1	0	0
11	1	1	1	1	1	0	1	0	0	0	0	0
12	1	1	0	0	1	1	0	0	1	0	0	1
13	1	1	0	1	0	0	1	0	0	0	0	0
14	1	1	0	0	0	0	0	1	0	0	0	0
15	1	1	1	1	0	1	0	0	0	0	0	1
16	1	1	1	0	1	0	1	0	0	0	0	0
17	0	1	0	1	0	0	0	0	0	1	1	0
18	0	1	1	0	0	0	0	0	1	0	0	0
19	1	1	1	1	0	0	0	1	0	0	0	0
20	1	1	0	0	1	0	1	0	0	0	1	0
21	1	1	1	1	0	1	0	0	0	0	0	0
22	1	0	0	0	1	0	0	0	0	1	0	0
23	1	1	1	0	0	0	0	1	0	0	0	0
24	1	0	0	1	1	0	1	0	0	0	0	0
25	1	0	1	1	1	1	0	0	1	0	0	0
26	1	1	1	0	0	0	0	0	0	0	0	0
27	0	0	1	0	0	0	1	0	0	0	0	0
28	1	0	1	1	0	1	0	1	0	0	0	0
29	1	0	0	0	0	1	0	0	1	0	0	0
30	0	0	1	1	0	0	1	0	0	0	0	0

응답자는 30명

1은 책을 선택, 0은 책을 선택하지 않음

〈5〉 각 책의 응답 비율을 계산하고 책마다 응답 비율을 평가 점수로 변환합니다.

설명 변수는 218페이지의 〈3〉을 코드로 변환합니다.

수량화 1류용의 데이터를 설정합니다.

책 번호	목적 변수		설명 변수				
	선택한 사람 수	평가 점수	색상	책의 크기	페이지 수	표지 디자인	등장인물
책 1	25	83%	1	1	1	3	3
책 2	21	70%	1	1	2	2	3
책 3	18	60%	1	1	2	1	3
책 4	15	50%	1	2	1	2	2
책 5	13	43%	1	2	1	1	2
책 6	10	33%	1	2	2	3	1
책 7	10	33%	2	1	1	3	1
책 8	7	23%	2	1	2	2	1
책 9	6	20%	2	1	2	1	2
책 10	5	17%	2	2	1	2	3
책 11	3	10%	2	2	1	1	1
책 12	2	7%	2	2	2	3	2

〈6〉 수량화 1류를 시행한 부분 효용값과 중요도를 해석합니다.

독자가 통계학 서적을 선택할 때 책의 내용이나 수준에서 무엇을 중시하는가를 컨조인트 분석으로 조사한 결과, 중요도의 값으로부터 가장 중시하는 것은 '색상'이고, 다음으로 '책의 크기'라는 것을 알았습니다. 또한 부분효용값으로부터 색상은 흑백보다는 2도, 책의 크기는 A5보다는 B5가 좋다는 결과를 얻었습니다.

항목을 조합하면 다양한 책의 완성이 예측됩니다. 하지만 어느 조합이 선호되는가를 조사하면, 전체 효용값으로부터 가장 좋은 조합은 '2도', 'B5', '300페이지', '만화', '성실한 여대생'이라는 것을 알았습니다.

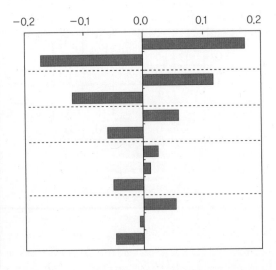

〈부분 효용값〉	
2도	0.176
흑백	−0.176
B5	0.119
A5	−0.119
300페이지	0.059
200페이지	−0.059
만화	0.028
경치	0.013
무늬	−0.040
성실한 여대생	0.049
엄격한 선생님	−0.005
친절한 박사님	−0.044

〈중요도〉

항목명	최댓값	최솟값	범위	중요도
색상	0.176	−0.176	0.352	40.5%
책의 크기	0.119	−0.119	0.238	27.4%
페이지 수	0.059	−0.059	0.118	13.6%
등장인물	0.049	−0.044	0.093	10.7%
표지 디자인	0.028	−0.040	0.068	7.8%
		합계	0.869	100.0%

분석정확도

결정계수	0.9888
중상관계수	0.9944

〈전체 효용값(일부 생략)〉

순위	카드 번호	색상	책의 크기	페이지 수	표지 디자인	등장인물	전체 효용값	평가점수
1	1	2도	B5	300페이지	만화	성실한 여대생	81%	83%
2	예측	2도	B5	300페이지	경치	성실한 여대생	79%	−
3	예측	2도	B5	300페이지	만화	엄격한 선생님	75%	−
4	예측	2도	B5	300페이지	무늬	성실한 여대생	74%	−
5	예측	2도	B5	300페이지	경치	엄격한 선생님	74%	−
10	2	2도	B5	200페이지	경치	성실한 여대생	67%	70%
13	3	2도	B5	200페이지	무늬	성실한 여대생	62%	60%
23	4	2도	A5	300페이지	경치	엄격한 선생님	50%	50%
38	7	흑백	B5	300페이지	만화	친절한 박사님	36%	43%
39	6	2도	A5	200페이지	만화	친절한 박사님	36%	33%
52	8	흑백	B5	200페이지	경치	친절한 박사님	23%	33%
54	9	흑백	B5	200페이지	무늬	엄격한 선생님	21%	23%
55	10	흑백	A5	300페이지	경치	성실한 여대생	20%	20%
65	11	흑백	A5	300페이지	무늬	친절한 박사님	5%	17%
66	12	흑백	A5	200페이지	만화	엄격한 선생님	4%	10%
71	예측	흑백	A5	200페이지	무늬	엄격한 선생님	−2%	7%
72	예측	흑백	A5	200페이지	무늬	친절한 박사님	−6%	−

memo

제10장

인과관계를 규명하기 위한
조사와 인자분석

인자분석은 데이터에 잠재되어 있는 인자를 찾아내고, 인자를 이용하여 집계 항목을 분류 및 집약, 인자 상호 간 혹은 인자와 목적 변수와의 관계를 규명하는 해석 기법입니다. 이 책에서는 이 기법의 적용 방법이나 결과를 해석 및 활용하는 방법에 대해 배웁니다.

KEYWORDS

- 인자분석
- 인자부하량
- 인자의 이름 부여
- 인자점수
- 인자수
- 제곱합
- 고윳값
- 기여율

- 스크리 그래프
- 공통성
- 주인자법
- 최우법
- 직교회전
- 사각회전
- 베리맥스법
- 프로맥스법

조사에서 인자분석의 역할을 알아본다.

인과관계를 규명하기 위한 조사에서 인자분석의 역할

인과관계를 규명하기 위한 조사라는 것은 어떠한 조사인지, 인자분석의 역할은 무엇인지, 인자분석에 적용할 수 있는 것은 어떤 데이터 유형인지에 대해 배웁니다.

◆ 인과관계를 규명하기 위한 조사란?

앙케트 조사로 규명하고 싶은 주요 항목을 '목적 변수'라고 합니다. 예를 들면 소비자의 제품 구입 의향, 종업원의 이직 여부, 편의점 고객의 편의점 종합만족도 등이 목적 변수입니다. 목적 변수는 '제품 구입 의향'을 밝히기 위한 경우 구입 의향이 ○○%라는 비율을 출력하는 것만으로는 조사 목적을 달성했다고 할 수 없습니다.

어떤 성별, 연령의 사람 또한 어떤 가치관, 소비 의식, 유행 의식, 구매 행동의 사람이 구입 의향이 높은가를 규명해야 조사 목적을 달성했다고 할 수 있습니다.

가치관, 소비 의식, 유행 의식, 구매 행동 등을 '설명 변수'라고 합니다. 인과관계 규명 조사는 설명 변수와 목적 변수의 상관관계, 인과관계를 규명하는 조사입니다.

◆ 인과관계 규명조사에서 인자분석의 역할

일반적으로 의식, 행동, 가치관 등의 설명 변수는 질문 항목이 각양각색으로 항목 수가 20개 이상이 됩니다. 이 경우 인과관계를 조사하는 분석 작업이 복잡해질 뿐만 아니라 명확한 인과관계를 찾아낼 수 없습니다.

인자분석은 이러한 다수의 설명 변수 데이터 중에서 잠재된 인자를 찾아내어 그 인자 사이에 내재되어 있고, 의미가 같은 설명 변수의 그룹으로 분류 및 집약하는 분석 기법입니다.

영어, 국어, 수학, 과학, 사회 등의 수능시험 점수의 경우 수능시험에 공통적으로 잠재되어 있는 인자는 문과 점수, 이과 점수입니다. 즉 인자분석은 시험점수를 문과 점수와 이과 점수로 분해하는 기법입니다. 분해된 문과 점수, 이과 점수가 각 과목에 어느 정도 영향을 미치는가를 보면서 '영어는 문과 점수가 이과 점수보다 높고, 수학은 이과 점수가 문과 점수보다 높은 과목이다'라는 것을 파악할 수 있습니다.

더욱이 영어, 국어, 사회는 문과의 값이 큰 과목이므로 문과 그룹이고, 수학, 과학은 이과의 값이 큰 과목이므로 이과 그룹이라는 것도 파악할 수 있습니다.

	문과	이과
국어	0.98	0.01
영어	0.85	0.01
수학	0.01	0.99
과학	0.14	0.64
사회	0.47	0.22

문과, 이과의 각 과목에 대한 영향도를 '인자부하량'이라고 합니다. 인자분석은 인자부하량을 구하는 것이 최대의 목적입니다.

◆ 인자분석은 어떠한 질문과 데이터에 적용할 수 있는가?

인자분석에 이용하는 데이터는 모두 수량 데이터만은 아닙니다. 5단계 평가는 순서 척도의 데이터이지만 인자분석에 적용할 수 있습니다.

【구체적인 예 A】

△△편의점 20곳을 대상으로 고객 앙케트 조사를 실시했습니다.

〈질문지〉

질문 1. 이 편의점에 대한 귀하의 생각을 각각 들려주세요. (○는 하나씩만)					
	전혀 그렇게 생각하지 않는다.	별로 그렇게 생각하지 않는다.	어느 쪽이라고도 할 수 없다.	약간 그렇게 생각한다.	전적으로 그렇게 생각한다.
제품이 다양하다.	1	2	3	4	5
신선하다.	1	2	3	4	5
맛이 좋다.	1	2	3	4	5
편의점 커피가 좋다.	1	2	3	4	5
배달 서비스가 충실하다.	1	2	3	4	5
ATM, 복사기, 프린터가 있다.	1	2	3	4	5
처리 시간이 빠르다.	1	2	3	4	5
품절된 제품이 없다.	1	2	3	4	5

질문 2. 종합적으로 살펴보아 이 편의점에 대한 평가를 알려주세요. (○는 하나만)

1. 매우 나쁘다.　2. 약간 나쁘다.　3. 보통　4. 약간 좋다.　5. 매우 좋다.

〈데이터〉

아래 내용은 점포마다 8개 항목의 5단계 평가 평균값을 나타낸 것입니다.

점포 번호	제품이 다양하다.	신선하다.	맛이 좋다.	편의점 커피가 좋다.	배달 서비스가 충실하다.	ATM, 복사기, 프린터가 있다.	처리 시간이 빠르다.	품절된 제품이 없다.	종합만족도
1	2.2	2.7	2.0	3.6	3.6	3.1	3.9	2.6	3.3
2	4.0	3.6	3.7	3.5	3.1	3.6	3.3	3.1	3.5
3	2.2	2.2	3.1	2.2	2.7	2.6	2.9	3.6	3.0
4	3.6	4.0	4.2	4.0	3.6	3.0	2.3	2.2	3.7
5	3.9	3.2	3.4	3.7	3.1	3.2	2.2	3.1	3.4
6	3.3	3.5	3.0	3.0	2.6	3.5	3.1	3.2	3.2
7	2.2	2.2	2.7	2.6	4.2	3.6	3.1	3.3	3.5
8	3.4	3.4	2.1	2.2	2.2	2.2	3.6	3.6	4.1
9	3.5	3.2	3.1	3.6	3.9	3.0	3.1	3.1	3.8
10	2.8	2.7	3.1	3.3	2.1	2.1	2.6	2.6	3.0
11	3.2	3.6	2.6	2.5	3.2	4.0	3.1	3.0	3.4
12	3.9	3.5	3.6	3.4	3.2	4.1	4.0	3.6	3.9
13	2.7	3.2	3.1	3.1	2.6	2.6	3.1	3.1	3.4
14	3.6	3.5	3.4	3.6	3.0	2.1	2.2	2.9	3.3
15	2.3	2.6	2.8	2.6	4.0	3.0	3.8	3.1	3.4
16	2.6	2.6	2.7	2.7	2.2	2.3	2.2	2.2	2.6
17	2.8	3.0	3.6	3.6	3.6	2.9	2.4	2.3	3.5
18	3.4	4.0	2.7	2.9	2.4	2.4	3.1	3.5	3.1
19	3.6	3.4	3.2	3.6	2.0	2.5	4.1	4.0	4.0
20	3.1	3.1	3.5	3.5	3.8	3.1	4.1	3.8	3.7

수량 데이터

【구체적인 예 B】

〈질문문〉

〈A 회사의 화장품을 사용하는 분께〉

질문 1. A 회사의 화장품에 대한 다음 21개의 질문에 대해서 귀하의 생각에 가까운 선택지를 하나씩 골라주세요.

항목 번호	항목 이름	그렇게 생각하지 않는다.	별로 그렇게 생각하지 않는다.	어느 쪽 이라고도 할 수 없다.	약간 그렇게 생각한다.	그렇게 생각한다.
1	화장품 가격이 저렴하다.	1	2	3	4	5
2	환경 문제를 고려하고 있다.	1	2	3	4	5
3	방문판매 및 편의점 등에서 부담 없이 구입할 수 있다.	1	2	3	4	5
4	패션을 리드하고 있다.	1	2	3	4	5
5	화장품으로 인한 피부 트러블이 없다.	1	2	3	4	5
6	판매사원이나 상담원의 대응이 전문적이다.	1	2	3	4	5
7	상담, 질문 등이 간단하게 이루어진다.	1	2	3	4	5
8	유행 및 트렌드를 선도하고 있다.	1	2	3	4	5
9	세계적으로 유명하다.	1	2	3	4	5
10	친숙하다.	1	2	3	4	5
11	국제적인 감각을 가지고 있다.	1	2	3	4	5
12	열심히 신제품을 개발한다.	1	2	3	4	5
13	화장품 품질이 좋다.	1	2	3	4	5
14	판매사원이 친절하고 정중하다.	1	2	3	4	5
15	인상에 남는 광고가 많다.	1	2	3	4	5
16	서비스가 좋다.	1	2	3	4	5
17	화장품의 효과 및 효능이 뛰어나다.	1	2	3	4	5
18	화장품이 안전하다.	1	2	3	4	5
19	광고 및 선전을 활발히 하고 있다.	1	2	3	4	5
20	신뢰할 수 있는 회사이다.	1	2	3	4	5
21	소비자 본위이다.	1	2	3	4	5

질문 2. A 회사를 종합적으로 살펴보아 귀하는 어느 정도 만족하고 있습니까?

매우 불만	불만	약간 불만	어느 쪽이라고 도 할 수 없다.	약간 만족	만족	매우 만족
1	2	3	4	5	6	7

인자분석의 절차를 알아본다.

인자분석으로 파악할 수 있는 내용과 인자분석 절차

인자분석으로부터 어떠한 것을 파악할 수 있는지, 인자분석은 어떤 절차로 수행하는 것인지에 대해 학습합니다.

◆ 인자분석으로 파악할 수 있는 내용

> 다수의 질문 항목 데이터 중에서 잠재되어 있는 인자를 찾아냅니다.

> 질문 항목이 설명 변수 어느 인자의 영향을 받고 있는지 규명합니다.

> 인자로부터 유사한 경향을 나타내는 항목을 정리할 수 있습니다.

> 인자상호 간의 인과관계를 검토하면, 많은 질문 항목 사이의 관계를 직접 다루는 것보다 효율성이 좋게 다룰 수 있습니다.

> 인자를 찾아내어 인자와 목적 변수와의 인과관계를 규명할 수 있습니다.

◆ 인자분석 절차

① 인자 수와 인자 개수를 결정합니다.
② 인자분석을 수행합니다.
③ 제곱합을 검토하고, 인자의 중요도를 조사합니다.
④ 인자부하량으로부터 각 인자의 이름을 붙입니다.
⑤ 질문 항목은 어떤 인자로부터 영향을 받고 있는가를 파악합니다.
⑥ 질문 항목의 유사도 및 질문 항목의 그룹을 파악합니다.
⑦ 응답자마다 어느 인자 점수가 높은가를 조사하고, 응답자의 특징을 파악합니다.
⑧ 각 응답자의 인자 점수와 목적 변수와의 상관을 조사하고, 목적 변수에 영향을 미치는 인자는 무엇인지 파악합니다.

인자부하량, 인자점수, 고윳값에 대해 알아본다.

인자분석 방식과 결과의 해석

인자분석 방식, 결과의 해석, 활용 방법에 대해 배웁니다.

인자분석으로부터 출력되는 인자부하량, 인자점수, 제곱합, 고윳값에 대해서 상세히 설명합니다.

◆ 인자의 개수 결정하기

225쪽의 구체적인 예 A에서 8항목 상호 간의 단순상관계수를 산출했습니다.

상관계수가 0.3 이상인 항목 상호 간은 유사합니다.

항목 간에 보이는 상관관계로부터 여덟 개의 항목은 3개로 분류할 수 있습니다.

단순상관계수

	제품이 다양하다.	신선하다.	맛이 좋다.	편의점 커피가 좋다.	배달 서비스가 충실하다.	ATM 복사기 프린터가 있다.	처리 시간이 빠르다.	품절된 제품이 없다.
제품이 다양하다.	1.00	0.82	0.50	0.49	−0.19	0.18	−0.04	0.21
신선하다.	0.82	1.00	0.35	0.40	−0.20	0.12	−0.01	0.08
맛이 좋다.	0.50	0.35	1.00	0.63	0.18	0.17	−0.29	−0.12
편의점 커피가 좋다.	0.49	0.40	0.63	1.00	0.23	0.07	−0.12	−0.27
배달 서비스가 충실하다	−0.19	−0.20	0.18	0.23	1.00	0.55	0.12	−0.15
ATM, 복사기, 프린터가 있다.	0.18	0.12	0.17	0.07	0.55	1.00	0.30	0.12
처리 시간이 빠르다.	−0.04	−0.01	−0.29	−0.12	0.12	0.30	1.00	0.68
품절된 제품이 없다.	0.21	0.08	−0.12	−0.27	−0.15	0.12	0.68	1.00

※ 0.3 이상은 진하게 칠함

이것으로부터 편의점을 평가하는 인자는 세 가지라고 가정할 수 있습니다.

- 인자 1 : 소프트 서비스 평가 인자

  제품이 다양하다. 신선하다. 맛이 좋다. 편의점 커피가 좋다.
- 인자 2 : 시스템 평가 인자

  품절된 제품이 없다. 처리 시간이 빠르다.
- 인자 3 : 하드 서비스 평가 인자

  배달 서비스가 충실하다. ATM, 복사기, 프린터가 있다.

◆ 인자부하량

구체적인 예 A에 대해 인자 수는 3으로 하고, 인자분석을 수행했습니다. **인자부하량**이 계산됩니다. 0.5 이상은 진하게 칠했습니다.

	인자 1	인자 2	인자 3
제품이 다양하다.	0.978	0.169	−0.098
신선하다.	0.770	0.110	−0.114
맛이 좋다.	0.614	−0.286	0.251
편의점 커피가 좋다.	0.606	−0.297	0.271
품절된 제품이 없다.	0.048	0.822	−0.070
처리 시간이 빠르다.	−0.105	0.799	0.226
배달 서비스가 충실하다.	−0.092	−0.097	0.891
ATM, 복사기, 프린터가 있다.	0.153	0.241	0.616

인자부하량은 질문 항목과 각 인자와의 상관 정도를 나타내고, 추가로 인자의 질문 항목에 대한 영향의 강도를 나타내는 양입니다.

진하게 칠해진 인자부하량으로부터 인자 이름을 결정합니다.

◆ 인자의 이름 부여

인자부하량이 0.5 이상의 항목에 주목하여 **인자의 이름**을 정합니다.

- 인자 1 : 소프트 서비스 평가 인자
- 인자 2 : 시스템 평가 인자
- 인자 3 : 하드 서비스 평가 인자

◆ 인자의 중요도

몇 가지 인자부하량의 절댓값은 크고, 남은 변수의 인자부하량은 0에 가까운 작은 값이 되었습니다. 인자부하량을 제곱하고 합한 값을 **제곱합**이라고 합니다.

제곱합이 클수록 '진하게 칠한 인자부하량의 절댓값은 크고, 남은 변수의 인자부하량은 0에 가까워진다'라고 하고, 인자의 해석이 명확해집니다.

제곱합의 항목 총수에서 차지하는 비율을 **기여율**이라고 합니다.

제곱합, 기여율이 큰 인자(일반적으로 1 이상)일수록 중요하다고 합니다.

인자부하량의 제곱

	인자 1 소프트 서비스 평가 인자	인자 2 시스템 평가 인자	인자 3 하드 서비스 평가 인자
제품이 다양하다.	0.956	0.029	0.010
신선하다.	0.592	0.012	0.013
맛이 좋다.	0.378	0.082	0.063
편의점 커피가 좋다.	0.367	0.088	0.073
품절된 제품이 없다.	0.002	0.676	0.005
처리 시간이 빠르다.	0.011	0.639	0.051
배달 서비스가 충실하다.	0.009	0.009	0.793
ATM, 복사기, 프린터가 있다.	0.023	0.058	0.379
합계 : 제곱합	2.338	1.594	1.388
기여율	29%	20%	17%

◆ 공통성

항목마다 각 인자의 인자부하량을 제곱하고, 이들을 모두 더한 값을 **공통성**이라고 합니다.

공통성은 각 항목이 나타내는 모든 인자로 어느 정도 설명할 수 있는가를 나타내는 값입니다. 수능시험의 공통성을 아래에 나타냅니다.

〈계산 예〉 사회 → $0.47^2 + 0.22^2 = 0.27$

	문과	이과	공통성
국어	0.98	0.01	0.96
영어	0.85	0.01	0.72
수학	0.01	0.99	0.98
과학	0.14	0.64	0.42
사회	0.47	0.22	0.27

> 국어, 수학의 공통성은 0.9를 넘어 각각 문과 인자와 이과 인자로 설명할 수 있습니다. 과학, 사회의 공통성은 0.5보다 작아 문과/이과만으로 설명할 수 없는 다른 인자도 있다고 추측합니다.

사례 A의 공통성을 아래에 나타냅니다.

	공통성
제품이 다양하다.	0.994
신선하다.	0.618
맛이 좋다.	0.523
편의점 커피가 좋다.	0.529
품절된 제품이 없다.	0.684
처리 시간이 빠르다.	0.701
배달 서비스가 충실하다.	0.811
ATM, 복사기, 프린터가 있다.	0.461

'제품이 다양하다.'는 0.994로, 세 가지 인자로 설명할 수 있습니다.

'ATM, 복사기, 프린터가 있다.'는 0.461로, 세 가지만의 인자로는 설명할 수 없고, 네 번째 항목의 인자가 있다고 추측할 수 있습니다.

◆ 고윳값

인자의 개수는 인자분석에 이용된 질문 항목의 수만큼 있습니다. 인자분석은 모든 인자에 대해 고윳값을 산출합니다.

구체적인 예 A는 질문 항목이 8개이므로 8개의 고윳값이 존재합니다.

인자번호	인자 1	인자 2	인자 3	인자 4	인자 5	인자 6	인자 7	인자 8
고윳값	2.67	1.90	1.68	0.67	0.53	0.28	0.19	0.08
기여율	33.4%	23.8%	21.0%	8.4%	6.6%	3.5%	2.4%	0.9%
누적기여율	33.4%	57.2%	78.2%	86.6%	93.2%	96.7%	99.1%	100.0%

※ 기여율 = 고윳값 ÷ 항목 수　누적기여율 = 기여율의 누적

◆ 고윳값에 의한 인자 수의 결정법

228페이지에서 인자의 개수는 전체 항목 하나하나의 상관계수로 결정된다고 설명했습니다. 이 방법은 항목수가 많으면 복잡하기 때문에 다음의 나타내는 방법을 권장합니다.

고윳값에 의한 **인자 수**의 결정법은 다음 세 가지 방법이 있습니다.

〈방법 1〉
고윳값이 1.00 이상의 인자를 적용합니다.
　→ 구체적인 예 A　　인자 1~인자 3의 3개

〈방법 2〉
고윳값의 누적기여율이 60% 이상이 되는 지점까지의 인자를 적용합니다.
　→ 구체적인 예 A　　인자 3에서 60% 이상이 되기 때문에 인자 1~인자 3의 3개

〈방법 3〉
스크리 그래프를 사용하여 결정합니다.

※ 고윳값은 인자 수의 결정, 제곱합은 인자의 해석을 쉽게 하기 위해 적용합니다.

◆ 스크리 그래프란?

고윳값의 꺾은선 그래프를 **스크리 그래프**라고 합니다.

꺾은선 그래프에서 기울기가 크게 변하는 지점까지의 인자를 적용합니다.

　→ 구체적인 예 A　　인자 3에서 인자 4로 변하기 때문에 인자 1~인자 3의 3개

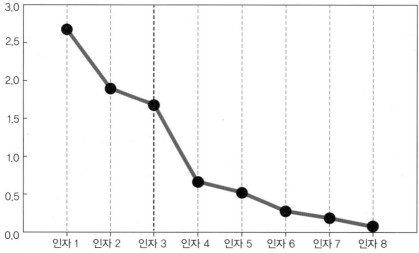

인자는 2개인가, 3개인가? 어떻게 되지?

◆ 인자분석의 '축의 회전'

인자분석을 소프트웨어로 실행하는 경우 축의 회전을 지정합니다.

축의 회전에는 '한다/하지 않는다'가 있습니다.

인자분석은 축의 회전을 하는 것이 기본입니다.

'회전한다'의 경우 **직교회전**인가, **사각회전**인가를 선택합니다.

인자 상호 간 상관이 직교회전은 '상관이 없다', 사각회전은 '상관이 있다'를 지정합니다.

직교회전의 대표적 기법은 **베리맥스법**, 사각회전의 대표적 기법은 **프로맥스법**입니다.

축의 회전이라는 것은 인자분석의 계산 과정에서 구한 인자부하량을 회전하여 최종 인자부하량을 유도하는 것입니다.

회전해서 몇 개의 인자부하량의 절댓값은 크고, 남은 변수의 인자부하량은 0에 가까운 작은 값이 됩니다.

인자의 해석이나 이름 부여는 인자부하량의 절댓값이 큰 항목을 보고 진행하기 때문에 회전해서 인자가 해석하기 쉽게 됩니다.

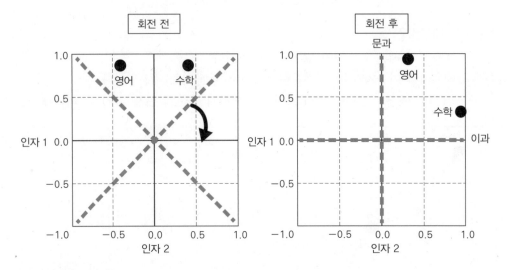

◆ 인자분석의 종류

인자분석에는 **주인자법**과 **최우법**이 있습니다.

양자의 결과에 큰 차이가 없으므로 어느 것을 사용해도 관계없습니다.

굳이 말하자면, 표본 크기가 작은 경우에는 주인자법을, 큰 경우에는 최우법을 적용하기도 합니다.

인자 점수의 활용 방법을 알아본다.

인자 점수의 활용 방법

인자 점수의 해석, 인자 점수 상호 간 상관관계, 인자 점수와 목적 변수와의 상관에 대해 배웁니다.

◆ 인자 점수

인자분석은 인자부하량, 고윳값 외에 **인자 점수**를 산출합니다.

인자 점수는 얼마 이상이면 크고 얼마 이하이면 작다는 기준은 없지만, 일반적으로 +1과 −1을 기준으로 합니다.

아래는 수능시험의 인자 점수입니다.

문과 인자 점수가 높은 것은 번호 15, 17, 20, 낮은 것은 번호 7, 12, 13, 18입니다.

이과 인자 점수가 높은 것은 번호 11, 12, 18, 20, 낮은 것은 번호 1, 4, 6입니다.

문과 과목으로 알려진 영어, 국어, 사회의 평균, 이과 과목으로 알려진 수학, 과학의 평균을 산출합니다. 인자 점수와 평균을 비교하면, 양자의 대소 관계는 거의 동일한 경향이 됩니다.

인자 점수

학생 번호	문과		이과	
1		−0.618	×	−1.566
2		0.925		0.015
3		0.580		−0.886
4		−0.915	×	−1.310
5		0.687		−0.828
6		0.672	×	−1.640
7	×	−1.563		−0.530
8		−0.618		−0.824
9		−0.471		0.586
10		0.966		0.688
11		0.665	◎	1.265
12	×	−1.205	◎	1.371
13	×	−1.495		0.367
14		0.012		0.997
15	◎	1.098		0.054
16		0.217		−0.755
17	◎	1.311		0.082
18	×	−1.594	◎	1.083
19		0.143		0.244
20	◎	1.204	◎	1.588

평균

학생 번호	영어, 국어, 사회	수학, 과학
1	73.0	64.5
2	79.3	69.0
3	73.7	65.5
4	70.0	66.0
5	78.0	67.5
6	79.0	66.0
7	65.7	70.0
8	73.7	69.5
9	75.0	76.0
10	82.3	76.5
11	78.0	78.0
12	68.7	78.5
13	72.0	77.0
14	76.0	78.0
15	79.7	75.0
16	76.3	74.0
17	80.7	77.0
18	67.0	81.0
19	74.7	79.5
20	79.7	84.5

※ 인자 점수가 1 이상이면 ◎, −1 이하이면 ×

◆ 인자 점수 상호간 관계, 인자 점수와 목적 변수와의 상관

구체적인 예 A의 인자 점수, 종합만족도를 제시합니다.

상점 번호	인자 1 소프트 서비스 평가	인자 2 시스템 평가	인자 3 하드 서비스 평가	목적 변수 종합만족도
1	-1.444	-0.069	0.712	3.3
2	1.667	0.356	0.382	3.5
3	-1.708	0.137	-0.564	3.0
4	1.216	-1.620	0.787	3.7
5	1.194	-0.581	-0.081	3.4
6	-0.027	0.238	-0.431	3.2
7	-1.652	0.056	1.304	3.5
8	0.284	1.382	-1.358	4.1
9	0.813	0.003	0.932	3.8
10	-0.300	-0.927	-1.267	3.0
11	-0.205	0.337	0.233	3.4
12	1.311	1.284	0.713	3.9
13	-0.831	-0.219	-0.556	3.4
14	0.889	-0.925	-0.416	3.3
15	-1.062	0.450	1.189	3.4
16	-0.613	-1.276	-1.295	2.6
17	-0.161	-1.515	0.667	3.5
18	-0.009	0.462	-1.049	3.1
19	0.593	1.405	-1.065	4.0
20	0.047	1.024	1.161	3.7

인자 점수 상호 간 단순상관계수, 인자 점수와 목적 변수와의 단순상관계수를 다음에 제시합니다. 구체적인 예의 인자분석은 직교회전에서 수행하기 때문에 인자 상호 간 상관은 거의 0이 됩니다.

직교회전   단순상관계수

인자명	소프트 서비스 평가	시스템 평가	하드 서비스 평가	종합만족도
소프트 서비스 평가	1.0000	0.0437	-0.0069	0.4635
시스템 평가	0.0437	1.0000	-0.0038	0.5353
종합만족도	-0.0069	-0.0038	1.0000	0.3293

인자와 종합만족도와의 관계를 보면, 시스템 평가가 가장 높고, 다음으로 소프트 서비스 평가가 이어집니다. 시스템 평가에 영향이 높은 항목은 '품절된 제품이 없다.', '처리 시간이 빠르다.'입니다. 편의점의 종합만족도를 높이기 위해서는 품절된 제품이 없는 것과 빠른 처리 시간이 중요하다는 것을 알았습니다. 추가로 사각회전을 했을 때의 상관계수를 제시합니다.

인자 상호 간 상관에 0이 아닌 것이 있습니다.

사각회전   단순상관계수

인자명	소프트 서비스 평가	시스템 평가	하드 서비스 평가	종합만족도
소프트 서비스 평가	1.0000	-0.0166	0.0637	0.4679
시스템 평가	-0.0166	1.0000	-0.1299	0.4992
종합만족도	0.0637	-0.1299	1.0000	0.3019

구체적 사례로 인자분석의 방법과 결과의 해석을 알아본다.

인자분석의 사례

화장품회사의 고객만족도 조사의 사례로 인자분석의 방법, 결과의 해석, 활용 방법을 배웁니다.

◆ 데이터

A 화장품회사의 고객만족도 조사를 했습니다. A 회사의 종합만족도를 높이기 위해 어떤 요소(인자)를 높이면 좋은지 살펴보기 위해 인자분석을 적용했습니다.

〈질문지〉

226페이지를 참조하세요.

〈데이터〉

응답자 번호	1 저렴하고 가격이	2 있다. 환경 문제를 고려하고	3 에서 구입할 수 있다. 방문판매 및 편의점 등	4 패션을 리드하고 있다.	5 트러블이 없는 화장품으로 인한	6 대응이 전문적이다. 판매원이나 상담원의	7 하게 이루어진다. 상담 질문 등이 간단	8 선도하고 있다. 유행및 트렌드를	9 세계적으로 유명하다.	10 친숙하다.	11 가지고 있다 국제적인 감각을	12 개발한다. 열심히 신제품을	13 화장품 품질이 좋다.	14 정중하다. 판매사원이 친절하고	15 많다. 인상에 남는 광고가	16 서비스가 좋다.	17 효능이 뛰어나다. 화장품의 효과나	18 화장품이 안전하다.	19 하고 있다 광고 및 선전을 활발히	20 다 신뢰할 수 있는 회사이	21 소비자 본위이다.	종합만족도
1	4	1	3	4	4	2	3	5	1	4	1	1	1	1	5	1	1	4	4	3	3	4
2	1	2	2	1	4	3	2	2	3	1	4	4	3	3	1	3	3	5	3	5	1	3
3	4	4	3	5	3	5	5	4	4	2	5	3	4	4	3	4	3	5	4	2	3	7
4	5	3	5	2	4	3	2	1	3	3	3	2	3	1	2	2	4	5	1	2	3	4
5	3	3	4	2	3	2	3	3	4	4	4	3	3	2	1	2	4	4	1	5	4	3
6	3	2	3	3	5	3	3	4	1	3	1	4	4	4	5	4	5	4	3	5	4	6
7	5	5	4	2	1	5	4	1	5	4	5	5	3	5	2	4	4	2	1	1	5	6
8	1	3	1	4	2	3	3	3	2	1	1	2	1	3	5	4	1	1	5	1	1	4
9	2	4	2	4	1	1	2	4	5	2	4	1	2	2	1	2	1	2	2	2	2	2
10	1	1	2	1	1	2	1	1	1	3	1	2	2	1	2	1	2	1	4	1	1	2
11	2	2	3	2	1	3	5	1	3	1	1	2	3	4	1	4	3	2	3	1	1	3
12	4	2	5	4	4	4	3	4	1	5	2	4	4	3	5	3	5	5	4	2	4	6
13	3	2	1	2	2	2	1	3	2	1	1	3	2	1	2	3	1	2	3	1	2	3
14	3	1	1	2	3	3	4	1	3	1	1	2	1	2	3	2	1	2	1	3	2	1
15	4	2	3	4	3	3	3	1	1	1	3	2	3	2	1	4	1	3	2	3	2	5
16	5	2	3	1	3	5	4	2	2	4	1	1	2	4	4	2	1	4	1	5	5	5
17	3	3	2	4	3	4	3	3	4	2	2	1	3	3	2	1	4	3	2	2	1	2
18	4	2	3	3	3	3	3	3	3	3	2	1	4	4	5	2	5	5	4	5	2	7
19	4	4	2	4	4	4	5	3	3	3	3	2	4	3	3	3	1	1	1	2	4	4
20	2	2	2	1	2	1	2	1	4	2	2	1	1	3	1	1	4	2	4	4	1	3
21	4	2	3	4	4	2	3	5	1	4	1	1	2	1	5	2	1	4	4	3	3	4
22	4	3	3	3	2	3	3	4	4	4	4	3	2	1	2	4	4	1	5	4	3	4
23	1	1	2	3	2	1	1	1	3	2	2	1	2	1	2	1	2	1	4	1	2	2
24	4	3	3	4	2	3	3	1	1	1	3	2	5	3	2	1	4	1	3	2	5	5
25	2	2	2	1	2	1	2	1	4	2	2	1	2	1	3	1	4	2	4	1	1	3

◆ 인자 수의 결정

항목 수는 21항목이므로 21개의 고윳값을 검토했습니다.

인자의 개수는 고윳값 1 이상으로 보면 7개, 기여율의 누적으로 보면 4개, 스크리 그래프에서 보면 7개가 됩니다.

이러한 정보를 근거로 인자의 수는 7개로 했습니다.

인자 번호	고윳값	기여율	누적
1	6.24	29.73%	29.73%
2	3.59	17.07%	46.80%
3	2.73	12.99%	59.79%
4	1.86	8.84%	68.63%
5	1.60	7.63%	76.26%
6	1.33	6.35%	82.61%
7	1.13	5.40%	88.01%
8	0.72	3.44%	91.45%
9	0.51	2.43%	93.88%
10	0.37	1.75%	95.63%
11	0.30	1.42%	97.04%
12	0.21	0.98%	98.02%
13	0.17	0.80%	98.82%
14	0.11	0.51%	99.33%
15	0.05	0.24%	99.57%
16	0.04	0.18%	99.75%
17	0.02	0.09%	99.84%
18	0.01	0.07%	99.91%
19	0.01	0.04%	99.96%
20	0.01	0.04%	100.00%
21	0.00	0.00%	100.00%

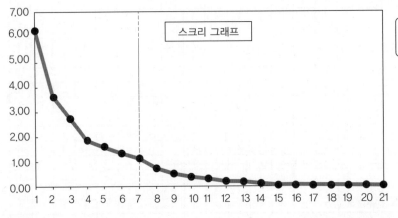

스크리 그래프

분명히 7 지점에서 기울기가 변하고 있어요.

◆ 인자분석의 선택

표본 크기가 작기 때문에 최우법이 아니라 주인자법을 선택했습니다.

인자 상호 간 상관은 없는 것으로 하여 직교회전 베리맥스법을 선택했습니다.

인자 수는 7개로 했습니다.

◆ 인자부하량

0.5 이상을 진하게 칠했습니다.

칠한 부분의 항목으로 그룹을 만들어 그룹에서 칠한 항목을 내림차순으로 정렬했습니다. '인상에 남는 광고가 많다'에서 인자 7의 인자부하량은 0.425로, 0.5보다 작습니다. 하지만 이 항목은 인자 7의 그룹으로 합니다.

질문 번호	질문 항목명	인자 1	인자 2	인자 3	인자 4	인자 5	인자 6	인자 7
16	서비스가 좋다.	0.832	0.042	0.283	0.098	−0.071	0.099	0.254
14	판매사원이 친절하고 정중하다.	0.830	−0.041	0.102	0.044	0.116	0.029	−0.154
7	상담, 질문 등이 간단하게 이루어진다.	0.786	0.209	0.036	0.174	0.057	0.203	0.079
6	판매사원이나 상담원의 대응이 전문적이다.	0.763	0.342	0.280	0.088	−0.167	0.050	0.210
10	친숙하다.	−0.087	0.863	0.084	0.021	0.066	−0.041	0.225
21	소비자 본위이다.	0.262	0.835	0.317	0.051	0.126	0.079	0.051
1	화장품 가격이 저렴하다.	0.442	0.739	−0.052	−0.016	0.144	0.239	−0.362
3	방문판매 및 편의점 등에서 구입할 수 있다.	0.138	0.606	0.395	0.101	0.358	0.034	−0.033
17	화장품의 효과 및 효능이 뛰어나다.	0.128	0.332	0.874	0.098	0.068	−0.101	−0.018
13	화장품 품질이 좋다.	0.153	0.126	0.838	0.094	0.080	0.161	−0.008
12	열심히 신제품을 개발한다.	0.245	0.016	0.768	0.137	0.226	0.015	−0.161
9	세계적으로 유명하다.	0.098	−0.050	−0.062	0.935	−0.035	−0.225	−0.133
11	국제적인 감각을 가지고 있다.	0.083	0.165	0.279	0.826	0.192	−0.058	−0.039
2	환경 문제를 고려하고 있다.	0.399	0.081	0.232	0.766	−0.121	0.178	−0.210
18	화장품이 안전하다.	0.016	0.166	0.117	0.145	0.859	0.140	−0.059
20	신뢰할 수 있는 회사이다.	−0.133	0.070	0.164	0.022	0.856	−0.075	0.087
5	화장품으로 인한 피부 트러블이 없다.	0.251	0.191	0.055	−0.421	0.713	0.307	−0.058
4	패션을 리드하고 있다.	0.130	−0.049	0.076	−0.041	−0.032	0.979	0.026
8	유행 및 트렌드를 선도하고 있다.	0.115	0.137	0.011	−0.113	0.187	0.739	0.074
19	광고 및 선전을 활발히 하고 있다.	0.152	0.058	−0.105	−0.224	−0.030	0.073	0.934
15	인상에 남는 광고가 많다.	0.168	0.287	−0.248	−0.355	0.232	0.291	0.425
	제곱합	3.31	2.86	2.75	2.63	2.40	1.96	1.49

◆ 인자 이름

제곱합은 7개의 인자 모두 1을 넘기 때문에 중요하다고 하고, 인자부하량의 칠한 부분을 보고 이름을 붙입니다.

인자 번호	인자 이름
인자 1	서비스 및 지원
인자 2	소비자 기호
인자 3	상품성
인자 4	글로벌
인자 5	안전성 및 신뢰성
인자 6	유행 감각
인자 7	영업력

이 이름이 마음에 들지 않는 사람은 다른 이름을 붙이면 됩니다.

◆ 인자의 중요도

중요도의 순위를 제곱합, 기여율로 보면, 가장 중요한 인자는 '서비스 및 지원', 다음은 '소비자 기호', '상품성' 순입니다.

인자 번호	인자 이름	제곱합	기여율	누적률
인자 1	서비스 및 지원	3.31	15.8%	15.8%
인자 2	소비자 기호	2.86	13.6%	29.4%
인자 3	상품성	2.75	13.1%	42.5%
인자 4	글로벌	2.63	12.5%	55.0%
인자 5	안전성 및 신뢰성	2.40	11.5%	66.5%
인자 6	유행 감각	1.96	9.3%	75.8%
인자 7	영업력	1.49	7.1%	82.9%

◆ 인자 점수와 종합만족도와의 상관

인자와 A 화장품회사 종합만족도와의 단순상관계수를 산출했습니다.

단순상관계수는 종합만족도를 높이기 위해 영향 인자를 파악합니다.

서비스 및 지원의 상관이 0.69로 최대입니다.

다음으로 단순상관계수가 0.3을 넘는 인자는 '유행 감각', '소비자 기호'였습니다.

종합만족도와 인자와의 단순상관계수

인자 번호	인자 이름	단순상관계수
인자 1	서비스 및 지원	0.6853
인자 6	유행 감각	0.3382
인자 2	소비자 기호	0.3305
인자 5	안전성 및 신뢰성	0.2760
인자 7	영업력	0.1923
인자 3	상품성	0.1087
인자 4	글로벌	0.0693

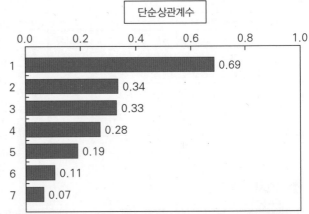

단순상관계수

인자의 중요도(기여율)와 인자의 영향도(단순상관계수)의 순위는 달라요.
유행 감각은 인자로서의 중요도는 여섯 번째이지만, 종합만족도를 높이는 인자로서는 두 번째입니다.

◆ 질문 항목과 종합만족도와의 상관

A 화장품 종합만족도를 높이기 위해 중요한 질문 항목이 무엇인지 조사했습니다.

상관계수가 0.6을 넘는 것은 '판매사원이나 상담원의 대응이 전문적이다.', '판매사원이 친절하고 정중하다.', '상담, 질문 등이 부담 없이 간단하게 이루어진다.', '서비스가 좋다.', '화장품 가격이 저렴하다.'의 다섯 가지였습니다.

인자 1의 '서비스 및 지원'에 속하는 네 가지 항목은 모두 0.6을 넘습니다.

인자번호	인자명	항목번호	항목명	단순상관계수	단순상관계수	인자부하량
인자 1	서비스 및 지원	6	판매사원이나 상담원의 대응이 전문적이다.	0.6883	0.69	0.832
		14	판매사원이 친절하고 정중하다.	0.6466	0.65	0.830
		7	상담, 질문 등이 간단하게 이루어진다	0.6372	0.64	0.786
		16	서비스가 좋다.	0.6181	0.62	0.763
인자 6	유행 감각	4	패션을 리드하고 있다.	0.3946	0.39	0.979
		8	유행 및 트렌드를 선도하고 있다.	0.2679	0.27	0.739
인자 2	소비자 기호	1	화장품 가격이 저렴하다.	0.6237	0.62	0.863
		21	소비자 본위이다.	0.5744	0.57	0.835
		3	방문판매 및 편의점 등에서 구입할 수 있다.	0.5284	0.53	0.739
		10	친숙하다.	0.2266	0.23	0.606
인자 5	안전성 및 신뢰성	5	화장품으로 인한 피부 트러블이 없다.	0.5095	0.51	0.859
		18	화장품이 안전하다.	0.4192	0.42	0.856
		20	신뢰할 수 있는 회사이다.	0.1153	0.12	0.713
인자 7	영업력	15	인상에 남는 광고가 많다.	0.5386	0.54	0.934
		19	광고 및 선전을 활발히 하고 있다.	0.2987	0.30	0.425
인자 3	상품력	13	화장품 품질이 좋다.	0.4100	0.41	0.874
		12	열심히 신제품을 개발한다.	0.3690	0.37	0.838
		17	화장품의 효과 및 효능이 뛰어나다.	0.3129	0.31	0.768
인자 4	글로벌	2	환경 문제를 고려하고 있다.	0.4080	0.41	0.935
		11	국제적인 감각을 가지고 있다.	0.1995	0.20	0.826
		9	세계적으로 유명하다.	0.0196	0.02	0.766

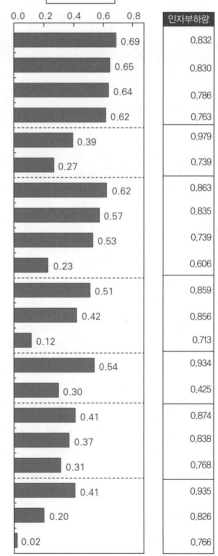

21개 질문 항목에 대한 인자부하량과 단순상관계수가 있습니다.
양쪽의 차이를 알고 있나요?
전자는 인자와 질문 항목과의 상관이고, 후자는 인자 점수와 종합만족도와의 상관이에요.

◆ 인자 점수와 종합만족도와의 중회귀분석

인자를 설명 변수, 종합만족도를 목적 변수로 하여 중회귀분석을 실시했습니다.

결정계수는 0.724로, 기준이 되는 0.5를 넘었기 때문에 종합만족도를 설명(예측)하는 모델로서 적절하다고 할 수 있습니다.

기여율 1위는 '서비스 및 지원', 2위는 '안전성 및 신뢰성', 3위는 '유행 감각'으로, 단순상관계수의 순서와 다릅니다.

중회귀분석의 기여율은 인자 상호 간 영향을 제거하고 산출했기 때문에 진정한 영향도라고 할 수 있습니다.

	회귀계수	표준회귀계수	기여율	p 값	판정	상관계수
인자 1 서비스 및 지원	1.075	0.653	37.7%	0.000	[**]	0.685
인자 5 안전성 및 신뢰성	0.511	0.311	18.0%	0.026	[*]	0.276
인자 6 유행 감각	0.351	0.264	15.2%	0.068	[ ]	0.338
인자 2 소비자 기호	0.261	0.210	12.1%	0.163	[ ]	0.330
인자 3 상품성	0.302	0.191	11.0%	0.160	[ ]	0.109
인자 4 글로벌	0.117	0.073	4.2%	0.573	[ ]	0.069
인자 7 영업력	0.038	0.031	1.8%	0.829	[ ]	0.192
상수항	4.000					

결정계수	0.724

※ 중회귀분석은 인자로부터 목적 변수(종합만족도)를 예측하는 모델식을 유도하는 다변량분석 기법입니다.

※ 회귀계수는 예측 모델식의 계수입니다.

※ 표준회귀계수는 모델을 기준값(편차값)으로 한 중회귀분석의 결과입니다.

※ 기여율은 표준회귀계수의 합계에서 차지하는 비율입니다.

※ p값은 인자가 목적 변수의 영향 요인인가(유의한가)를 통계적으로 검정한 값입니다.

   p값은 모집단에서 인자와 목적 변수의 관계가 유의하다는 판단이 틀릴 확률입니다.

   p값이 작을수록 틀릴 확률이 낮기 때문에 유의하다고 할 수 있습니다.

   판정 기호는 p값 $\leq$ 0.01은 [**], 0.01 < p값 $\leq$ 0.05는 [*]입니다.

   * 기호가 붙으면 유의하다고 할 수 있습니다.

※ 상관계수는 238페이지에 제시한 단순상관계수의 값입니다.

제 **11** 장

인과관계 규명 조사와
공분산구조분석

공분산구조분석은 앙케트 조사의 데이터에서 분석가
가 질문 항목 간의 인과관계에 대해 가설을 세우고, 이
것이 옳은가의 여부를 검증하는 분석 기법입니다.
이 장에서는 이 기법의 적용 방법이나 결과의 해석, 활
용법에 대해 배웁니다.

KEYWORDS

- 공분산구조분석
- 구조방정식 모델링
- SEM
- 인과관계와 상관관계
- 탐색형 인자분석
- 가설검증형 인자분석
- 관측변수

- 잠재변수
- 경로도
- 경로계수
- 표준화해
- 비표준화해
- 자유도
- 적합도지표

- GFI
- 내생변수
- 외생변수
- 포화모델

공분산구조분석이 어떤 해석인지 알아본다.

공분산구조분석이란?

공분산구조분석의 개요와 공분산구조분석에서 적용 가능한 데이터에 대해 배웁니다.

◆ 공분산구조분석이란?

공분산구조분석은 앙케트 조사의 응답 데이터, 실험 데이터 등의 데이터에서 분석가가 질문 항목 간의 인과관계에 대해 가설을 세우고, 이것이 옳은가를 검증하는 분석 기법입니다.

인과관계의 가설은 질문 항목 사이를 화살표로 연결한 '경로도'라고 부르는 그림으로 나타냅니다. 공분산구조분석을 수행해서 항목 간의 관계의 강도를 나타내는 **경로계수**라고 부르는 값을 구해 경로도의 화살표 위에 기재합니다. 그리고 경로계수의 크기에 의해 인과관계를 규명합니다.

경로계수는 공분산구조분석에 내장된 상관분석과 중회귀분석에 의해 유도됩니다.

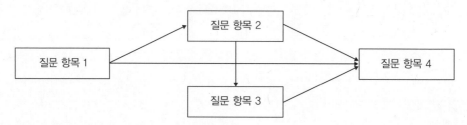

'공분산구조분석'이라는 이름은 'Covariance Structure Analysis'를 번역한 말입니다. 이 이름은 '공분산구조분석'이라는 '공분산'이나 '분산'을 연상시키지만, 이 기법에서의 핵심은 아니므로 **구조방정식 모델링**이라고 부르는 경향이 있습니다.

'구조방정식 모델링'이라는 이름은 'Structural Equation Modeling'을 번역한 말로, 첫 글자를 따서 'SEM'이라고도 부릅니다.

공분산구조분석은 인과관계를 그림으로 볼 수 있어요.

◆ 공분산구조분석은 어떤 질문과 데이터에 적용할 수 있는가?

공분산구조분석에 이용하는 데이터는 모두 수량 데이터여야 합니다.

단계 평가나 카테고리 데이터는 수치로 변환해서 공분산구조분석을 적용합니다.

· 5단계 평가는 1~5점으로 변환   · 카테고리 데이터는 1점, 0점으로 변환

예를 들면 '붉은색, 파란색, 노란색 중 좋아하는 색'에서 응답이 파란색인 경우 붉은색은 0점, 파란색은 1점, 노란색은 0점이 됩니다.

【구체적인 예 C】

씨름선수에게 앙케트 조사를 실시했습니다.

〈질문지〉

1년 간 90경기에 출전한 선수가 답해주세요.

질문 1. 90경기 중에 몇 번 승리했습니까?

| | 승 |

0~90의 수치로 입력해 주세요.

질문 2. 다른 선수와 비교한 훈련량을 알려주세요.

| 1. 많다.   2. 보통   3. 적다. |

질문 3. 최근 1년 간 전년과 비교할 때의 식사량을 알려주세요.

| 1. 늘었다.   2. 같다.   3. 줄었다. |

질문 4. 최근 1년 간 최대 체중은 몇 kg입니까?

| | kg

〈데이터〉

선수	승수	훈련량	식사량	체중
1	67	3	3	175
2	59	2	2	168
3	57	2	2	180
4	55	3	2	163
5	54	3	3	172
6	52	2	2	157
7	51	3	1	164
8	51	3	3	183
9	45	2	3	175
10	45	3	2	172
11	45	2	2	169
12	45	2	3	177
13	42	1	1	158
14	38	3	2	161
15	37	2	2	172
16	36	1	2	166
17	36	2	1	158
18	30	2	1	156
19	28	1	1	155
20	27	1	1	153
	승	점	점	kg

점수	훈련량	식사량
3	1. 많다.	1. 늘었다.
2	2. 보통	2. 같다.
1	3. 적다.	3. 줄었다.

【구체적인 예 D】

대학입시학원에서 명문대학교에 합격한 13명과 불합격한 17명을 대상으로 앙케트 조사를 실시했습니다.

조사 목적은 학원생의 가정환경, 학습 방법, 지적능력과 합격 여부와의 인과관계를 밝히는 것입니다.

〈질문문〉

질문 1. 귀하의 부모님 수입은 평균 가정에 비해 높은 편입니까?

> 1. 높은 편이다. 　　　　2. 높은 편이라고 할 수 없다.

질문 2. 부모님이 다른 집에 비해 엄격한 편입니까?

> 1. 엄격한 편이다. 　　　　2. 엄격한 편이라고 할 수 없다.

질문 3. 귀하의 계산 능력은 다른 학원생에 비해 뛰어난 편입니까?

> 1. 뛰어난 편이다. 　　　　2. 뛰어난 편이라고 할 수 없다.

질문 4. 귀하의 문장 독해력은 다른 학원생에 비해 뛰어난 편입니까?

> 1. 뛰어난 편이다. 　　　　2. 뛰어난 편이라고 할 수 없다.

질문 5. 귀하의 암기력은 다른 학원생에 비해 뛰어난 편입니까?

> 1. 뛰어난 편이다. 　　　　2. 뛰어난 편이라고 할 수 없다.

질문 6. 귀하는 계획적으로 학습하는 타입이라고 생각합니까?

> 1. 그렇게 생각한다. 　　　　2. 그렇게 생각하지 않는다.

질문 7. 귀하는 풀리지 않는 문제를 해결할 때까지 반복 학습하는 타입이라고 생각합니까?

> 1. 그렇게 생각한다. 　　　　2. 그렇게 생각하지 않는다.

질문 8. 귀하의 학습 시간은 이 기숙학원생에 비해 많은 편이라고 생각합니까?

> 1. 그렇게 생각한다. 　　　　2. 그렇게 생각하지 않는다.

〈데이터〉

학생 번호	합격 여부	수입	엄격한 부모님	계산력	문장독해력	암기력	계획적 학습	반복 학습	학습 시간
1	1	0	0	0	1	1	1	1	1
2	1	1	0	0	1	0	1	1	1
3	1	0	1	1	1	1	0	0	1
4	1	1	1	1	0	0	1	1	1
5	1	0	1	0	1	1	0	1	1
6	1	1	1	0	0	0	1	1	1
7	1	0	1	1	1	1	1	1	0
8	1	0	0	0	1	1	1	1	1
9	1	1	1	1	1	0	0	0	1
10	1	1	1	1	1	1	0	0	0
11	1	1	1	1	1	1	0	0	0
12	1	0	0	1	1	0	1	1	1
13	1	1	1	1	1	1	1	1	1
14	0	0	0	0	0	1	1	1	1
15	0	0	0	0	0	0	0	0	0
16	0	1	1	0	0	0	0	0	0
17	0	1	0	1	1	1	0	0	0
18	0	0	0	0	0	0	0	0	0
19	0	0	0	1	0	1	1	1	0
20	0	0	0	1	1	1	0	0	0
21	0	1	1	0	0	0	0	0	0
22	0	0	0	0	0	0	1	0	0
23	0	0	0	1	0	0	1	0	0
24	0	1	0	1	0	1	0	1	0
25	0	0	1	0	0	1	0	0	0
26	0	0	0	0	0	0	0	0	0
27	0	1	1	0	0	1	0	0	0
28	0	1	1	0	0	0	0	1	1
29	0	0	0	1	0	1	1	0	0
30	0	0	0	0	1	0	1	0	0

이 데이터로 공분산구조분석을 하면 조사 목적을 해결할 수 있어요.

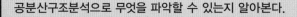

공분산구조분석으로 무엇을 파악할 수 있는지 알아본다.

공분산구조분석으로 파악할 수 있는 내용

인과관계와 상관관계의 의미와 차이, 탐색형 인자분석과 가설검정형 인자분석의 의미와 차이를 알고, 공분산구조분석으로부터 어떤 것을 파악할 수 있는가를 배웁니다.

◆ 인과관계와 상관관계

인과관계는 항목 간에 원인과 결과의 관계가 있다고 단언할 수 있는 관계를 의미합니다.

씨름선수 데이터를 살펴보면, 씨름경기의 세계에서는 '훈련량을 늘리면 승수가 늘어난다'가 통설입니다. '훈련량을 늘린다'라는 행위가 원인으로, '승수가 늘어난다'라는 결과가 유도되므로 양자의 관계는 인과관계입니다.

원인과 결과의 관계는 '원인→결과'라는 일방통행입니다. 원인과 결과에 시간적 순서가 성립합니다.

식사량과 훈련량의 관계는 식사량을 늘리면 훈련량이 늘어나는가, 훈련량을 늘리면 식사량이 증가하는가를 알 수 없기 때문에, 양자의 인과관계는 확실하지 않습니다. 양자에 인과관계가 있는가는 이제부터 배우는 공분산구조분석으로 규명할 수 있습니다.

상관관계는 한 쪽의 값이 변하면 다른 쪽 값도 변한다는 두 값의 관련성을 의미합니다.

씨름경기에서는 '식사량이 많은 선수가 승수가 많아진다'는 통설도 있지만, 식사량이 승수를 늘리기 위한 직접적인 원인이라고 말할 수는 없습니다. 그리고 양자에 인과관계가 있다고까지는 단언할 수 없는 가능성이 있지만, 적어도 상관관계는 있습니다.

인과관계가 있으면 반드시 상관관계는 인정되지만, 상관관계가 있다고 해서 반드시 인과관계가 인정될 수는 없습니다.

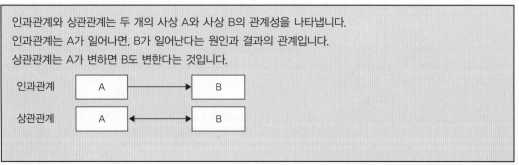

인과관계와 상관관계는 두 개의 사상 A와 사상 B의 관계성을 나타냅니다.
인과관계는 A가 일어나면, B가 일어난다는 원인과 결과의 관계입니다.
상관관계는 A가 변하면 B도 변한다는 것입니다.

인과관계   A → B

상관관계   A ↔ B

공분산구조분석은 인과관계나 상관관계를 알려줍니다.

◆ 탐색형 인자분석, 가설검정형 인자분석이란?

10장에서 인자분석은 다수의 질문 항목 속에 숨겨진(잠재된) 인자를 찾아내어 그 인자 사이에 내재되어 있고, 의미가 같은 질문 항목의 그룹으로 분류 및 집약하는 분석 기법이라고 설명했습니다.

10장에서 배운 인자분석과 공분산구조분석에 내장되어 있는 인자분석은 다릅니다. 10장의 인자분석은 '질문 항목을 몇 개의 그룹으로 분류할 수 있는가?', '어떤 인자가 있는가?'를 찾아내기 위해 이용됩니다. 반면 공분산구조분석의 인자분석은 분석가가 세운 질문 항목 간의 인과관계가 옳은가를 검증하기 위해 이용됩니다.

이 때문에 10장의 인자분석은 **탐색형 인자분석**, 공분산구조분석의 인자분석은 **가설검정형 인자분석**이라고 부릅니다.

◆ 관측변수와 잠재변수

앙케트 조사의 응답 데이터나 실험에서 측정된 데이터를 **관측변수**라고 합니다.

수능시험을 예로 들면, 영어, 국어, 수학 등의 점수는 관측변수입니다.

인자분석에 의해 산출된 문과 점수와 이과 점수는 관측된 것이 아니라 통계 해석의 계산식으로 만든 것입니다. 이렇게 계산식으로 만든 데이터를 잠재변수라고 합니다.

인자분석에 의해 유도된 인자는 **잠재변수**입니다.

◆ 공분산구조분석으로 파악할 수 있는 내용

공분산구조분석으로부터 다음을 파악할 수 있습니다.

- 항목 간의 상관관계, 인과관계를 규명합니다.
- 잠재변수를 도입해서 잠재변수와 항목 사이의 인과관계를 규명합니다.
- 잠재변수로부터 유사한 경향을 나타내는 항목을 정리할 수 있습니다.
- 잠재변수 사이의 인과관계를 검토하면, 많은 항목 간의 관계를 직접 다루는 것보다 효율적으로 처리할 수 있습니다.

어려워 보이지만, 다음 페이지를 읽으면 이해할 수 있어요.

공분산구조분석에서 출력된 통계지표의 해석 및 활용방법을 알아본다.

공분산구조분석의 통계지표 해석 및 활용 방법

경로계수, 표준화해, 비표준화해, 자유도, 적합도지표 GFI의 의미, 해석, 활용 방법을 배웁니다.

◆ 경로도

경로도에 적용하는 도형에 대해 설명합니다.

도형	이름	개요
□	관측변수	앙케트 데이터, 실험 데이터 등 실제로 측정된 관측변수(질문 항목)를 사각형으로 둘러쌉니다.
○	잠재변수	직접 측정되지 않은 잠재변수를 타원으로 둘러쌉니다.
→	화살표	두 변수 사이의 인과관계를 가정할 때 원인과 결과를 나타내는 변수에 한쪽 방향 화살표를 그리고, 화살표에 인과관계의 영향력을 나타내는 수치를 기입합니다.
⌒	양방향 화살표	두 변수 사이에 인과관계가 아닌 상관관계를 가정할 때 양방향 화살표를 그리고, 화살표에 상관을 나타내는 수치를 기입합니다.
○	오차	오차를 원으로 둘러쌉니다. 오차는 그림에 표기한 이외의 '기타' 원인입니다.

〈경로도의 예〉

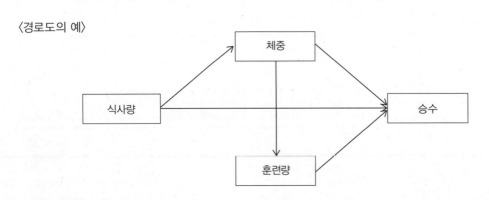

◆ 경로계수

경로계수는 변수 간의 상관관계와 인과관계를 나타내는 값입니다. 경로계수에는 표준화해와 비표준화해의 두 종류가 있습니다.

표준화해는 모든 관측변수와 잠재변수의 분산을 1을 기준으로 하여 구했을 때의 값이고, **비표준화해**는 기준화하지 않은 그대로의 데이터에 대해 구했을 때의 값입니다. 알기 쉬운 예로서 중회귀분석의 경우 회귀계수는 비표준화해이고, 표준회귀계수는 표준화해입니다.

다음은 구체적인 예 C의 경로도입니다.

위에 있는 그림의 경로계수는 표준화해이고, 아래 그림의 경로계수는 비표준화해입니다.

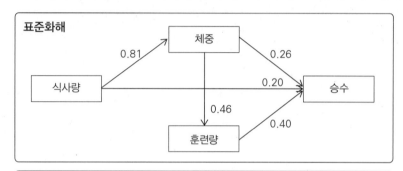

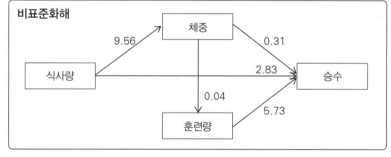

· **표준화해의 해석**

체중→승수, 식사량→승수, 훈련량→승수의 경로계수를 살펴보면 0.26, 0.20, 0.40입니다. 승수에 영향도가 가장 큰 것은 훈련량이고 다음으로 체중, 식사량이 이어집니다. 표준화해는 훈련량이나 식사량 등의 승수에 대한 영향의 강도를 파악하는 지표로, '강도'를 파악하는 지표라고 알려져 있습니다.

· **비표준화해의 해석**

훈련량과 식사량의 데이터는 '많다, 보통, 적다', '늘었다, 같다, 줄었다'의 3단계입니다. 훈련량이 1단계 증가하면 승수는 5.73승 증가하고, 식사량이 1단계 증가하면 2.83승 증가한다는 의미입니다. 체중으로부터 승수로의 계수는 0.31로, 식사량이 일정한 경우 체중이 1kg 증가하면 승수는 0.31승 증가하는 것을 나타냅니다. 비표준화해는 훈련량이나 식사량 등으로부터 예상되는 승수를 파악하는 지표로, '크기'를 파악하는 지표라고 알려져 있습니다.

◆ 적합도지표

경로도에서 화살표는 가설을 기초로 그리지만, 가설이 명확하지 않아도 화살표를 적절하게 그릴 수 있습니다. 따라서 그려진 화살표의 타당성을 조사해야 하는데, 이때 등장하는 것이 모델의 **적합도지표**입니다.

경로계수와 상관계수는 밀접한 관계가 있고, 적합도지표는 양자의 일관성이나 유사성을 파악하기 위한 것입니다. 구체적으로는 공분산구조분석으로부터 유도된 이론적인 상관계수(공분산)와 관측 데이터의 상관계수(공분산)와의 유사성을 측정합니다. 유사성을 지표로 나타낸 값이 적합도지표입니다.

자주 사용하는 적합도지표는 GFI, AGFI, RMSEA, 카이제곱입니다.

GFI는 중회귀분석에서의 결정계수(R^2), AGFI는 자유도 수정 결정계수로 생각하세요. GFI, AGFI, RMSEA 모두 0~1 사이의 값으로, GFI가 0.9 이상이면 화살표를 그린 방식이 타당하고 좋은 모델이라고 할 수 있습니다.

RMSEA는 GFI와는 반대로 0.1 미만이라면 좋은 모델입니다.

이러한 기준은 절대적인 것이 아니고, GFI가 0.9보다 작아도 모델을 선택하는 경우가 있습니다. GFI는 다양한 화살표로 경로도를 그리고, 이 중에서 GFI가 최대가 되는 모델을 선택할 때 유효합니다.

카이제곱은 0 이상의 값으로, 값이 작을수록 좋은 모델입니다. 카이제곱을 이용하여 모집단에 경로도를 적용할 수 있는가를 검정할 수 있습니다. 값이 0.05 이상은 모집단에 경로도를 적용할 수 있다고 판단합니다.

다음은 앞 페이지 경로도의 적합도지표를 나타낸 것입니다.

적합도지표	
GFI	0.979
AGFI	0.791
RMSEA	0.000

검정	
카이제곱	0.83
자유도	1
p값	0.362

GFI > 0.9, RMSEA < 0.1로부터 화살표를 그린 방식이 타당하고, 인과관계를 적절하게 나타내고 있는 좋은 모델이라고 할 수 있습니다. 카이제곱은 0.83으로, 카이제곱 검정을 수행하면 값 > 0.05가 되고, 이 모델은 모집단에 적용 가능한 모델이라고 할 수 있습니다.

GFI가 0.9 이상이라는 장애물은 높아요.

◆ 자유도

경로도의 모델 중에서 어디에서도 영향을 받지 않는 변수를 **외생변수**라고 하고, 다른 변수로부터 한 번이라도 영향을 받는 변수를 **내생변수**라고 합니다.

아래 경로도에서 식사량은 외생변수, 체중과 훈련량, 승수는 내생변수입니다.

내생변수는 화살표로 연결한 변수 이외의 영향을 받고, 그 요인을 오차변동으로서 원으로 나타냅니다. 따라서 내생변수에는 반드시 원(오차변동)이 붙어있지만, 경로도를 그릴 때는 생략해도 됩니다.

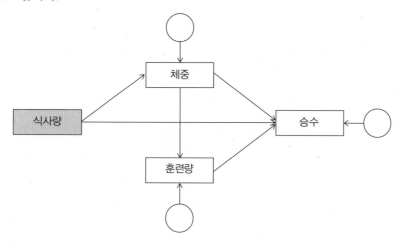

자유도는 다음 식으로 정의됩니다.

자유도 = $K(K+1) / 2 - m$

K = 관찰변수의 개수 m = 화살표 개수 + 외생변수 + 오차변동 + 잠재변수

오차변동(원)으로부터의 화살표는 셀 수 없습니다.

위의 경로도에서 자유도를 구합니다.

$K = 4$ $K(K+1)/2 = 4 \times 5 \div 2 = 10$ $m = 5 + 1 + 3 + 0 = 9$

자유도 $= 10 - 9 = 1$

자유도가 0인 모델을 **포화모델**이라고 합니다.

포화모델은 화살표를 어떻게 그려도 적합도지표는 반드시 1이 됩니다.

카이제곱은 반드시 0이 됩니다.

포화모델의 경우 적합도지표를 활용하고, 검정은 가능하지 않지만, 경로도는 유효합니다.

자유도가 음의 값이 되면 경로도를 작성할 수 없는 경우가 있습니다.

> 계산 과정에서 자유도는 중요하지만, 인과관계의 해석에는 사용할 수 없어요.

◆ 경로도의 검토

구체적인 예 C에 대해 질문 항목 사이의 인과관계가 결정되지 않아도 다양한 경로도를 그려 이 중에서 최적의 경로도를 찾아봅니다.

작성한 경로도는 4개입니다. 경로도의 경로계수는 표준화해이고 비표준화해, 적합도지표, 카이제곱 검정에 대해서도 표에 기록합니다.

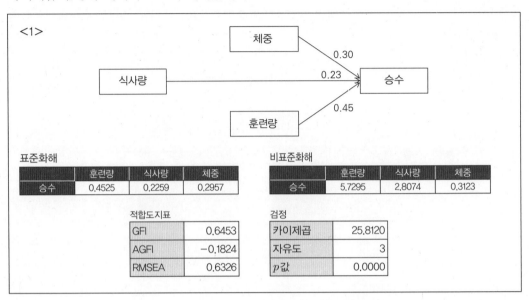

표준화해

	훈련량	식사량	체중
승수	0.4525	0.2259	0.2957

비표준화해

	훈련량	식사량	체중
승수	5.7295	2.8074	0.3123

적합도지표

GFI	0.6453
AGFI	−0.1824
RMSEA	0.6326

검정

카이제곱	25.8120
자유도	3
p값	0.0000

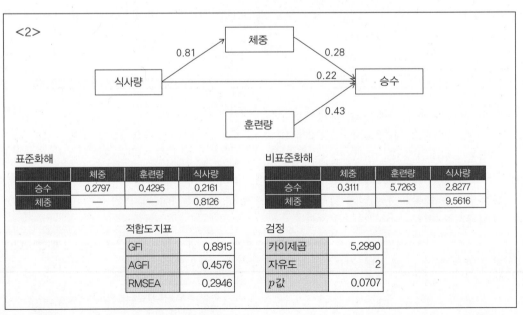

표준화해

	체중	훈련량	식사량
승수	0.2797	0.4295	0.2161
체중	—	—	0.8126

비표준화해

	체중	훈련량	식사량
승수	0.3111	5.7263	2.8277
체중	—	—	9.5616

적합도지표

GFI	0.8915
AGFI	0.4576
RMSEA	0.2946

검정

카이제곱	5.2990
자유도	2
p값	0.0707

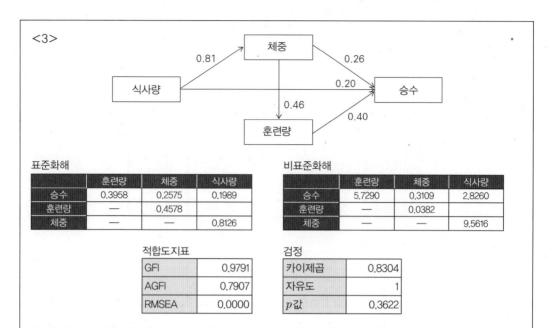

<3>

표준화해

	훈련량	체중	식사량
승수	0.3958	0.2575	0.1989
훈련량	—	0.4578	
체중	—	—	0.8126

비표준화해

	훈련량	체중	식사량
승수	5.7290	0.3109	2.8260
훈련량	—	0.0382	
체중	—	—	9.5616

적합도지표

GFI	0.9791
AGFI	0.7907
RMSEA	0.0000

검정

카이제곱	0.8304
자유도	1
p값	0.3622

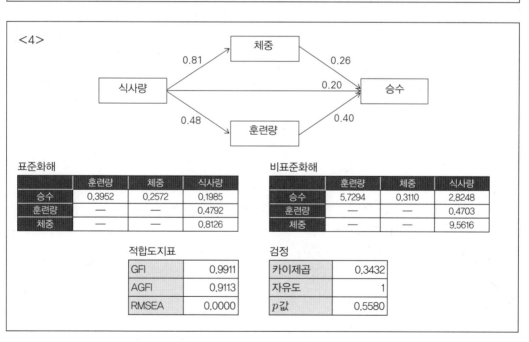

<4>

표준화해

	훈련량	체중	식사량
승수	0.3952	0.2572	0.1985
훈련량	—	—	0.4792
체중	—	—	0.8126

비표준화해

	훈련량	체중	식사량
승수	5.7294	0.3110	2.8248
훈련량	—	—	0.4703
체중	—	—	9.5616

적합도지표

GFI	0.9911
AGFI	0.9113
RMSEA	0.0000

검정

카이제곱	0.3432
자유도	1
p값	0.5580

◆ 적합도지표의 비교

4개의 GFI, AGFI, 값의 표, 그래프를 작성했습니다.

GFI가 최대, GFI와 AGFI의 차이가 최소, 값이 최대인 경로도가 최적이라고 할 수 있으므로, 네 번째 경로도를 최적이라고 합니다.

적합도지표	1	2	3	4
GFI	0.645	0.892	0.979	0.991
AGFI	−0.182	0.458	0.791	0.911
RMSEA	0.633	0.295	0.000	0.000
차이	0.828	0.434	0.188	0.080

검정

	1	2	3	4
카이제곱	25.8	5.3	0.8	0.3
자유도	3	2	1	1
p값	0.000	0.071	0.362	0.5580

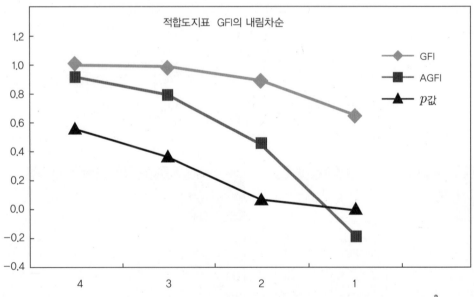

적합도지표 GFI의 내림차순

네 번째 경로도와 세 번째 경로도의 GFI는 0.9보다 크고 거의 동일합니다. 그렇지만 GFI와 AGFI의 차는 네 번째 경로도쪽이 작으므로 네 번째가 최적입니다.

◆ 경로도의 해석

GFI의 크기가 1위인 네 번째 경로도를 나타냅니다.

〈표준화해〉

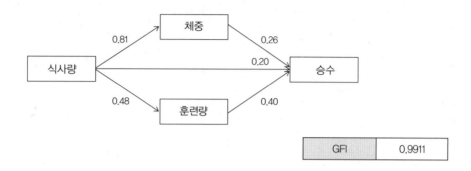

| GFI | 0.9911 |

가설은 세 번째 경로도였지만, 반복해서 공분산분석을 실시한 결과, 네 번째 경로도가 최적입니다. 네 번째 경로도(표준화해)를 해석합니다.

- 식사량을 늘리면 체중이나 훈련량이 증가합니다.
- 체중, 식사량, 훈련량이 많으면 승수가 증가하는 경향이지만, 특히 훈련량의 영향이 큽니다.

〈비표준화해〉

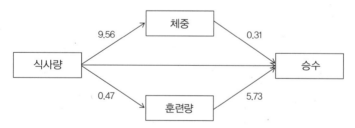

네 번째 경로도(비표준화해)를 해석합니다.
- 식사량을 한 단계 늘리면 체중은 9.56kg 증가합니다.
- 식사량을 한 단계 늘리면 훈련량은 0.47단계 증가합니다.
- 식사량을 일정하게 할 때 체중이 1kg 증가하면 승수는 0.31승 증가합니다.
- 식사량을 1단계 늘리면 승수는 2.82승 증가합니다.
- 식사량을 일정하게 할 때 훈련량을 1단계 늘리면 승수는 5.73승 증가합니다.

식사량이나 훈련량이 승수에 미치는 영향을 '크기'로 나타낼 수 있어요.

잠재변수가 있는 경우 공분산구조분석 방법을 알아본다.

잠재변수가 있는 공분산구조분석

관측 데이터에 어떤 인자(잠재변수)가 있는가의 가설을 세우고, 관측변수, 잠재변수 상호관계를 경로도로 나타냅니다.

잠재변수가 있는 경우의 경로도 작성법 및 해석, 활용 방법을 배웁니다.

◆ 잠재변수가 있는 경로도의 선을 그리는 방법

이제까지의 예제는 관측변수의 데이디를 이용하여 경로도를 작성했는데, 여기에시는 잠재변수를 포함한 경로도에 대해 설명합니다.

잠재변수로부터 관측변수를 향해 화살표를 그린 경우의 경로계수는 공분산구조분석에 내장된 인자분석으로 산출됩니다. 반대 방향의 화살표를 그리면, 경로계수는 인자분석이 아닌 중회귀분석에 의해 산출됩니다.

잠재변수를 유도하는 분석 기법에 인자분석이 있고, 이 기법에 대해서는 10장에서 해설했습니다. 인자분석에는 **탐색적 인자분석**과 **검증적 인자분석**이 있지만, 10장에서 해설한 인자분석은 탐색적 인자분석입니다. 공분산구조분석에서 잠재변수는 검증적 인자분석에 의해 유도됩니다.

탐색적 인자분석과 검증적 인자분석의 차이를 경로도로 나타내면, 잠재변수로부터 관측변수로 향하는 화살표를 탐색적 인자분석은 모든 조합에 대해 그리고, 검증적 인자분석은 일부분의 조합에만 그리는 것입니다. 10장의 구체적인 예 A에서 종합평가를 제외한 8개의 항목에 인자분석을 실시하고, 탐색적 인자분석의 경로도를 작성하면 다음과 같습니다.

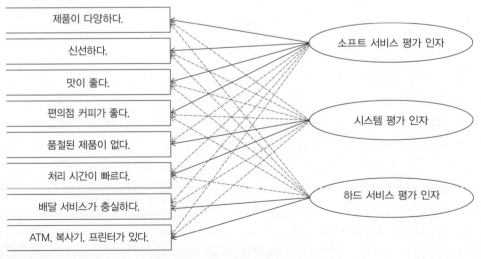

탐색적 인자분석

※ 경로계수(인자부하량) 0.5 이상은 실선, 0.5 미만은 점선
※ 탐색적 인자분석은 보통 경로도는 그리지 않고 수치로 나타냅니다.

◆ 잠재변수가 있는 경로도의 경로계수

검증적 인자분석의 경로도를 나타냅니다.

검증적 인자분석

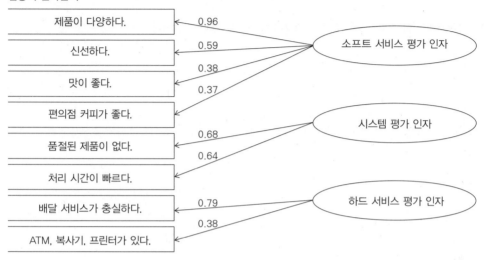

탐색적 인자분석은 인자가 어떤 관측변수에 영향을 미치는가를 가정하지 않고, 어떠한 인자가 있는가를 찾는 방법입니다.

검증적 인자분석은 인자와 관측변수를 연결하는 화살표를 전혀 그리지 않고, 가설에 기초하여 그린 화살표가 타당한지 검증하는 방법입니다.

구체적으로는 소프트 서비스 평가 인자는 '제품이 다양하다.' '신선하다.' '맛이 좋다.' '편의점 커피가 좋다.'에 영향을 미치고, 다른 다섯 개의 관측변수에 영향을 미치지 않습니다. 그리고 시스템 평가인자는 '품절된 제품이 없다.' '처리 시간이 빠르다.'이고, 하드 서비스 평가 인자는 '배달 서비스가 충실하다.' 'ATM, 복사기, 프린터가 있다.'에만 영향을 미친다는 가설을 검증합니다.

경로계수는 −1부터 1 사이의 값입니다.

잠재변수로부터 관측변수로 향한 경로계수가 음의 값이나 양의 값 0~0.3의 값이라면, 그 관측변수는 화살표를 그린 잠재변수(인자)에 속하지 않는다고 판단하고, 화살표를 다시 그려 공분산구조분석을 합니다. 위에 있는 경로도의 경로계수는 모두 0.3 이상입니다.

0.3은 통계학에서 정한 기준은 아니고 필자의 경험값이에요.

◆ 잠재변수의 역할

• 잠재변수를 도입함에 따라 잠재변수와 항목 사이의 인과관계를 규명합니다.

【예】 편의점 운영 구조인 시스템 평가인자는 '품절된 제품이 없다.', '처리 시간이 빠르다.'에 영향을 미칩니다.

• 잠재변수를 도입함에 따라 다수의 질문 항목을 정리 및 요약할 수 있습니다.

【예】 8개의 항목을 3개의 인자로 요약합니다.

• 잠재변수로부터 유사한 경향을 나타내는 항목을 정리할 수 있습니다.

【예】 '제품이 다양하다.', '신선하다.', '맛이 좋다.', '편의점 커피가 좋다.'는 응답방식이 유사하고, 소프트 서비스 평가인자로서 정리할 수 있습니다.

• 잠재변수 사이에 인과관계를 검토하면, 다수의 항목 사이의 관계를 직접 처리해서 효율성이 좀 너 좋아집니다.

【예】 앞의 경로도는 인자 사이의 상관이 아니므로 인자 사이의 화살표를 그릴 수 없습니다.

소프트 서비스 평가인자와 시스템 평가인자의 관계를 보고 싶으면, 양쪽 인자를 화살표로 연결합니다. 소프트 서비스 평가인자의 항목 수는 4개, 시스템 평가인자의 항목 수는 2개입니다. 전자 4항목과 후자 2항목의 관계를 보는 것보다 소프트 서비스 평가인자와 시스템 평가인자의 관계를 보는 것이 효율성이 좋습니다.

공분산구조분석은 통계 분석의 가장 강력한 도구랍니다.

구체적인 사례로 공분산구조분석 방법 및 결과 해석 방법을 알아본다.

공분산구조분석의 사례

대학입시 학원생을 대상으로 한 앙케트 조사의 사례로 공분산구조분석 방법, 결과의 해석, 활용 방법을 배웁니다.

◆ 조사 목적

대학입시학원에서 명문대학교에 합격한 13명과 불합격한 17명을 대상으로 앙케트 조사를 실시하여 학원생의 가정환경, 학습 방법, 지적능력과 합격 여부와의 인과관계를 밝히기 위한 것이 목적입니다.

질문지와 데이터는 244~245페이지의 구체적인 예 D를 참고하세요.

◆ 합격 여부와 질문 항목과의 크로스 집계

공분산구조분석을 실시하기 전에 합격 여부에 어떤 질문 항목이 영향을 미치는지 알아봅니다. 합격 여부와 질문 8항목과의 크로스 집계를 수행하고, 위험비를 산출합니다.

위험비는 영향 요인마다 합격비율 Yes를 No로 나눈 값으로, Yes인 학생은 No에 비해 '몇 배 합격 가능성이 높다'라고 해석할 수 있습니다.

		합격	불합격	%	n	위험비
	전체	43.3	56.7	100.0	30	
수입	Yes	53.8	46.2	100.0	13	1.5
	No	35.3	64.7	100.0	17	
엄격한 부모님	Yes	64.3	35.7	100.0	14	2.6
	No	25.0	75.0	100.0	16	
계산력	Yes	57.1	42.9	100.0	14	1.8
	No	31.3	68.8	100.0	16	
문장 독해력	Yes	78.6	21.4	100.0	14	6.3
	No	12.5	87.5	100.0	16	
암기력	Yes	50.0	50.0	100.0	16	1.4
	No	35.7	64.3	100.0	14	
계획적 학습	Yes	57.1	42.9	100.0	14	1.8
	No	31.3	68.8	100.0	16	
반복 학습	Yes	69.2	30.8	100.0	13	2.9
	No	23.5	76.5	100.0	17	
학습 시간	Yes	83.3	16.7	100.0	12	5.0
	No	16.7	83.3	100.0	18	

〈계산 예〉

수입 위험비 = Yes의 합격비율 ÷ No의 합격비율
= 53.8% ÷ 35.3% = 1.5

◆ 합격 여부와 질문 항목과의 위험비

위험비의 내림차순으로 나열합니다.

합격 여부에 영향도가 가장 높은 것은 문장독해력이고, 그 다음으로 학습 시간, 반복 학습이 계속됩니다.

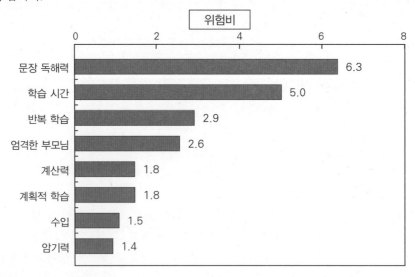

◆ 영향 요인 상호 간 상관분석

9개 항목 상호 간 상관계수를 산출합니다.

유사한 상관계수가 나열되도록 질문 항목을 정렬합니다.

질문 항목 상호 간 상관(굵은 사각형 내)에서 0.3 이상에 주목하면, 수입과 엄격한 부모님의 관계성, 계산력과 문장 독해력과 암기력 상호 간의 관계성, 계획적 학습과 반복 학습과 학습 시간과의 관계성이 높다는 것을 알 수 있습니다.

상관행렬표

	합격 여부	수입	엄격한 부모님	계산력	문장 독해력	암기력	계획적 학습	반복 학습	학습 시간
합격 여부	1.000	0.186	0.396	0.261	0.665	0.144	0.261	0.457	0.659
수입	0.186	1.000	0.530	0.126	−0.009	−0.126	−0.279	0.050	0.110
엄격한 부모님	0.396	0.530	1.000	0.063	0.063	0.071	−0.339	−0.009	0.191
계산력	0.261	0.126	0.063	1.000	0.330	0.339	0.063	−0.009	−0.082
문장 독해력	0.665	−0.009	0.063	0.330	1.000	0.339	0.063	0.126	0.327
암기력	0.144	−0.126	0.071	0.339	0.339	1.000	−0.063	0.144	−0.055
계획적 학습	0.261	−0.279	−0.339	0.063	0.063	−0.063	1.000	0.530	0.327
반복 학습	0.457	0.050	−0.009	−0.009	0.126	0.144	0.530	1.000	0.659
학습 시간	0.659	0.110	0.191	−0.082	0.327	−0.055	0.327	0.659	1.000

여덟 개의 질문 항목이 세 개의 그룹으로 분류된다는 것을 알 수 있습니다.

그룹 1   수입, 엄격한 부모님

그룹 2   계산력, 문장 독해력, 암기력

그룹 3   계획적 학습, 반복 학습, 학습 시간

◆ 인과관계의 가설

상관분석의 결과로부터 질문 항목은 세 개의 그룹으로 분류된다는 것을 알 수 있습니다. 이러한 세 그룹을 잠재변수로 간주하고, 인자 이름을 가정환경, 지적능력, 학습 방법으로 합니다. 가정환경과 학습 방법은 지적능력에 영향을 미치고, 합격 여부는 가정환경, 지적능력, 학습방법의 3인자의 영향을 받아 결정된다고 생각하여 다음의 경로도를 작성했습니다.

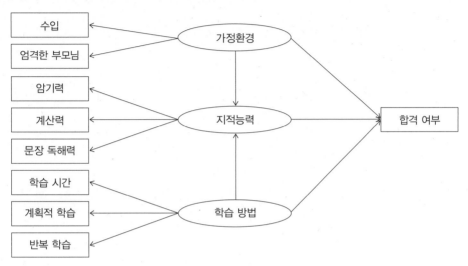

◆ 공분산구조분석 실시

위의 경로도로 공분산구조분석을 수행합니다.

적합도지표	
GFI	0.84
AGFI	0.64
RMSEA	0.13

카이제곱검정	
카이제곱	29.3
자유도	20
p 값	0.081

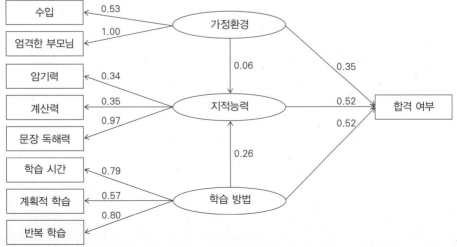

◆ 공분산구조분석 다시 실시하기

GFI는 0.9보다 작습니다.

따라서 경로도에 합격종합력이라는 잠재변수를 추가하여 공분산구조분석을 실시해 봅니다. GFI는 0.9를 넘습니다.

적합도지표	
GFI	0.91
AGFI	0.63
RMSEA	0.12

카이제곱검정	
카이제곱	15.7
자유도	11
p 값	0.152

이 경로도를 최종적인 것으로 해석합니다.

• 가정환경은 수입과 엄격한 부모님이지만, 엄격한 부모님이 주류입니다.

• 지적능력은 암기력, 계산력, 문장 독해력의 세 가지이지만, 이 중에서 문장 독해력이 핵심입니다.

• 학습 방법은 학습 시간, 계획적 학습, 반복 학습의 세 가지이지만, 학습 시간이 주류입니다.

• 지적능력은 학습 방법의 영향을 받지만, 가정환경의 영향은 받지 않습니다.

• 가정환경, 지적능력, 학습 방법으로부터 합격 여부의 경로계수는 0.4~0.6의 값을 나타내고, 합격 여부의 영향인자라고 합니다. 인자의 영향순위는 지적능력, 학습 방법, 가정환경의 순입니다.

• 합격의 비결은 '문장독해력을 키우고 학습시간을 늘린다.'가 됩니다.

제 12 장

소비자 세분화 조사와
수량화 3류 및 클러스터 분석

소비자 세분화의 목적과 질문문, 해석 방법, 해석 절차
를 알고, 소비자 세분화 방법에 대해 배웁니다.

KEYWORDS

- 소비자 세분화
- 수량화 3류
- 카테고리 점수
- 표본 점수
- 1축, 2축
- 클러스터 분석
- 수형도
- 세그먼트별 사람 수
- 명명 방법

소비자 세분화를 알아본다.

소비자 세분화란?

소비자 세분화는 소비자를 분류하는 방법입니다.
소비자 세분화는 무엇이고, 소비자 세분화의 목적이 무엇인지 배웁니다.

◆ 소비자 세분화란?

소비자 세분화란, 소비자를 분류하는 방법입니다.

그 배경에 있는 것은 '소비자 니즈(needs)의 다양화'입니다.

시장이 성숙하고 생활인의 니즈가 다양한 현재, 모든 사람들을 위한 상품을 개발하고 판매하는 것이 효과적이라고 할 수 없습니다. 왜냐하면 모든 니즈를 한 번에 만족시키려고 할수록 상품 콘셉트는 평균적인 것이 되기 때문입니다. 따라서 소비자 세분화가 요구되는 것입니다. 전략적으로 소비자 세분화를 실행하여 세그먼트에 초점을 맞춘 계획을 세워 마케팅 활동을 하면, 보다 효과적으로 비즈니스 성과를 얻을 수 있습니다.

◆ 소비자 세분화의 목적

생활 행동, 구매 행동과 신제품 선택과의 관계를 밝히고 싶은 것이 있습니다. 그렇지만 사람들의 생활 행동, 구매 행동은 다양하고 양자의 인과관계의 규명은 매우 번거로운 주제입니다.

따라서 다수의 어느 생활 행동이나 구매 행동의 항목에 다변량분석을 적용하여 소비자를 세분화해야 합니다.

어떤 세그먼트에 속한 사람이 어떤 신제품을 선호하는가를 밝히는 것이 목적입니다.

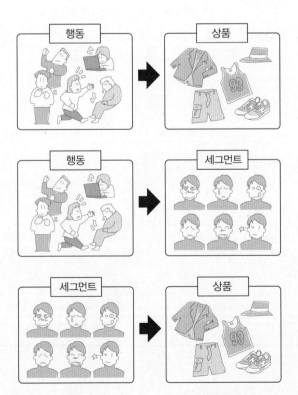

소비자 세그먼트로 사용하는 분석 기법에 대해 알아본다.

소비자 세분화 절차와 분석 방법

소비자 세분화는 다변량분석을 적용하여 수행합니다. 통계 해석으로 작성한 세그먼트에 이름을 붙여야 하는데, 이 작업은 분석가인 여러분이 붙여야 합니다.

여기에서는 세분화에 적용하는 분석 기법과 명명 방법에 대해 배웁니다.

◆ 소비자 세분화의 분석 순서

◆ 수량화 3류란?

수량화 3류는 앙케트 조사의 응답자와 응답선택지를 점수화하는 분석 기법입니다.

응답 방식이 비슷한 소비자에게는 유사한 점수를, 비슷하지 않은 소비자에게는 다른 점수를 부여하고, 이 점수를 **표본 점수**라고 합니다.

응답 방식이 비슷한 선택지에게는 유사한 점수를, 비슷하지 않은 선택지에게는 다른 점수를 부여하고, 이 점수를 **카테고리 점수**라고 합니다.

◆ 수량화 3류를 위한 앙케트 데이터

수량화 3류를 이해하기 위해 간단한 앙케트 응답선택지와 응답 데이터를 나타냅니다.

【구체적인 예】

질문. 저녁반주로 마시는 술을 모두 알려주세요.

소주　　　1. 마신다.　0. 마시지 않는다.
위스키　　1. 마신다.　0. 마시지 않는다.
막걸리　　1. 마신다.　0. 마시지 않는다.
맥주　　　1. 마신다.　0. 마시지 않는다.

	소주	위스키	막걸리	맥주
정우성	1	1	1	1
박혜자	1	0	1	0
홍재만	1	0	0	1
민미경	0	1	0	1
박정숙	0	0	1	1
손석기	0	0	0	1
김영태	1	0	1	0
김기천	0	1	0	0
최재홍	0	1	0	1
유병재	1	0	0	0

◆ 카테고리 점수, 표본 점수

수량화 3류는 마시는 방식이 비슷한 술과 마시는 방식이 비슷한 사람에게는 비슷한 점수를 부여합니다. 응답선택지(카테고리)나 응답자(표본)를 점수화합니다.

술의 점수는 카테고리 점수, 응답자의 점수는 표본 점수라고 합니다.

모두 두 개의 점수를 부여합니다.

2개의 점수를 1축, 2축이라고 부릅니다.

카테고리 점수

	1축	2축
소주	1.11	−0.55
위스키	−1.38	−1.34
막걸리	0.88	0.08
맥주	−0.59	1.30

표본 점수

	1축	2축
정우성	0.01	−0.24
박혜자	1.28	−0.45
홍재만	0.33	0.71
민미경	−1.27	−0.04
박정숙	0.19	1.31
손석기	−0.76	2.46
김영태	1.28	−0.45
김기천	−1.77	−2.54
최재홍	−1.27	−0.04
유병재	1.42	−1.04

세로 축에는 1축의 카테고리 점수를, 가로 축에는 2축의 카테고리 점수를 기록하는 점 그래프를 작성합니다.

점 그래프의 점 배치로부터 축을 해석합니다.

• 1축 : '전통주가 좋은가', '양주가 좋은가'를 판별하는 축
• 2축 : 알콜 도수가 '약한 술이 좋은가', '강한 술이 좋은가'를 판별하는 축

세로 축에는 1축의 표본 점수를, 가로 축에는 2축의 표본 점수를 기록하는 점 그래프를 작성합니다. 축의 이름은 카테고리 점수 점그래프와 동일합니다.

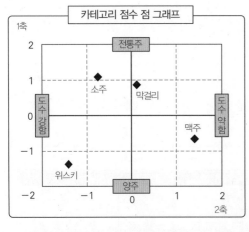

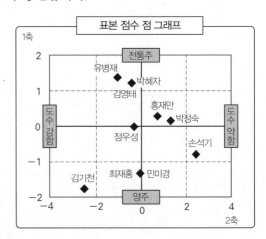

• 전통주(소주와 막걸리)가 좋은 박혜자와 김영태는 동일한 위치
• 양주(위스키와 맥주)가 좋은 민미경과 최재홍은 동일한 위치
• 위스키만 좋아하는 김기천은 왼쪽 아래에 위치
• 응답이 전혀 다른 유병재와 김기천은 떨어진 위치

◆ 클러스터 분석

클러스터 분석은 평면 혹은 공간에 그려진 개체 사이의 거리를 조사하여 거리가 가까운 개체를 모아 군집(클러스터)을 만든 후 개체를 분류하는 방법입니다

개체 사이 거리의 가까운 정도를 **수형도**로 나타냅니다.

수형도는 개체 사이의 거리를 세로 선의 높이로 표현합니다.

구체적인 예의 표본 점수를 보면, 박혜자와 김영태, 민미경과 최재홍은 거리가 짧기 때문에 수형도의 세로 선의 길이는 짧아졌습니다. 김기천은 모든 개체로부터 멀리 떨어져 있으므로 세로 선의 길이는 가장 길어졌습니다.

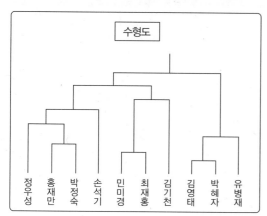

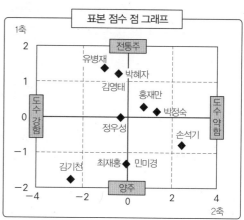

◆ 그룹 수와 그룹 설정

그룹의 개수는 분석가가 설정합니다.

구체적인 예의 그룹 수는 3으로 합니다.

수형도에 가로 선을 그립니다. 세로 선과의 교점이 정해진 그룹 수가 되도록 선을 그립니다.

세로 선과 가로 선의 교점으로부터 아래에 위치한 개체는 동일한 것으로 합니다.

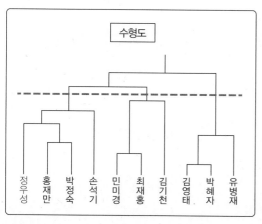

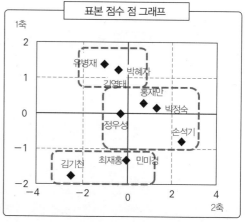

◆ 세그먼트별 사람 수

응답자는 3개의 세그먼트로 분류됩니다.

세그먼트별 사람 수, 비율을 계산합니다.

세그먼트	이름	사람 수	비율
1	박혜자 김영태 유병재	3명	30%
2	최재홍 민미경 김기천	3명	30%
3	홍재만 박정숙 정우성 손석기	4명	40%
	합계	10명	100%

◆ 세그먼트의 명명

세그먼트에는 이름을 붙입니다.

이름을 붙인 결과는 수량화 3류의 적용 데이터와 세그먼트와의 크로스 집계 결과를 이용합니다.

데이터

	소주	위스키	막걸리	맥주	세그먼트
박혜자	1	0	1	0	1
김영태	1	0	1	0	1
유병재	1	0	0	0	1
최재홍	0	1	0	1	2
민미경	0	1	0	1	2
김기천	0	1	0	0	2
홍재만	1	0	0	1	3
박정숙	0	0	1	1	3
정우성	1	1	1	1	3
손석기	0	0	0	1	3

세그먼트와 술과의 크로스 집계를 합니다.

좋아하는 술의 비율로부터 세그먼트의 이름을 부여합니다.

세그먼트 1
소주 100%
↓
전통주파

사람 수 표

세그먼트	소주	위스키	막걸리	맥주	합계
1	3	0	2	0	3
2	0	3	0	2	3
3	2	1	2	4	4

세그먼트 2
위스키 100%
↓
양주파

가로%표

세그먼트	소주	위스키	막걸리	맥주	합계
1	100%	0%	67%	0%	100%
2	0%	100%	0%	67%	100%
3	50%	25%	50%	100%	100%

세그먼트 3
맥수 100%
↓
맥주파

세그먼트	소주	위스키	막걸리	맥주	n
전통주파	100%	0%	67%	0%	3명
양주파	0%	100%	0%	67%	3명
맥주파	50%	25%	50%	100%	4명

세로로 볼 때 최댓값은 짙은 색으로 칠함

소비자 세그먼트에서 사용하는 분석 기법에 대해 알아본다.

소비자 세분화 조사의 사례

사례를 이용하여 다변량분석을 적용해서 소비자를 세분화하고 관계를 알아봅시다.

◆ 조사 설계

① 배경

생활태도, 구매 행동과 신제품 선택과의 관계를 명확히 하고 싶은 것이 있습니다. 그렇지만 사람들의 생활태도, 구매 행동은 다양하고, 양자의 인과관계 규명은 번거로운 주제입니다. 따라서 다변량분석을 적용하여 소비자 세분화를 하고, 신제품 선택과의 관계를 알아봅시다.

② 목적

어떤 세그먼트에 속하는 사람이 어떠한 신제품을 선호하는지 밝히기 위한 것이 목적입니다.

③ 조사 대상

20세 이상의 남녀

④ 조사 방법

인터넷 조사

⑤ 조사 대상자 명부

데이터베이스를 보유하고 있는 회사의 명부

⑥ 표본 크기

410명

※ 480명의 데이터를 회수했지만, 불량한 응답을 제외하고 유효한 표본은 410명이 되었습니다.

⑦ 표본추출법

층별추출법 : 데이터베이스에 등록되어 있는 100만 명을 성별, 연령별 8그룹으로 분류하고, 각 그룹에 조사표를 무작위로 배포

⑧ 유효 표본의 내역

	20대	30대	40대	50대	합계
남성	39	55	58	47	199
여성	42	61	59	49	211
합계	81	116	117	96	410

◆ 조사표

질문 1. 귀하의 사고방식이나 행동에서 해당하는 것을 알려주세요. (○로 여러 개 선택 가능)

1. 다른 사람들은 나를 명랑하다고 생각하고 있다.
2. 여러 사람들과 금방 친해지는 편이다.
3. 여기저기 돌아다니며 구경하고 찾아다니는 것이 즐겁다.
4. 흥미가 있는 일은 끝까지 추구하는 타입이다.
5. 상대방의 입장이 되어 조심스럽게 행동한다.
6. 자신의 의견을 확실하게 상대방에게 전달하는 편이다.
7. 호기심이 강하고, 무엇이든지 시도해 보고 싶어 하는 편이다.
8. 모든 일에 의욕이 넘친다.
9. 돈보다 여유를 원하는 편이다.
10. 상대방이 이야기하는 데 말참견을 한다.
11. 성격이 급하다고 생각한 적이 있다.
12. 스스로에게 엄한 편이라고 생각한다.
13. 불행을 스스로의 힘으로 극복하려는 편이다.
14. 새로운 그룹이나 모임에 들어가도 바로 적응할 수 있다.
15. 다른 사람의 행동을 보고 용납할 수 없다고 느끼는 경우가 많다.
16. 화제가 풍부한 편이다.
17. 다른 사람을 금방 동정하는 성격이다.
18. 상대방의 기분에 대해서 민감한 편이다.
19. 솔직히 말해서 지나치게 몰두하는 성격이다.
20. 남의 불행을 가만히 보고 있을 수 없는 편이다.
21. 자신의 생각처럼 다른 사람이 행동하지 않으면 짜증날 수도 있다.
22. 자신감을 가지고 자신의 생각을 말하는 편이다.
23. 사람을 설득하는 데 능숙한 편이라고 생각한다.
24. 이기적인 점이 눈에 띌 때가 있다.
25. 일회용품을 버리지 못하는 편이다.
26. 주변의 의견에 신경을 쓰는 편이다.
27. 다른 사람에게 부탁을 받으면 거절하지 못하는 편이다.
28. 다양한 사람에게서 상담을 받는 경우가 있다.
29. 주위의 사람을 이끌어가는 편이다.

질문 2. 웹 화면의 '상품열람화면'을 클릭하여 휴대폰 신제품의 사진과 특징을 살펴보세요. 귀하는 휴대폰을 구입한다면 어떤 제품을 선택하겠습니까? (○는 하나만)

1. A 제품(스타일 및 디자인)
2. B 제품(기능이 다양)
3. C 제품(단순하고 사용하기 쉬움)
4. D 제품(콤팩트하고 가벼움)

질문 3. 귀하의 성별을 알려주세요. (○는 하나만)

1. 남성   2. 여성

질문 4. 귀하의 연령을 알려주세요. (○는 하나만)

1. 20대   2. 30대   3. 40대   4. 50대

질문 5. 귀하의 혈액형을 알려주세요. (○는 하나만)

1. A형   2. O형   3. B형   4. AB형

질문 6. 귀하의 1년 간의 대략적인 수입을 알려주세요. (○는 하나만)

1. 3,999만 원 미만   2. 4,000~7,999만 원   3. 8,000만 원 이상

◆ 소비자의 기본 속성

혈액형 비율은 크기순으로 A형 35%, O형 25%, B형 22%, AB형 18%입니다.

질문 5. 귀하의 혈액형을 알려주세요. (○는 하나만)

소득분포를 조사하면, 3,999만 원 미만의 비율은 38%, 4,000~7,999만 원은 37%, 8,000 만 원 이상은 25%입니다. 연령별 소득을 조사하면, 연령이 높을수록 소득이 높아지는 경향 을 볼 수 있습니다.

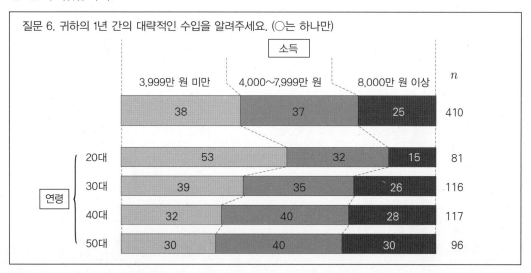

질문 6. 귀하의 1년 간의 대략적인 수입을 알려주세요. (○는 하나만)

◆ 생활태도

가치관, 생활태도에 관한 29개 항목을 보여주고, 귀하의 사고방식이나 행동에 가까운 것은 어느 것인지를 복수응답으로 물었습니다. 각 항목의 응답률을 조사해 보니 응답률이 30% 이상의 항목 수는 3개, 20%대는 12개, 10%대는 10개, 10% 미만은 4개입니다. 참고로 응답률이 30% 이상의 항목은 '흥미 추구', '주변에 신경을 쓴다.', '첫 대면에 친숙해진다.'입니다.

질문 1. 귀하의 사고방식이나 행동에 해당하는 것을 알려주세요. (○는 여러 개 선택 가능)

질문문	생략명	응답률
흥미가 있는 일은 끝까지 추구하는 타입이다.	흥미 추구	34
주변의 의견에 신경을 쓰는 편이다.	주변에 신경	34
새로운 그룹이나 모임에 들어가도 바로 적응할 수 있다.	첫 대면에 친숙	33
상대방의 기분에 대해서 민감한 편이다.	타인에 민감	28
주위의 사람을 이끌어가는 편이다.	리더	27
호기심이 강하고, 무엇이든지 시도해 보고 싶어 하는 편이다.	호기심	26
자신의 의견을 확실하게 상대방에게 전달하는 편이다.	자기 주장	26
화제가 풍부한 편이다.	화제 풍부	24
상대방이 이야기하는 데 말참견을 한다.	말참견	23
자신의 생각처럼 다른 사람이 행동하지 않으면 짜증날 수도 있다.	짜증	23
스스로에게 엄한 편이라고 생각한다.	자신에게 엄격	21
돈보다 여유를 원하는 편이다.	돈보다 여유	20
상대방의 입장이 되어 조심스럽게 행동한다.	상대의 입장	20
모든 일에 의욕이 넘친다.	의욕 충분	20
여러 사람들과 금방 친해지는 편이다.	친교	20
일회용품을 버리지 못하는 편이다.	일회용품	19
다른 사람의 행동을 보고 용납할 수 없다고 느끼는 경우가 많다.	용납 못함	19
성격이 급하다고 생각한 적이 있다.	성격 급함	14
솔직히 말해서 지나치게 몰두하는 성격이다.	지나친 몰두	14
자신감을 가지고 자신의 생각을 말하는 편이다.	자기 주장	14
다른 사람들이 나를 명랑하다고 생각하고 있다.	명랑	13
다양한 사람에게서 상담을 받는 경우가 있다.	상담을 받음	13
다른 사람에게 부탁을 받으면 거절하지 못하는 편이다.	거절 못함	13
불행을 스스로의 힘으로 극복하려는 편이다.	불행 극복	12
남의 불행을 가만히 보고 있을 수 없는 편이다.	불행 묵인 불가능	12
사람을 설득하는 데 능숙한 편이라고 생각한다.	설득 능숙	9
여기저기 돌아다니며 구경하고 찾아다니는 것이 즐겁다.	탐구심	8
이기적인 점이 눈에 띌 때가 있다.	이기적	7
다른 사람을 금방 동정하는 성격이다.	동정	6

◆ 가치관, 생활태도에 관한 29개 항목의 유사점

가치관, 생활태도에 관한 29개 항목에 수량화 3류를 적용했습니다. 축의 중요도를 나타내는 상관계수가 0.5 이상인 축을 채택했습니다.

축 번호	고윳값	상관계수
1	0.300	0.547
2	0.251	0.501
3	0.226	0.476

1축을 세로 축, 2축을 가로 축으로 정하고, 카테고리 점수의 산점도를 작성했습니다.
사각형 안의 명칭은 276페이지의 분석을 기초로 붙인 것입니다.

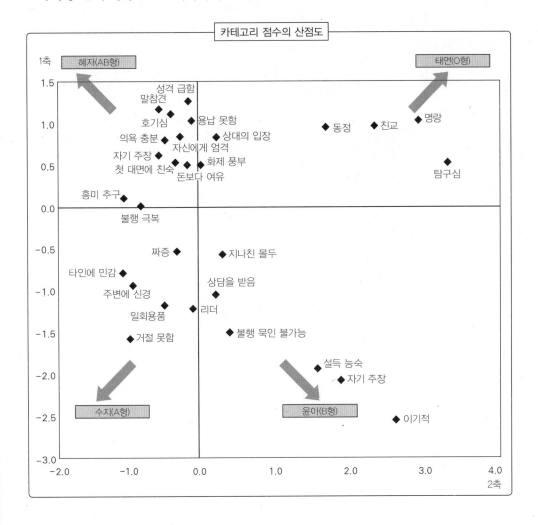

카테고리 점수의 산점도

◆ 사람들을 그룹으로 분류

　1축을 세로 축, 2축을 가로 축으로 정하고 표본 점수의 산점도를 그렸습니다. 그래프에서 표본점수가 가까운 사람을 클러스터 분석에 의해 그룹으로 묶었고, 그룹을 생활태도 타입이라고 부르기로 했습니다. 각 유형의 배치는 앞 페이지의 카테고리 점수의 배치와 대응합니다.

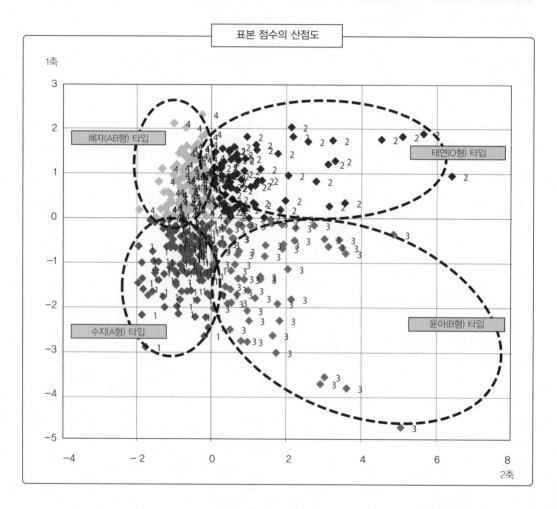

◆ 그룹의 개요

다음 페이지 표의 ①~④ 열의 수치는 각 그룹에서의 29개 항목의 단순 집계 응답률입니다. 응답률을 가로로 볼 때 최댓값을 진하게 칠했습니다. 최댓값과 전체와의 차이를 계산하여 차이가 15% 포인트 이상의 항목에 주목했습니다.

수지(A형) 타입은 '주변의 의견에 신경을 쓰는 편이다.', '상대방의 기분에 대해서 민감한 편이다.'의 응답률이 높습니다.

태연(O형) 타입은 '여러 사람들과 금방 친해지는 편이다.', '다른 사람들이 나를 명랑하다고 생각하고 있다.', '여기저기 돌아다니며 구경하고 찾아다니는 것이 즐겁다.', '다른 사람의 행동을 보고 용납할 수 없다고 느끼는 경우가 많다.'의 응답률이 높습니다.

윤아(B형) 타입은 '자신감을 가지고 자신의 생각을 말하는 편이다.', '이기적인 점이 눈에 띌 때가 있다.', '사람을 설득하는 데 능숙한 편이라고 생각한다.'의 응답률이 높습니다.

혜자(AB형) 타입은 '호기심이 강하고, 무엇이든지 시도해 보고 싶어 하는 편이다.', '상대방이 이야기하는 데 말참견을 한다.', '자신의 의견을 확실하게 상대에게 전달하는 편이다.', '흥미가 있는 일은 끝까지 추구하는 타입이다.'의 응답률이 높습니다.

생활태도 타입의 이름은 이 해석과 277페이지의 분석에 따라 지었습니다.

	전체	① 수지 (A형)	② 태연 (O형)	③ 윤아 (B형)	④ 혜자 (AB형)	최댓값과 전체와의 차
주변의 의견에 신경을 쓰는 편이다.	34	54	24	24	25	19
상대방의 기분에 대해서 민감한 편이다.	28	46	12	19	23	18
일회용품을 버리지 못하는 편이다.	19	32	8	17	12	13
주위의 사람을 이끌어가는 편이다.	27	39	18	34	13	13
다른 사람에게 부탁을 받으면 거절하지 못하는 편이다.	13	25	5	9	6	12
불행을 스스로의 힘으로 극복하려는 편이다.	12	16	13	6	12	3
여러 사람들과 금방 친해지는 편이다.	20	2	62	24	10	42
다른 사람들이 나를 명랑하다고 생각하고 있다.	13	0	49	20	2	36
여기저기 돌아다니며 구경하고 찾아다니는 것이 즐겁다.	8	1	26	17	0	17
다른 사람의 행동을 보고 용납할 수 없다고 느끼는 경우가 많다.	19	6	35	6	30	16
다른 사람을 금방 동정하는 성격이다.	6	0	21	6	4	14
상대방의 입장이 되어 조심스럽게 행동한다.	20	9	33	13	28	13
화제가 풍부한 편이다.	24	15	36	20	29	12
자신감을 가지고 자신의 생각을 말하는 편이다.	14	10	6	51	1	38
이기적인 점이 눈에 띌 때가 있다.	7	3	3	33	0	26
사람을 설득하는 데 능숙한 편이라고 생각한다.	9	10	5	24	0	16
솔직히 말해서 지나치게 몰두하는 성격이다.	14	11	9	27	15	13
남의 불행을 가만히 보고 있을 수 없는 편이다.	12	19	8	24	2	12
다양한 사람에게서 상담을 받는 경우가 있다.	13	16	13	20	5	7
자신의 생각처럼 다른 사람이 행동하지 않으면 짜증 날 수도 있다.	23	25	18	26	21	3
호기심이 강하고, 무엇이든지 시도해 보고 싶어 하는 편이다.	26	9	36	11	49	23
상대방이 이야기하는 데 말참견을 한다.	23	10	27	10	43	20
자신의 의견을 확실하게 상대에게 전달하는 편이다.	26	16	31	13	42	16
흥미가 있는 일은 끝까지 추구하는 타입이다.	34	34	28	14	50	16
새로운 그룹이나 모임에 들어가도 바로 적응할 수 있다.	33	26	42	14	48	14
모든 일에 의욕이 충분하다.	20	9	24	13	33	13
스스로에게 엄한 편이라고 생각한다.	21	14	27	7	34	13
성격이 급하다고 생각한 적이 있다.	14	3	24	7	25	11
돈보다 여유를 원하는 편이다.	20	15	22	16	29	8
n	410	140	78	70	122	

※ 표 안의 수치는 가로 %

◆ 속성별 그룹의 규모 비율

어떠한 속성의 사람에게서 어떤 생활태도 타입의 비율이 큰가를 조사했습니다.

생활태도 타입의 비율은 남성과 여성에서는 차이가 없습니다.

연령별에서는 20대는 '태연(O형)'과 '윤아(B형)', 30대는 '혜자(AB형)', 40대 이상은 '수지(A형)'가 다른 연령층보다 높은 비율을 나타냈습니다.

혈액형과 생활태도 타입은 A형에서 수지, O형에서 태연, B형에서 윤아, AB형에서 혜자의 비율이 높아지는 경향을 볼 수 있습니다. 이 경향에 따라 타입 이름의 뒤에 혈액형을 표기했습니다.

		생활태도 타입				n
		수지(A형)	태연(O형)	윤아(B형)	혜자(AB형)	
전체		34	19	17	30	410
성별	남성	35	18	18	30	199
	여성	34	20	17	29	211
연령	20대	25	23	21	31	81
	30대	32	14	17	37	116
	40대	40	22	15	23	117
	50대	38	18	17	28	96
혈액형	A형	43	21	13	23	145
	O형	35	23	14	28	102
	B형	26	17	26	32	90
	AB형	26	14	19	41	73

※ 세로로 볼 때 전체보다 3%포인트 이상에 진하게 칠했습니다.

◆ 신제품 의향

휴대폰 신제품의 사용의향을 물었습니다. B 제품의 사용의향이 31%로, 가장 높은 비율이고, 다른 3제품의 사용의향은 21~25%로 큰 차이가 없습니다.

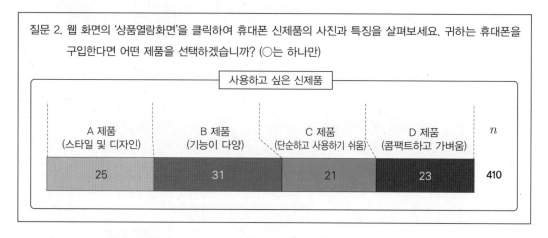

질문 2. 웹 화면의 '상품열람화면'을 클릭하여 휴대폰 신제품의 사진과 특징을 살펴보세요. 귀하는 휴대폰을 구입한다면 어떤 제품을 선택하겠습니까? (○는 하나만)

◆ 생활태도 타입의 휴대폰 신제품의 사용의향도

생활태도 타입별 휴대폰 신제품의 사용의향도를 조사했습니다.

수지(A형) 타입은 C 제품(단순하고 사용하기 쉬움), 태연(O형) 타입은 A 제품(스타일 및 디자인), 윤아(B형) 타입은 B 제품(기능이 다양), 혜자(AB형) 타입은 D 제품(콤팩트하고 가벼움)의 의향률이 다른 타입에 비해 높은 값을 나타냈습니다.

| | | 사용하고 싶은 신제품 | | | | n |
		A 제품 (스타일 및 디자인)	B 제품 (기능이 다양)	C 제품 (단순하고 사용하기 쉬움)	D 제품 (콤팩트하고 가벼움)	
	전체	25	31	21	23	410
생활태도 타입	수지(A형)	10	25	35	30	91
	태연(O형)	35	30	25	10	103
	윤아(B형)	30	40	20	11	76
	혜자(AB형)	25	30	10	35	140

※ 표 안의 수치는 가로%

권말
부록

가치관	
	살아가는 데는 종교나 철학이 절대적으로 필요하다.
	지금 사회에서는 지위나 명성을 얻는 것이 가장 중요하다.
	미래는 가능성일 뿐이므로 현재를 중심으로 생각해야 한다.
	살기 위한 일보다 평생 계속 하는 취미를 소중히 해야 한다.
	매사에 원칙은 없으므로 그때그때 판단해야 한다.
	자신이 옳다고 생각하면 세상의 관례에 맞서 그것을 밀어붙여야 한다.
	그때의 감정에 따라 일을 판단해서는 안 된다.
	다른 사람을 이용할 수 있으면 이용해야 한다.
생활방식	
	마음이 풍요롭거나 여유 있는 생활을 하고 싶다.
	평범하고도 편안한 인생을 보내고 싶다.
	회사에서의 지위나 출세보다도 평범한 삶을 살고 싶다.
	돈은 없어도 충실한 생활을 하고 싶다.
	확실한 자신의 인생 목표를 가지고 있다.
	수입보다 여가가 늘어나는 것이 좋다.
	역시 인생은 돈 나름이라고 생각한다.
	지위나 재산을 늘리는 것보다 오래 살고 싶다.
	특기나 재능을 들어내어 세상에 인정받고 조금이라도 유명해지고 싶다.
	사회·세상을 위해 조금이라도 도움이 되는 사람이 되려고 노력한다.
	출세보다 평범하게 살고 싶다(살아왔다).
	세상의 부정에 굴복하지 않고 끝없이 신념을 가지고 바르게 살고 싶다.
	그날그날 재미있고 즐겁게 보내고 싶다.
	인생은 따분하므로 무엇인가 재미있는 일이나 자극이 필요하다.
	단독주택보다 아파트에 살고 싶다.
	번잡한 도시보다 자연의 혜택을 받은 장소에서 살고 싶다.

생활태도	
	인터넷을 하는 경우가 많다.
	여가시간에는 게임을 하고 있다.
	휴일은 가족과 보내고 싶다.
	일상의 삶에는 시간적 여유가 있다.
	일상생활 속에서 짜증이나 스트레스를 느낀다.
	외출을 좋아한다.
	휴일에 외출하는 경우가 많다.
	휴일에는 적극적으로 무엇인가를 하고 밖으로 나가서 보내고 싶다.
	혼자 있는 것을 좋아한다.
	휴일을 보내는 방법은 사전에 계획을 세운다.
	생활의 방식에 대해 다양하게 궁리한다.
	귀가하면 마음이 놓인다.
	외출 등의 경우에는 자주 부부동반을 한다.
	재미있게 생활하고 싶다.
	살아있음에 특히 재미도, 의식도 느끼지 않는다.
	사소한 일에 신경 써도 소용없기 때문에 느긋하게 살아가고 있다.
	독방을 가지고 있다.
	일기를 쓰고 있다.
	종교를 가지고 있다.
	화재나 지진 때에 대피 방법을 생각하고 있다.
	스스로에게 자유로운 시간이 없는 편이다.
커뮤니티	
	자원봉사나 지역의 활동에 적극적으로 참가하고 있다.
	굳이 말하자면 친구 사이에서 행동할 때는 리더가 되는 편이다.
	이웃과의 교제를 귀찮아하는 편이다.
	마음이 맞는 사람과 조용히 보내는 것을 좋아한다.
	남들에 대한 체면에 신경을 쓰는 편이다.
	SNS나 인터넷으로 사귄 친구가 있다.
	환경 문제에 관심이 있다.
	손님이 많다.

삶의 보람을 느낄 때	
	자식, 손자 등 단란한 가족
	취미나 스포츠에 열중하고 있을 때
	일에 몰두하고 있을 때
	친구나 지인과의 식사, 대화
	단란한 부부
	맛있는 것을 먹을 때
	다른 사람에게 감사 인사를 받을 때
	공부를 하고 있을 때
	사회봉사나 지역 활동
	젊은 세대와의 교류
쇼핑	
	대출을 받아서라도 구입하여 가지고 싶다.
	카탈로그나 사람들의 이야기 등 다양한 검토 후에 사는 경우가 많다.
	유명 메이커 제품을 사는 경우가 많다.
	신제품을 사는 경우가 많다.
	자주 광고하는 제품을 사는 경우가 많다.
	가게에서 점원이 권하는 것을 사는 경우가 많다.
	가능하면 저렴한 것을 골라 사는 경우가 많다.
	항상 사용하지 않는 것(팔리지 않는 것)을 사는 경우가 많다.
	다소 비싸도 품질이나 디자인이 뛰어난 것을 사는 경우가 많다.
	주위의 사람들이 사용하고 있는 것이나 평판이 좋은 것을 사는 경우가 많다.
가정이나 일에 대한 사고방식	
	여자의 행복은 가정에 있다.
	일은 생활에 의욕을 갖게 한다.
	가능하면 하는 일 없이 우아하게 살고 싶다.
	다소 싫은 일이라도 수입이 많으면 참는다.
	보람 있는 일을 하고 싶다.
	가정이 소중하고, 일을 위해 가정을 희생하고 싶지 않다.
	여성도 적극적으로 일이나 사회활동을 해야 한다.
	레저나 취미를 위해 시간을 낼 수 없는 일을 하고 싶지 않다.
	수입이나 사회적 지위가 불만족스러워도 좋아하는 일을 즐겁게 하고 싶다.

취미에 대한 사고방식	
	취미나 스포츠는 삶의 보람 중 하나이다.
	취미가 많은 편이다.
	취미나 스포츠를 같이 하는 동료가 많다.
	취미나 스포츠에 돈을 쓰는 편이다.
	무엇인가 유행을 하면, 곧 자신도 하고 싶어 하는 편이다.
	여유가 생기면 공부를 하고 싶다.
	항상 새로운 것을 배우고 싶다고 생각한다.
	TV를 보는 것보다 책을 읽고 싶다.
유행의식	
	유명 브랜드 제품을 많이 가지고 있는 편이다.
	브랜드 제품이 아니면 좀 창피할 때가 있다.
	역시 브랜드 제품이 멋있다.
	좋아하는 브랜드에 구애받는다.
	브랜드 제품은 해외 디자인쪽을 고른다.
	브랜드 제품은 매력은 있지만, 비싸서 살 엄두가 나지 않는다.
	유행보다 품질을 중시한다.
	유행을 적극적으로 받아들이는 편이다.
	세상의 유행이나 주변의 움직임에 민감하다.
	무엇이 유행하는가를 예상하는 편이다.
	매우 부담스러워도 유행을 받아들인다.
	복장 등 패션에 흥미가 있다.
	주 1회는 멋쟁이로 외출하고 싶다.
	자연스러운 멋쟁이가 되고 싶다.
	멋에 관심이 없는 편이다.
	그다지 눈에 띄지 않는 느낌의 옷을 선호한다.
	다른 사람이 어떤 말을 하든지 자신이 좋아하면 신경 쓰지 않는다.
	연령에 관계없이 자신에 맞는 옷차림이나 행동을 한다.
	나이를 먹어도 마음만은 젊어져야 한다고 생각한다.
	새로운 것을 빨리 받아들인다.
	새로운 쇼핑이나 점포가 생길 때 자주 가는 편이다.
	화제의 물건이나 신제품은 바로 써보고 싶은 경우가 많다.

소비 의식 및 태도

눈에 띄면 쉽게 사버리는 편이다.

잘 생각하고 나서 구입하려고 한다.

고가의 물건을 구입할 때는 여러 점포를 알아보고 카탈로그 등을 비교한다.

살 때까지 이것저것 헤매는 편이다.

사고 나서 후회하고 실패했다고 느낀 경우가 자주 있다.

예정 외의 쇼핑을 하는 경우가 많다.

항상 쓸모 없는 물건을 산다.

쇼핑을 할 때는 미리 무엇을 어느 정도 살 것인지 정한다.

쇼핑을 할 때는 항상 예산이나 가계를 고려한다.

대출 등을 이용하는 것보다 현금을 모아서 사고 싶다.

왠지 모르게 다른 사람이 가진 물건에 신경을 쓰는 편이다.

짜증 나면 충동구매를 하는 편이다.

가지고 싶은 것이 있어도 돈이 모일 때까지 참는다.

쇼핑이라면 도심에 가는 것도 고생스럽지 않다.

가지고 싶은 것은 무리를 해서라도 손에 넣는다.

가격이 다소 비싸도 품질이 좋은 것을 산다.

마음에 드는 것은 비싸도 산다.

어느 정도 가격이 높아도 품질이 좋은 것을 구입하려고 한다.

주변의 물건들은 가격은 비싸도 일류 제품으로 구비하고 있다.

어쨌든 가격이 저렴한 것을 구입하는 경우가 많다.

언제나 정해진 것을 구입하는 경우가 많다.

낡으면 지체 없이 버린다.

사람들이 거의 사용하지 않는 색다른 것을 산다.

주변 사람과 다른 것을 가지고 싶다.

유행을 타지 않는 것을 사고 싶다.

디자인이 단순한 것보다 화려한 쪽이 좋다.

새로운 상품을 빨리 입수한다.

외국 메이커 제품보다 낯익은 국내 메이커 제품을 고른다.

무리해서 저축하는 것보다 현재의 생활을 풍족하도록 돈을 쓴다.

쇼핑보다 여행이나 외식 등의 즐거움에 돈을 쓰는 편이 좋다.

쇼핑보다 취미 등의 오락에 돈을 쓰고 싶다.

조금 비싸도 유명 메이커의 제품이 안심이 된다.

사재기나 대량구매를 하는 경우가 많다.

카탈로그나 통신판매를 자주 이용한다.

TV홈쇼핑을 자주 이용한다.

인터넷 쇼핑을 자주 이용한다.

쇼핑이 즐겁고 재미있다.

신용카드로 쇼핑을 하는 편이다.

바겐세일을 자주 이용한다.

성격		
밝은	친절한	합리적인
뜨뜻미지근한	신경질적인	느긋한
변덕스러운	걱정이 많은	수다스러운
내성적인	사교적인	부끄러워하는
온화한	신중한	야단스러운
관대한	차분한	사람 좋은
혁신적인	예민한	소극적인
외향적인	침울한	불안해하는
재치 있는	수수한	보수적인
변덕스러운	순수한	교양이 없는
상처 입기 쉬운	성실한	무책임한
배려심이 있는	소박한	과묵한
기분파인	게으른	주위의 주목을 받고 싶어 하는
기발한	대담한	온순한
냉정한	섬세한	독특한
개성적인	날카로운	유머러스한
활동적인	통찰력 있는	쾌활한
고독한	동요하기 쉬운	임기응변에 능한
시원스런	괴로워하는	꼼꼼하지 못한

성격 유형

남의 불행을 가만히 보고 있을 수 없는 편이다.

다른 사람에게 부탁을 받으면 거절하지 못하는 편이다.

불행을 스스로의 힘으로 극복하려는 편이다.

상대방의 기분에 대해 민감한 편이다.

새로운 그룹이나 모임에 들어가도 바로 적응할 수 있다.

다른 사람들은 나를 명랑하다고 생각하고 있다.

상대방의 입장이 되어 조심스럽게 행동한다.

다른 사람을 금방 동정해버리는 성격이다.

자신의 의견을 확실하게 상대에게 전달하는 편이다.

다른 사람의 행동을 보고 용납할 수 없다고 느끼는 경우가 많다.

자신감을 가지고 자신의 생각을 말하는 편이다.

자기 자신은 노력파라고 생각한다.

다른 사람으로부터 끈기가 있다는 말을 들은 적이 있다.

여러 사람들과 금방 친해지는 편이다.

다양한 사람에게서 상담을 받는 경우가 있다.

자신의 생각처럼 다른 사람이 행동하지 않으면 짜증날 수도 있다.

모든 일에 의욕이 충분하다.

성격이 급하다고 생각한 적이 있다.

사람을 설득하는 데 능숙한 편이라고 생각한다.

화제가 풍부한 편이다.

주위의 사람을 이끌어가는 편이다.

이기적인 점이 눈에 띌 때가 있다.

상대방이 이야기하는 데 말참견을 한다.

스스로에게 엄한 편이라고 생각한다.

주변의 의견에 신경을 쓰는 편이다.

돈보다 여유를 원하는 편이다.

호기심이 강하고, 무엇이든지 시도해 보고 싶어 하는 편이다.

흥미가 있는 일은 끝까지 추구하는 타입이다.

솔직히 말해서 지나치게 몰두하는 성격이다.

여기저기 돌아다니며 구경하고 찾아다니는 것이 즐겁다.

일회용품을 버리지 못하는 편이다.

찾아보기
INDEX

만화로 쉽게 배우는 시리즈

만화로 쉽게 배우는
통계학

다카하시 신 지음 | 김선민 옮김 | 224쪽 | 17,000원

이 책은 총 7장으로 구성되어 있으며, 만화를 통해 통계학의 기초 지식을 습득할 수 있도록 하였다. 또한 다양한 예제 문제를 수록하여 만화에서 익힌 지식을 문제에 쉽게 적용할 수 있도록 도움을 주었다.

만화에서 설명하지 못한 부분은 보충 설명하여 지식의 깊이를 더해주었고, 만화적 유머와 설명으로 딱딱한 이론서가 아닌 쉽게 이해하고 볼 수 있는 통계학 입문서로서 구성하였다. 기본부터 응용까지 짚어주는 단계별 학습으로 각 장의 지식을 꼼꼼히 짚어가며 학습한다면 통계학 기술을 충분히 익힐 수 있을 것이다.

만화로 쉽게 배우는
베이즈 통계학

다카하시 신 지음 | 이영란 옮김 | 정석오 감역 | 232쪽 | 17,000원

이 책은 만화를 사용하여 베이즈 통계학의 기초부터 실제 사용 예까지 설명하였다. 또한 일반적으로 통계학을 가리키는 수리통계학과 베이즈 통계학의 차이도 언급했다. 나아가 컴퓨터 시뮬레이션에서 자주 사용되는 몬테카를로법과 쿨백 라이블러 발산에 대해서도 설명하기 때문에 만화라고는 해도 실질적인 내용으로 구성되어 있다.

BM (주)도서출판 성안당   도서 및 쇼핑몰 : 031-950-6300 | 주소 : (10881)경기도 파주시 문발로 112 | www.cyber.co.kr

현장에서 사용할 수 있는
앙케트 분석 입문

2020. 5. 29. 초 판 1쇄 인쇄
2020. 6. 3. 초 판 1쇄 발행

지은이 │ 칸 다미오
옮긴이 │ 권기태
펴낸이 │ 이종춘
펴낸곳 │ **BM** (주)도서출판 **성안당**

주소 │ 04032 서울시 마포구 양화로 127 첨단빌딩 3층(출판기획 R&D 센터)
     │ 10881 경기도 파주시 문발로 112 출판문화정보산업단지(제작 및 물류)

전화 │ 02) 3142-0036
     │ 031) 950-6300
팩스 │ 031) 955-0510
등록 │ 1973. 2. 1. 제406-2005-000046호
출판사 홈페이지 │ **www.cyber.co.kr**
ISBN │ 978-89-315-5641-4 (13000)
정가 │ 20,000원

이 책을 만든 사람들
책임 │ 최옥현
진행 │ 조혜란, 최동진
교정·교열 │ 안혜희북스
본문 디자인 │ 김인환
표지 디자인 │ 박원석
홍보 │ 김계향, 유미나
국제부 │ 이선민, 조혜란, 김혜숙
마케팅 │ 구본철, 차정욱, 나진호, 이동후, 강호묵
제작 │ 김유석

■ **도서 A/S 안내**

성안당에서 발행하는 모든 도서는 저자와 출판사, 그리고 독자가 함께 만들어 나갑니다.
좋은 책을 펴내기 위해 많은 노력을 기울이고 있습니다. 혹시라도 내용상의 오류나 오탈자 등이 발견되면 **"좋은 책은 나라의 보배"**로서 우리 모두가 함께 만들어 간다는 마음으로 연락주시기 바랍니다. 수정 보완하여 더 나은 책이 되도록 최선을 다하겠습니다.
성안당은 늘 독자 여러분들의 소중한 의견을 기다리고 있습니다. 좋은 의견을 보내주시는 분께는 성안당 쇼핑몰의 포인트(3,000포인트)를 적립해 드립니다.
잘못 만들어진 책이나 부록 등이 파손된 경우에는 교환해 드립니다.